识与行
的辩证法

邢媛 著

中国出版集团
中译出版社

图书在版编目（CIP）数据

识与行的辩证法 / 邢媛著. —北京：中译出版社，2023.12

ISBN 978-7-5001-7651-0

Ⅰ.①识… Ⅱ.①邢… Ⅲ.①社会学－教学研究－高等学校②哲学－教学研究－高等学校 Ⅳ.①C91 ② B-42

中国国家版本馆 CIP 数据核字（2023）第 232505 号

识与行的辩证法
SHI YU XING DE BIANZHENGFA

出版发行 / 中译出版社
地　　址 / 北京市西城区新街口外大街 28 号普天德胜主楼 4 层
电　　话 / (010) 68359827, 68359303（发行部）；68359725（编辑部）
邮　　编 / 100088
传　　真 / (010) 68357870
电子邮箱 / book@ctph.com.cn
网　　址 / http://www.ctph.com.cn

出 版 人 / 乔卫兵
策划编辑 / 范祥镇　刘瑞莲
责任编辑 / 刘瑞莲
封面设计 / 潘　峰
排　　版 / 北京竹页文化传媒有限公司

印　　刷 / 唐山玺诚印务有限公司
经　　销 / 新华书店
规　　格 / 710 毫米 ×1000 毫米　1/16
印　　张 / 18.25
字　　数 / 245 千字
版　　次 / 2023 年 12 月第 1 版
印　　次 / 2023 年 12 月第 1 次

ISBN 978-7-5001-7651-0　定价：69.00 元

版权所有　侵权必究
中 译 出 版 社

目 录

上篇 知识智慧与审美实践

第一章 本科人才创新能力培养的历史化核心课程群建设 / 007
第一节 学科核心课程群建设中的人才培养期盼 / 007
一 我国高等教育课程体系政策的历史演变 / 008
二 我国高校教材管理政策的历史演变 / 011
三 核心课程群建设的重要性 / 017
第二节 本科人才创新能力培养 / 021
一 创新能力的多与一 / 021
二 本科人才创新能力培养的原则 / 026
第三节 社会学本科人才创新能力培养的"四元结构"模式 / 031
一 知识实践能力是本科生创新素养生成的关键基点 / 032
二 本科人才创新能力培养的四个重要结构性维度 / 035

第二章 核心课程群和本科创新人才培养的相关性 / 039
第一节 课程群建设和本科人才创新能力培养的现状分析 / 040
一 课程群建设的现存问题 / 040
二 本科人才创新能力培养的现存问题 / 046

第二节　社会学核心课程群课程之间的相关性　　/ 050
一　样本与数据来源　　/ 050
二　核心课程群建设与四元结构的本科人才创新能力　　/ 056

第三章　"四元结构"模式核心课程群的建设路径　　/ 065
第一节　教学理念变革要适应时代变化的要求　　/ 066
一　思想观念转变的三个向度　　/ 066
二　课程群建设要以创新人才培养为目标指向　　/ 071
第二节　掌握专业化科学方法是创新人才的基础　　/ 074
一　教学方式的转变　　/ 075
二　优化课程群建设的路径　　/ 079
第三节　融情怀于专业使命　　/ 082
一　因材施教的生命化实践　　/ 082
二　通识课程的视域延展　　/ 085
第四节　知识的实践行动智慧　　/ 087
一　多途径累积直接经验　　/ 087
二　强化自主实践的科学反思　　/ 090
小　结　　/ 092

中篇　情感认同与文化塑造

第一章　情感认同的思想内涵及其功能特征　　/ 107
第一节　情感的学理化理解　　/ 108
一　情感理解的不同维度　　/ 108
二　情感认同的核心内涵　　/ 114
第二节　专业情感认同的实践可能　　/ 118
一　信任感是情感认同机制重要的基础性内在要素　　/ 119
二　责任感、崇高感是专业情感认同生成的延展要素　　/ 121

第二章　研究生专业情感认同的实证分析　　/ 127
第一节　研究生学术情感认同现状　　/ 128
一　专业情感认同在研究生学术研究中的呈现　　/ 128
二　研究生专业情感认同存在的问题　　/ 141

第二节	研究生专业情感认同的影响因素	/146
	一　生命历程中重大事件的因素分析	/147
	二　生活方式的价值侵袭	/149
	三　社会实践因素	/152
	四　审美获得及其共享	/154

第三章　研究生学术自觉性的培养　/159

第一节	研究生专业情感认同的建构原则	/160
	一　情感与美德相统一	/161
	二　情感与规则相统一	/163
	三　理想性与现实性相统一	/166
第二节	研究生学术自觉性培育的实践路径	/169
	一　专业情感认同的内生机制	/169
	二　专业情感认同的外在形式	/176

小　结　/182

下篇　关照世界与创造卓越

第一章　关照世界是生命卓越的热土　/191

第一节	理想生命是实践着的自我革命	/192
	一　人是社会性的实践个体	/193
	二　关照世界是创生自我的前提	/196
第二节	卓越是自我的不断超越	/201
	一　生命实现的基本形式	/202
	二　创新实践的能力要素	/206

第二章　卓越人才的发展性建设　/213

第一节	持续增长知识的能力	/214
	一　专业知识是与时代融合的基础	/215
	二　面向未来的"根"与"基"	/218
	三　知识增长能力的持续建设	/221
第二节	生命意义的自我期待	/227
	一　作为"人"的生命期待	/228

	二 创造卓越的信念自觉	/231
第三节	**生命卓越的实践品质**	/242
	一 社会融合力是获得社会支持的能力	/242
	二 方向判别力是未来生命的向导	/246
	三 实践行动力是生命卓越的创造手段	/250
小　结		/255
参考文献		/259
后　记		/271

序

  通常，每个人都会追求自我完善与自己生命意义的升华，这是由人的自主性和普遍的人性决定的。追求自我完善与自己生命意义的升华注定是一条不平坦的路，每向前走一步都障碍重重、荆棘横生，好在人类社会早就认识到这一点，于是，兴办教育，启蒙后生，传授技巧，开拓心智，蔚然成风。教育之本质无非就是识与行，亦即识得与践行，使受教育者获得知识，拥有经验，心智明朗，品格高尚，助力行走，少摔跤，顺前行，多获益，势美好，乃至发现自我，探索生命意义，协幼助老，造福社会。

  然而，人之受教育不是一朝一夕，伴随自己慢慢长大，融入社会、承担职责，会受到不同层级的教育，会获得不同式样的知识和方法，会感悟与领略不同的风景与册画，因而才有了所言的基础教育、大学教育、研究生教育、终身教育等。每一层级、每一类型的教育，识得大为不同，因而，识觉、识念、认识、见识、识思，亦不尽相同，称为因材施教、因人而教、因时而教、因需而教。因为识得不同，所以对行的作用与意义也就不同，可谓初见成效、已见成效、大见成效、成效显著，均体现在行上。

  识与行是一个矛盾统一体，二者互为前提，识见其行，行见其识，因而才有所言的"识与行的辩证法"，按照一个经典的说法，是实践—认识——再实践——再认识，使认识能力不断提高，实践能力不断增强，人才就在这一认识与实践的相互促进中铸就，事业就在这一过程中有成。

把教育发展为一项成功的事业，离不开在不同教育层级正确处理识与行的辩证关系，这是本书的核心内容，只不过它并不是就识与行的辩证关系作为一个普遍的哲学问题而言的，只是联系高等教育的几个层级——大学本科、研究生以及博士生教育的识与行问题展开论述，尤其是基于作者多年在高等院校从事教学与人才培养的经验、习得、形成的理念和调研数据的分析而展开的讨论，包含了诸多精细分析、方式方法、理念变革与深刻洞见，对于大学多层次的人才培养尤其是卓越人才培养，提供了诸多启迪和思路。

就大学教育通过识与行辩证关系的正确处理以培育出满足时代需求、引领社会发展、升华生命意义的卓越人才而言，本书作者主张通过践行"知识、方法、情怀、行动的本科创新人才培育的四元结构"模式进行人才培养工作，打造"理论宽厚、张弛情怀、持引科学、实践提质"的本科层次人才。进而，聚焦"情感认同与文化塑造"，主张通过增强研究生自我的专业认同感，升华专业情感，逐渐培养起研究生的专业兴趣和专业特长，使之获得基于专业理性认知基础上的学习、思考和研究习惯与自主性创造的专业实践能力，培养出高质量的研究生。再者，聚焦"关照世界与创造卓越"，围绕高层次卓越人才如何解决以知识与理想为核心原点的社会实践的方向性、可能性、现实性与效果性的培养问题，结合马克思主义哲学的精神品质和价值追求，深入分析了高层次卓越人才如何关照世界与创造卓越、卓越人才的发展与生命卓越的实践品质的培养问题，主张卓越人才应积极投身于时代重大主题的社会实践，增长才干、服务人民，使自我在与国家、民族和他人的生命合流中延长，提升生命意义和价值，从而实现大学教育中师生主体价值共同积淀和完善的实践诉求，把大学教育中人才培养的识与行的辩证法贯彻到不同层级的人才培养之中。

通读全书，我们看到，作者不只是提出了高等院校人才培养的"四元结构"模式，而且给出了如何践行"四元结构"模式的许多具体方法，如通过转变思想观念和建设课程群来提升学生对专业基础知识的掌握；通过教学方式的转变和优化课程群建设模式来加深学生对专业方法论的理解和运用；通过对通识课程的整体综合和运用选修课拓展宽广的思想视域，引导、培养学生的专业使命和社会情怀；通过促进科研训练、实践基地、挑战杯、互联网＋等多种形式的第二课堂，激活学生专业兴趣的同时，培植学生关怀社会的情愫，使学生在发现问题、解决问题的过程中，感知社会、体悟学养、增长能力、锻炼意志、实现专业化行动力的提升。使学生能够积极主动地从知识的海洋中，从人类智慧的土壤中，从自我解放的实践中，主动培育自己的德行，在高度自律的基础上，肩负起富有责任感的身份使命，以主人翁的建设意识进行专业创造等，可谓寓教于乐、寓教于德、寓教于情、寓教于行、寓教于法，实为难得。

大学传授知识，使学生掌握方法，提升学生的行动能力，这是天经地义的。本书作者关于大学本科教育之人才培养，同样关注和深入阐释了这些问题。令人感到欣慰的是，作者在知识、方法、行动三要素之外，特别增加和关注了第四个要素，即情怀，因而建构起了"知识、方法、情怀与行动"四元本科人才培养模式，并做了系统的、结构化的研究，在研究生以上高层次甚至卓越人才培养的讨论中，作者把情怀上升到专业化学科情感认同的高度，展现卓越人才的主体性、专业性和生命意义的实现价值，其思想和做法意义深远。前苏联教育家苏霍林姆斯基曾经说，情感是道德的血和肉，如果情感被去除，再好的道德教育也会萎缩。也就是说，如果一个人没有了情感，缺乏了情感体认的能力，忽视了情感的原始基础，就会缺乏对自我行为的积极评价，也就很难建构起良好的道德人格。显然，知识、方法、情怀和行动这四元素育人模式比之于三元素的知识、方法与行动模式，包含了更加重要和根本的意蕴。

当前，中华民族伟大复兴历史进程进入新发展阶段，中国式现代化正在呈现出人类文明的新形态，高等教育尤其是高学历阶段的人才培养，应该如何处理好"识"与"行"的问题，为国家繁荣、民族昌盛、社会进步培育出大量高质量的卓越人才，为万世开太平，用能够说服人的理论掌握群众，使之变成巨大的物质力量，把论文写在祖国的大地上，承担起高等教育的社会责任，当是重要的。

我们相信，《识与行的辩证法》的出版，对于我国人才的培养研究，是一部难得的专著，必将起到它应有的作用！

是为序！

乔瑞金

2023 年 11 月 30 日

前　言

教育的问题事关党和国家前途与命运，事关人类文明发展和社会进步。习近平总书记指出，教育要方向明、主义真、学问高、德行正。1983年，邓小平同志就提出教育要面向现代化、面向世界、面向未来。三个面向的教育思想蕴含了教育承担的全球性、未来性及其现代化的发展使命，比最早提出"全球素养"[①]概念的美国早了五年。事实上，在1957年，毛泽东主席在《关于正确处理人民内部矛盾的问题》中就十分明确地提出了我们的教育方针，强调应该使受教育者在德育、智育、体育几方面都得到发展，成为有社会主义觉悟的、有文化的劳动者。这些指示、要求和思想，是马克思主义哲学关于人的全面发展的科学论述在教育目标的价值追求上的高度体现，是我国社会主义人民性和发展性本质特征的统一。

今天，各级各类的教育教学与教育实践，紧紧围绕人的自由而全面发展的马克思主义宗旨，通过德智体美劳的全过程、全方位、全员参与的大系统教育，努力造就、培育为新时代中华民族伟大复兴建功立业的卓越建设者和美好生活的实践者。如果说，中小学教育是人才成长的基础性、奠基性的阶段，那么，高等教育则是一种人才成长的专门化塑形过程，以此提升受教育者解决问题、服务社会的实践能力。

---

① 刘宝存等，《全球视野：教育指向未来新风向》，《中国教育报》2020年11月4日。

从教育的社会实践来看，随着社会进步对知识创新依赖程度的提高，我们不断地围绕教育的价值理想和社会目标，进行了多种途径的尝试，如在中小学阶段重点推进的素质教育、大学着力进行的"三全育人"以及以本为本、卓越计划等，希望教育可以在传授知识、科学思维培养的基础上，让学生能在问题视野、专业能力、价值理想、精神品质等方面得到全面的成长，使学生不仅赋有独立思想、价值追求和精神力量的人格属性，而且使其能够具有解决未来问题的能力，成为能够驾驭复杂国际环境的世界性人才。21世纪的高等教育，任务艰巨，使命重大，与民族精神的建构、国家文化软实力的形成、科技创造力的提升都直接相关。

从世界范围来看，随着智能化时代的到来，人类文明的进程越来越依赖于人类的智力创造能力和价值文化的规约能力，在20世纪70年代，美国学者丹尼尔·贝尔就表达了后工业社会的来临的观点，把后工业社会理解为知识经济的社会。美国学者德鲁克在1993年撰写了《后资本主义社会》，把后资本主义社会看作知识社会，认为资本主义社会从20世纪40年代开始，就已经进入了后资本主义社会，即知识社会的时代，知识社会的主要资源是知识："真正控制资源和绝对是决定性的'生产要素'的，既不是资本也不是土地或劳动力，而是知识。后资本主义社会的阶级划分是知识工作者和服务工作者。"[①]

在知识社会，知识的含义发生了根本性的变化。德鲁克认为，在古希腊时期，知识的功能是促使人的智力、道德和精神的发展，使人有自知之明，随着人类文明的发展，经过工业革命、生产力革命及管理革命，知识的含义实现了阶段性的明显的含义变化，知识不仅被运用于经济领域、工作以及知识本身，现在"知识是行动中的有效信息，着重效果的信息。效果在人体之外，在社会和经济中，或在知识本身的提高之中"[②]。

我们并不完全同意德鲁克的观点，即便是他关于知识含义的论述与界定，我们也并不完全赞同，因为他的观点过于强调了知识的工具价值，而

---

① ［美］彼得·德鲁克：《后资本主义社会》，张星岩译，上海译文出版社，1998年，第6页。
② 同①，第50页。

忽略甚至不谈知识之于人和人类自身的人文关怀意义，培根式的"知识就是力量"的工业理性、实用主义蕴意太过浓厚。但是，德鲁克对于未来社会中，知识及其知识生产的功能对于社会的贡献的预测确实有着合理性。对于高等教育之于发展知识，以及高等教育在知识社会中的地位来讲，德鲁克也基于知识含义的变化给出了深刻的预见性说明，他说："从知识向种种学科的转变给予知识以创造一个新社会的权力。但是，必须在专门化的知识和成为专家的知识人的基础上建构这种社会。"[①]

对于专业知识给予社会，尤其是现代性社会的意义而言，另一位社会理论家安东尼·吉登斯在他的多部著作中，也从逻辑、历史、社会运行机制、个人日常生活管理的经验性实例等综合视野，指出现代性社会，尤其是高度发展了现代性的社会是一个依靠抽象系统进行管理和运行的社会，而专家系统就是抽象系统最主要的构成。当然，对于知识之于社会的意义和人类文明的价值，很多学者都作了深刻的讨论。从一个国家的发展程度来看，随着其综合实力的不断提升，教育提供的智力支持的重要性更加凸显。事实上，这一认知，几乎是21世纪文明社会中，每一个国家的共识，甚至是每一个个体的共识。因此，教育尤其是大学教育如何能够使学生既掌握专门的体系化知识，又拥有或者说习得掌握知识与技能的方法、途径和手段；既有宽广的问题视域，又有跨学科的发现问题、解决问题的思维能力和实践转化能力，这是高等教育工作者要时刻思考和践行的问题。

然而，教育目标的实现必须落实于教育活动的每一环节、每一项具体内容、每一个个体等教育因子及其相互耦合的结果上，对于大学教育尤其如此。因为大学教育，面对的教育对象是世界观基本成型的社会公民，其主体性倾向和特征会更加积极、多元地参与到教育教学活动的过程中，以一种看不见的、关键的内在因素作用于大学教育实践，干预、影响大学教育的效果，因此，如何促进以专业课程群建设为抓手的知识传递和能力塑造，探讨不同学科的特色化成才模式，激活青年学生对专业的情感认同，

---

① ［美］彼得·德鲁克：《后资本主义社会》，张星岩译，上海译文出版社，1998年，第50页。

提升他们以学科知识为着眼点的实践创新水平，在一定的意义上，就成为大学教育的实施者与受教育者合力生效的关键。

呈现在大家面前的拙著，是基于自身从教的实践经验与反思的结晶。它是伴随我国高等教育改革发展的历史过程的微观教育实践理念的整体显示，也是对我们正在进行的高等教育卓越人才培养模式发展的微观透视。如果把这一个体化的微观实践的透视，放进改革开放后我国高等教育发展进程的历史来看，或许我们的同行或者读者可以品到自己大学期间的一些课堂生活的味道，自我成长的回忆，以及高等教育社会化发展之于个体的社会化、实践化和知识化的帮助和独特体悟。

这本教育教学的研究文稿，是作者在多年大学教育实践过程中，前后完成的三项教学改革研究项目成果的集结。这些项目研究的完成，主要是基于社会学和哲学两大学科，尤其是马克思主义哲学和社会学学科的建设发展、学生培养目标与作为大学教师对职责的理解和自我生命价值的追求，针对大学不同层次的学生——本科生、硕士研究生和博士研究生的不同目标和普遍素养期待，结合课堂一线教学实践，形成的具有一定意义的创新实践价值的育人案例的经验反思。因此，就其内容而言，难免会个体性特色强了一些，好在，身处人类社会历史的任何一个个体，就其本质而言，终归是社会关系的总和，因此，我相信，在这些看似个性化的经验中，一定蕴含着教育教学的普遍性和共性，而这，也正是我们希望把它呈现出来的目的与价值所在。

本书由上中下三篇组成，着眼于双一流学科拔尖创新人才的目标建设，上中下篇按照本科生、硕士研究生和博士研究生三个阶段的核心教育目标设置的。上篇为"知识智慧与审美实践"，倡导"知识、实践、创新、审美"四要素在本科教育教学中达到相互统一，贯穿于本科教学的全过程，使教师与学生在教育教学实践中互相促进，实现在思想认识、理念层面的双向认同，培养出具有扎实的专业知识、勇于社会关怀、能够创新性地运用所学知识进行社会实践的高级人才，包含学生主体地位的自我确证，以知识为基础认识世界、认识自我的自我觉知，在世界观意义上实现其人生观和价值观的内在机制等，使师生可以在人生理想与人类幸福的事业实践中，通过力所能及的创新体验，体悟感知审美获得的持续幸福力，展现师生通过课程教学过程实现的各自成长与生命意义的积极发挥的相互创造理念。中篇为"情感认同与文化塑造"，基于对研究生群体的长时段的观察及存在的学习自主、自觉性严重不足、难以有质量地完成教学中布置的课后阅读、急功近利，不良的对待知识的态度等问题，做了科学的分析，主张只有增强研究生自我的专业认同感，升华专业情感、逐渐培养起研究生的专业兴趣和专业特长，使之获得基于专业理性认知基础上的学习、思考和研究习惯与自主性创造的专业实践能力。下篇为"关照世界与创造卓越"，围绕高层次卓越人才如何解决以知识与理想为核心原点的社会实践的方向性、可能性、现实性与效果性的培养问题，结合马克思主义哲学的精神品质和价值追求，就高层次卓越人才如何关照世界与创造卓越、卓越人才的发展性建设以及生命卓越的实践品质（社会融合力、方向判别力、实践行动力）等问题做了较为系统的阐释，主张具有领导力和战略思维品质的高层次青年知识分子，应积极投身于时代的重大主题性实践，在社会实践中运用知识专长、发展知识特长，锻造服务人民与社会的人格品质，让自我的生命在与国家、民族和他人的生命合流中延长，提升自我的生命意义和价值。

本书上篇主要讨论了本科人才培养的着力点、模式建构与方法路径；中篇主要讨论了作为学习主体的研究生，其关于专业研究的情感认同对于研究生自主学术探求精神与意志品质生成的意义和机制，上篇和中篇都进行了较为充分的实证性分析论证。下篇则主要立足于新时代新文科建设的教育宗旨，着力于卓越人才的培养目标，尤其是基于博士研究生阶段，自主的独立研究更加凸显而展开的研究性讨论，主张只有通过多途径的实践活动，才能提升其思想创新的能力，用知识、理论对时代的实践主题给予关切，并用科学的理想引领行动，阐明了基于马克思主义实践观的教育教学主张。

高等教育应该重视学生的抽象思维能力的培育，凝练语言表达水平，拒绝表浅性思维和网络化直白表达，这样才能使学生通过知识蕴含的普遍原理去解决具体问题，推动实践的发展，同时也能帮助学生，在观察社会现象的基础上，通过科学分析，超越这些特殊性现象而生成具有普遍规律、内涵丰富的新范畴、新体系。高等教育在对学生各种能力、素养的培育中，以知识为重要载体的专业化技能、以逻辑为基本点的抽象化思维能力和以语言为桥梁的精神文化呈现能力，应该成为知识社会高等教育各阶段的重中之重，就知识运用和新思想的创造来讲，这些能力应该成为从本科阶段始，各阶段、各梯级大学教育的必修课和青年知识群体的必备素养。只有在这个的基础上，我们才可能谈卓越人才培养的实现问题，思想创新和自主知识体系的形成也才有可能，离开了高等教育的这一奠基作用，就是离开了一代又一代中国知识群体的自觉担当和实践作用，就很难生成一种用中国话语讲授中国故事的思维与行为的文化系统。

新时代的高等教育工作者与受教育者，只有积极投身社会实践的历史洪流中，才能在理论知识与社会实践的碰撞中，发现问题，并运用自己掌握的理论知识技能解决问题，而这一过程，既是理论说服人、动员人并转化为物质力量的过程，又是我们深化、充实、发展理论的过程。就其根本而言，是作为主体的人与作为客体的外部世界在相互作用的条件下，使认识主体获得对必然性的认识和自我的自由实现的过程，故此，笔者认为创新实践是关照世界与热爱生命的合流提质。也正因为这样，马克思主义哲学才能成为引领人不断自我革命，进而实现每一个人的自由而全面发展，找到并实现属于人的历史。

人才的培养是一个贯穿生命始终的大课题、大主题，所以终身学习、生命教育是每一个人的事情，也是一个社会、一个民族的事情。尽管"知识的积累并不构成学术的全部或核心，更为重要的是研究者理论思维、抽象思维、概念思维能力的操演。"① 但以知识为原点的思想创造、思维视野与视野拓展等，在一定的意义上，对于卓越人才的培育是至关重要的。

---

① 朱国华：《权力的文化逻辑——布迪厄的社会学诗学》，上海人民出版社，2016年，序言第3页。

总的来讲，本书是一本基于马克思主义教育教学理念主张和自我及团队教学实践成果的总结，虽然从这一点来讲具有一定的个体性、特殊性，但从这些主张与实践的一定推广和实施效果来看，反映了人才培养与成长的相关性，因而具有一定的普遍意义。

马克思曾经说："如果一个人只为自己劳动，他也许能够成为著名的学者、大哲人、卓越诗人，然而他永远不能成为完美无疵的伟大人物。历史承认那些为共同目标劳动因而自己变得高尚的人是伟大人物；经验赞美那些为大多数人带来幸福的人是最幸福的人。"[①] 我国的高等教育正是要培养具有这样胸怀和品质的卓越人才。希望本书的出版能为我国的教育事业助力添彩！

---

① 《马克思恩格斯全集》第40卷，人民出版社，1982年，第7页。

上篇　知识智慧与审美实践

人们只有为同时代人的完美、为他们的幸福而工作，才能使自己也达到完美。①

——卡尔·马克思

大学至高无上之处在于给人们提供了机会：它给人们提供了改良文化、延续生命和保障人类可持续发展的一个个人和智力平台。②

——唐纳德·肯尼迪

---

① 《马克思恩格斯全集》第 40 卷，人民出版社，1982 年，第 7 页。
② ［美］唐纳德·肯尼迪：《学术责任》，阎凤桥等译，新华出版社，2002 年，第 3 页。

当前，世界正处于百年未有之大变局的历史时刻，中国特色社会主义进入新时代，中华民族的伟大复兴，需要每一个人，尤其是作为民族未来有生力量的青年承担重任，作为研究社会良性运行的社会学更是责无旁贷，这是由社会学的学科性质和特色规定的。社会学作为我国高等教育整体环境及其体系中的重要环节，学科发展的质量和速度，对于我国高层次人才培养有着重要的影响。社会学学科可以通过多种方法的综合运用，在对社会描述、量化与质性分析的基础上，揭示社会问题的成因，提出诊断方案，因此，社会学学科知识的社会化效果，对高等教育人才在社会建设中，具有既能发挥自身的专业优势，又能对其他学科人才发挥专业所长产生协同效果。也就是说，社会学学科具有促进社会良性运行和进步的普遍属性，在这个意义上，我们可以说，中国社会学的学科建设也面临着大好机遇和光明前景。加快构建中国特色哲学社会科学的理论体系、知识体系和话语体系，累积人才培养经验，对社会学人才成长的规律做出微观思考，形成科学的认识，当是极其紧迫的任务。

基于如上的认识自觉，本部分关于社会学教育教学的内容，首先是对社会学学科本科阶段的实证性分析和探求，之后，将获得的一些人文社会科学共识性的经验，逐渐延展到马克思主义哲学的教学实践之上的思考和运用。

由于社会学学科之于社会发展的价值，对社会学学科创新人才培养模式的研究，应该说已经成为对驾驭复杂性世界，把握不确定环境的时代化人才需求的客观实践诉求和对人才培养的内在意涵表征。为此，在社会高质量发展与社会学学科特质的双维度下，我们提出了"知识、方法、情怀和行动的四元结构"模式的人才培养理念，把这一理念作为社会学专业核心课程群建设与该专业本科人才创新能力培养的研究假设，运用于社会学学科的本科生教育教学的各个环节，尤其是运用于课程教学与课后的各项实践环节，提倡将知识、方法、情怀和行动作为社会学本科人才应具有的四项基本的专业能力，将其内嵌于专业核心课程群的结构设置之中，以期提升社会学专业学生以此"四元结构"为核心的综合能力，更好地达到人才培养的目的，服务于社会。

首先，依据如上假设，对专业核心课程群现状进行调研，并实行重建核心课程群结构的工作，通过对不同年级的学习效果的实证分析，论证、检验这一假设的合理性、可行性及目标可及性；其次，在对社会学概论、社会心理学、社会统计学、社会调查研究及社会学思想史等5门课程为中心的核心课程群的开课先后顺序进行了调整，在此基础上，对此核心课程群课程之间可能的相关性成效进行了追踪分析，通过连续三年的课程教学改革跟踪，考查课程群结构关系变化前后对学生学习能力、知识获得、能力提升等的影响，既考查学生的客观成绩数值方面的变化，又考查学生内在尺度上知识、方法、情怀、行动四个维度的变化；再次，对核心课程群中每一课程及其教学方法的变化对整体核心群的功能预设的实现，或者说，结构功能的实现贡献，从中发现课程内容、讲授方法、培养途径中出现的问题，并再次进行概括总结，为探求解决问题找准关键原因；最后，在仅仅围绕"四元结构"要素进行课程群的尝试性变革过程中，努力做到"理论宽厚、张弛情怀、持引科学、实践提质"四个维度上学生能力的获得性培养，并希望在此基础上，能够找到对社会学学科及其他人文学科建设的辐射性启示或参考经验。

第一章主要对课程群建设和本科人才创新能力培养的相关文献进行了综述性梳理和总结。站在历史与现实相叠加的维度，追溯了我国高等教育课程体系政策和教材管理改革的历史流变，进一步阐明了国家的政策指向，也就是我们的高等教育为谁培养人和培养什么样的人的目标要求，这是社会学核心课程群"四元结构"模式探讨的核心和目标所在，也是核心课程群建设的关键意义所在。

课程群建设作为实现高等教育目标的一种手段或途径，其要旨是实现高等教育的社会目标期待和学生的教育与成长，因此，课程群建设的变革与学科育人目标紧密相关，与课程体系改革、教材管理改革等学科建设的众多手段构成一个统一的学科教育教学的整体，学科核心课程群建设是学科的育人的目的和高等教育的目标追求的缩影与窗口。我们在分析过程中，希望通过对改革开放以来，我国本科创新人才培养模式在理论和实践两方面发展脉络的概略性梳理，可以对课程群建设和本科人才创新能力培养的相关概念的界定更有帮助，对本科创新人才培养在知识时代的重要性和必要性的认识更加充分和精准，以此方可在理性自觉的教学活动与育人实践中，更好地做出有实效性的教学变革的尝试探讨，以实证化的方式说明核心课程群建设在教学过程中的重要地位和实际效用。

第二章，我们通过对学生成绩和随机调查获得的学生问卷的数据进行了深度分析。一方面，从经验事实的层面，说明了核心课程群建设的合理性与现实可行性，即社会学专业核心课程群课程之间的相关性与学生的获得性变化等；另一方面，说明了社会学专业核心课程群变革性建设的有效性问题。我们分别从知识、方法、情怀、行动四个方面，通过上述数据，比较了未进行核心课程群建设的2017年级学生和开展了核心课程群变革性建设的2018年级和2019年级学生的学业发展状况。分析显示，2018级、2019级学生，在四元要素的维度上，均要略好一些，虽然我们不能绝对地将这种差异，都简单地归结于核心课程群建设的单一贡献，但我们可以非常肯定的是，围绕核心课程群建设的教育教学的理念、方法的变化，对培养本科生知识、方法、情怀、行动发展水平是有效的，或者说是直接关联的。通过这两方面的分析，可以较为客观地剖释出以课程群改革为抓手的本科教学的变革探讨，对于促进学生在本科阶段，更好地获得专业知识，并从中习得学习与掌握知识的方法、培养起关怀他人与社会的情怀，以及在此基础上的行动是有效的且科学合理的，当然，在这个过程中，我们也发现了一些问题，如核心课程群建设和专业建设的整体协调、课程建设和班级文化、校园文化等的关系与处理问题等。

第三章，我们基于前两部分的思考，主要依据在实行课程群建设和社会学专业本科创新人才培养过程中存在的问题，如课群建设理论研究的前瞻性不足、课群建设与教学体制的协调性等理论与人才的社会实践能力的矛盾，着力以核心课程群建设，培育大学生"四元结构"要素获得，促使其关怀社会的行为实现的理念路径，放到整个专业体系、高等教育发展体系中，在整体与部分、系统与因子的辩证统一中，抓好核心课程群建设这个专业建设和学生成长的矛盾的主要方面，认真具体地在人才培养的体系中处理好这个杠杆的支点，这样，我们才可能以点促面，通过解决好人才培养的基础性、关键性的着力点，循序渐进地做好创新人才的培养工作。在此前提下，我们集中分析了"知识、方法、情怀、行动四元结构"的社会学专业本科人才创新能力培养的主要路径，介绍了我们在现有的教学规模与条件下，如何着眼"知识、方法、情怀、行动"的创新进行的核心课程群建设的教学改革。重点从两个主要的因变量即教学观念与教学方法，两个次变量即全校通识课程、选修课程与第二课堂的实践教育，它们分别和核心课程群的结构设置对人才创新能力成长的动态化过程做了相关分析。通过分析，验证了假设，发现了可以促进本科创新人才培养的较好的课程群建设路径。具体来讲，通过转变思想观念和建设课程群来提升学生对社会学专业基础知识的掌握；通过教学方式的转变和优化课程群建设模式来加深学生对社会学专业方法论的理解和运用；通过对通识课程整体综合和运用选修课拓展宽广的思想视域，引导、培养学生社会学专业使命和社会情怀；通过促进科研训练、实践基地、挑战杯、互联网+等多种形式的第二课堂，激发学生专业兴趣的同时，也培植了学生关怀社会的情愫，学生在发现问题、解决问题的过程中，感知社会、体悟学养、增长能力、锻炼意志，实现了专业化行动力的提升。我们通过这些涉及课程群建设的协同因子系统，在找寻课程群建设中内在逻辑范式和外在实践要求的动态性结合中，实现社会学本科人才创新能力的培养和课程群建设之间的功能耦合，以此在学理逻辑的层面上，尝试构筑起新时代本科创新人才的"四元结构"培养模式。此部分我们还概要地介绍了这一理念模式在哲学学科本科生培养中的拓展性应用及一些经验，并对"知识、方法、情怀、行动"的"四元结构"进行了之于哲学尤其是马克思主义哲学专业创新人才的调整，认为"知识、实践、创新和审美"是更加契合马克思主义哲学创新人才成长的培养模式。

总之，"知识、方法、情怀、行动"的本科创新人才培育的"四元结构"模式,是我们建立在教学实践基础上的关于核心课程群建设的思考分析,究其相关专业的核心课程群建设而言,具有一定意义上的一般方法论意义,"四元结构"模式所凸显出的"理论宽厚、张弛情怀、持引科学、实践提质"的社会学专业学科建设效果,在实践中具有提升教师和学生这一教学实践共同体双向创新互促、师生生命共同成长的发展性、引领性指征;进一步显现出对本科人才创新能力培养模式的建设,在理论向度和时间维度上均是对人才培养的题中之义,是实现师生主体价值共同提质和完善的时代诉求。

第一章　本科人才创新能力培养的历史化核心课程群建设

"目前我们的国家急需大量的熟练工人、富有创造力的人才和具有创新思维的雇主。要满足这一需要,我们只有一种办法,那就是培养享受自己工作的工人、科技从业者及雇主。从人的天性来看,如果一名工人因为工作精疲力竭、倍感无聊,即便他拥有一双巧手,也无法大批量生产一流的产品。——富有创造力的人才,也需要有愉悦的脑力劳动,以此来维持自己的创造力。"①

第一节　学科核心课程群建设中的人才培养期盼

1978年,党的十一届三中全会之后,随着意识形态领域对各种不符合实际情况的思想的拨乱反正的开展,在高等教育领域,各学科建设也乘着改革开放的春风昂扬前行。1979年3月,邓小平同志在《坚持四项基本原则》的讲话中指出社会学"现在也需要赶快补课"。自此,在费孝通、孙本文等前辈的努力下,社会学学科建设,开始在全国各大高校相继承建、

---

① [英]阿尔弗雷德·诺思·怀特海:《教育的本质》,刘玥译,北京航空航天大学出版社,2021年,第62—63页。

发展起来。随之,社会学学科的影响力逐渐在我国高等教育体系及社会生活实践的服务中也逐步显露出来,甚至,社会学已经成为快速变动的现代性世界的一种"显学"学科。

社会学学科核心课程群建设是社会学学科目标与社会发展对人才需求目标的历史化要求,我们只有在我国高等教育课程体系政策和我国高校教材管理政策的历史脉络中,才能充分认识社会学核心课程群的地位与价值。因此,概要性梳理我国高等教育课程体系政策的历史是我们进行课程群建设必要的前提,只有在历史发展的脉络中把握我国高等教育课程体系的方法原则和目的指向,才能更好地进行课程群建设;掌握我国高校教材管理政策历史是我们进行课程群建设的理论基础,教材作为知识的物质载体和价值导向的媒介,是进行课程群建设的第一步,只有掌握我国高校教材管理政策的真实关切和根本要求,才能通过更好地做好核心课程群建设而对学科建设带来更多积极的启示,对创新人才做出时代化的贡献。

一、我国高等教育课程体系政策的历史演变

著名过程哲学家怀特海有一本影响西方教育领域的重要著作,即《教育的本质》。怀特海在书中探讨了与教育相关的许多问题,如教育的目的、节奏、知识与智慧、智性与精神、大学的作用等。他说,由于人的心智发展是有规律的,因此,教育要依据规律,安排教育的内容和契合的方法,有利于学生在更适宜他们的学习过程与方法中获得知识。但仅仅获得知识是不能够达到教育的目的的,教育还必须通过必要的知识实践,使学生能够生成以知识和逻辑为基础的智慧,并以此扩展学生更大的以专业知识为立足点的自由,即学生自我的身心愉悦的成长,而大学就是激发、激活学生思维与想象力,促发其具有自我发展和自我创造的实践审美的理想场所。显然,怀特海特别重视教师的素养、教学方法的运用以及教学内容的

组织安排等教育教学要素及其环节的运行机制。① 不同时期关于课程体系的政策，都涉及人才培养的内容与方式等核心问题。探讨课程体系政策的历史演化，可以帮助我们更好更准确地理解时代与人才成长、培养的密切关系。

改革开放以来，从目标方向和价值追求的变迁来看，我国基础教育课程教学改革经历了从"双基"到三维目标再到核心素养三个阶段。这三个阶段形成了我国基础教育课程教学改革特有的轨迹和路径，并产生了我国特有的课程思想和理论。从"双基"到三维目标再到核心素养，其变迁体现了从学科知识到学科本质再到学科育人价值的转变，从而使学校教育教学不断地回归人、走向人、关注人，进而实现真正的以人为本，人成为教育教学真正的对象和目的。这是教育领域最深刻的变革。② 从更高的人才培养的角度看，核心素养落实的关键在于把"以知识为本"的教学转变为"以学生发展为本"的教学。学科教学不仅要带来学科知识解释性意义的认知结果，还要增加学生对知识学习的持续兴趣，逐步实现知识的结构化，学会知识的迁移和应用，在具体知识学习过程中，不断丰富情感和体验，从而影响学生的人生态度和价值观。③ 作为教育完整体系的高等教育，随着我国经济社会的发展及其对人才的要求，以及我国教育目标的变化，一直是高等教育变化发展重要的社会性力量，而高等教育教学内容和课程体系建设，始终是高等教育改革与发展的重点和难点。

在 1995 年，为推动教学改革的进程，国家教委出台了关于《高等教育面向 21 世纪教学改革和课程体系改革计划》，1998 年，颁布了《中华人民共和国高等教育法》，用法律的手段，明确了高等教育的基本制度、管理体制以及权利、义务关系等，是我国高等教育健康、规范、优质发

---

① ［英］阿尔弗雷德·诺思·怀特海：《教育的本质》，刘玥译，北京航空航天大学出版社，2021 年。

② 余文森：《从"双基"到三维目标再到核心素养——改革开放 40 年我国课程教学改革的三个阶段》，《课程·教材·教法》2019 年第 9 期。

③ 褚清源：《从教书到育人的历史性突破》，《中国教师报》2022 年 8 月 22 日。

展的有力保障。国家通过各种途径和手段，希望调动所有教育要素，广泛地发动教育理论研究者、教育领导管理者和广大教师普遍而认真地开展高等教育研究，以此推动教育实践的有力开展，力求对高等院校现有的教学方法、教学内容的组织安排等实现真正的变革。通过提高高等教育的教育质量，把培养适应时代要求的人才作为教育改革工作的目的。可以说，高等院校的课程建设与人才培养和社会对各级各类人才的需求，在一般的意义上，具有教育的过程性与社会需求目的的高度统一性特征。

我国高等教育课程改革的理论研究随着改革开放的进程和理论视野的扩展，不断地深化和发展，已经收获了许多关于高等教育课程建设和人才培养的重大的理论成果，为我国的教育体系改革奠定了坚实且牢固的理论基础，对我国教育体系改革提供了理念的启迪、思维的开启、方法的引导和实践操作的规约。

20世纪70年代末80年代以来，我国高等教育课程改革主要可以概括为三个历史性的阶段：第一个阶段是1978年到1991年期间，随着我国改革开放政策的推进，以及关于教育课程改革的学术研究的深入，我国的高等院校课程教育改革也逐渐开始。在此阶段，以强化和建设完整科学的学科体系为主要目标，强调课程体系的丰富性和完整性，课程之间相互的独立性还是比较明显，各学科课程之间的交流和互动、知识的融通等较为薄弱，教学活动中极易形成"学科壁垒"的现象，学生专业性知识扎实，但知识的宽度却有着明显的局限，就此而言，知识对人的全面发展的促进作用受到一定程度的制约性影响。第二个阶段是1992年至2011年期间，这一阶段是我国社会主义市场经济不断完善、逐步形成中国特色社会主义特色道路的阶段。伴随着这一深入重大的社会实践变革，高等教育的学科体系与课程体系也随之进行了动态性变革，高等教育的学科设置、专业划分、质量评价等越来越走向合理、科学，从课程体系改革到课程改革的实践不断取得新的成绩，学生的知识获得能力和知识实践能力的培养，更多地强调面向社会需要、面向学科前沿和面向世界发展的整体视野，大大拓宽了学生们的学习和思考维度，提升了学生适应时代的综合能力。第三个阶段是 2012 年至今，随着中国特色社会主义进入新时代，高等教育也步入了新的历史发展时期，这是高等教育高质量发展、深入发展的阶段。在这一阶段，面向未来与世界先进水平，成为高等教育进行教学内容、课程体系、教育教法改革的重要的关键因子，2015 年，国务院发布的《统筹推进世界一流大学和一流学科建设总体方案》，对高等教育有了更高更具中国特色社会主义教育发展目标的要求，重视对学生的全方位、多层次、多维度的培养模式，人才培养中的学习、思维、创新、科学、实践、人文素养等的协同共育作用更加凸显。课程体系改革由原来的单向性的学科课程改革变为多向多重多元性的模块化发展，对本科人才的综合性、整体性、创新性与知识性等的基本要求成为课程群建设的目标。到今天，无论是理论研究，还是实践环节，我们都实现了长足的进步和不俗的成绩。

总之，课程群建设是我国高校教育课程体系改革与新时代社会发展结合的产物，是我国高等教育课程体系改革的政治要求和新时代对人才培养的实践诉求。改革开放以来，随着国家社会经济建设的发展，高等教育与时俱进地转变教育理念，多手段、多途径育人，在改革人才培养模式的探索中，大胆地、因地制宜地依据自身办学历史、条件，积极地通过教学内容、课程体系、教学方法和手段现代化等教育教学过程，努力以扎实的教学实践经验为反思原点，在形成和建立有中国特色的高等教育教学内容和课程体系的实践中思考、探索、改革，以完成能够高质量回答时代之问、世界之问、人民之问的卓越人才的高等教育目标。为此，广泛进行教学内容和教学资源整体优化的课程群建设的微观实证研究，推动高等教育抓精抓细教育教学过程，提升人才培养质量的辐射效应和规模带动效应。

二、我国高校教材管理政策的历史演变

"大学的核心功能是教学，教材作为教学内容和教学方法的知识载体，

是对值得传授的知识形态的界定。"[1]教材是人类知识和经验的物化形式和载体，是知识传授和人才培养的基本工具，是开展各级各类学校教学活动的重要基础。高等院校使用的教材是根据教学大纲的基本要求编写的。教材在与学生群体的知识水平和接受能力相匹配的前提下，就学科内容而言，应该具有学科建设的基础性、完整性，而且可以蕴含学科发展的学术前瞻性。教材作为一种人才培养的知识、思维、价值、能力的有形载体和媒介，内嵌了各学科具体知识的基本结构和特点，从而通过教材，可以使学生逐步掌握本学科的基本知识和基本技能，培养学生的专业思维能力，分析和解决问题的专业创新能力。教学活动的载体和媒介有多种类型，主要包括纸质教科书，教师的自编讲义，教学挂图，实验教学手册，音频和视频教学材料等，这些媒介，在实际教学活动中对于学科知识的有效呈现可以起到非常好的辅助价值。虽然教材不是教学目标实现的唯一载体，但教材在教学计划中具有极其重要的基础地位和指导作用，它是教学活动中必不可少的知识形态，是可供学生反复研读、共同讨论、使用最多的工具。

社会学学科核心课程教材的建设过程，是我国高等教育教材管理政策与实践的一个重要历史维度。它伴随着我国高校教材管理政策的发展而发展变化，从对我国高等院校教材管理政策历史的追溯和整体考量的视角，回溯社会学学科的教材及其管理流变，是我们更好地认识核心课程之于学科发展的意义、做好社会学学科核心课程建设思考的必要前提和实践要求。

改革开放后，大学教科书建设工作极其受到重视，教材尤其是学科核心课程的教材工作不断地在高等教育的系统化发展中，进行着持续不断的改革和完善。教育部等高等教育管理部门，围绕人才培养的核心目标，相继制定、颁布了一系列的政策文件，这些文件既有关涉高等教育未来的战略决策，也有关涉如何实现人才成长的战术性指导原则或策略维度。这些

---

[1] 伯顿·R.克拉克：《高等教育系统——学术组织的跨国研究》，王承绪，徐辉等译，杭州大学出版社，1994年，第12页。

政策文件蕴含的教育理论流变和实践要求,成为我们在历史的发展过程中,更好地准确认识核心课程群建设在学科发展中承担的任务与做好核心课程群教材、教法等教学工作的重要依据。

笔者认为,高等教育的教材管理与高等教育的发展阶段是高度一致的,教材工作是高等教育中最基本、最基础也是最关键的一部分。但教材,尤其是核心课程群的教材是高等教育发展质量的主要制约因素,影响着我们育人的价值方向、能力特质等。我们依据改革开放后,我国高等教育发展的三个主要阶段,1978年—1991年恢复、改革建设时期;1992年—2011年完善、发展时期;2012年至今全面提质时期。这些不同,我们可以在不同阶段的国家、教育主管部门关于大学教科书管理的文件中看到。通过对这些文件的分析,在政策的变化过程中找到这些显著的发展性特征。

首先,自党的十一届三中全会,我国高等教育从"文化大革命"的混乱中逐步恢复过来,教育工作开始了全面的拨乱反正,正常的教育教学机制得以顺利进行。教材的编撰工作和出版工作成为当时突出而迫切需要解决的重大问题。为了加快大学教科书工作的建设,确保高等教育的秩序,1978年,教育部颁布了《关于高等学校教材编审出版工作若干问题的暂行规定》(以下简称1978年《规定》)。1978年《规定》起到了领导组织大学教材的建设工作的推动作用。在初步解决了大学教材有无问题的基础上,面对新的发展形势和机遇,教育部在1985年1月9日又制定了《关于高等学校教材工作若干问题的通知》(以下简称1985年《通知》),在变化着的社会条件之下,进一步加强对教材工作的领导和管理,大力推动大学教材建设工作的进程,助力高等教育各学科的发展和育人目标的实现。

在教育部的统一领导下,恢复重建工作逐步开展。1978年《规定》提出了大学教材工作的总目标:"各地和有关部门要切实加强领导,协作配合,抓紧抓好教材编审出版队伍的建设和制定教材规划,为尽快建设一整套符合四个现代化要求的新教材而努力。"① 教材工作目标的制定,使当时的教材建设有了明确的任务和计划,对于在较短时间内快速恢复和发展我国大学教材体系、初步解决"书荒"的问题,具有重大的现实意义。

按照邓小平在1983年提出的"教育要面向现代化,面向世界,面向未来"的指示,尽快编写出版各种不同学术流派的学术观点、深化学科专业知识结构的大学教材,成为教材建设的首要任务和必要手段。1985年《通知》为适应时代发展的需求,大力推进教材政策工作的落实实施,鼓励广大师生编写教材书籍,在教材编写奖评制度上进行创新,努力提高教材质量和教材数量,做到"量"和"质"的有机结合。同时,加强各大高校出版社的印刷技术实力,将印刷设备数量的增多和印刷技术的提高作为教材工作推进的重要一步,切实推进教材印刷工作的稳步开展。这些工作在1985年《通知》发布之后收效甚深甚广,为推进大学教材的发展,带动高等教育学科发展起到了坚实的基础性作用。

1985年国家颁布了《中共中央关于教育体制改革的决定》,随着这一政策的逐步实施,我国拉开了大学教育教学改革工作的新帷幕。国家下放了教育管理的权力,大学可以结合本地区、本校或者各专业的具体需要制定教学计划在教材的编写、审核和使用方面,学校获得了极大自主性,教材和教学活动的选择和汇编以及分级和分组培训的实施是本次教学改革中提出的重要思想。随着高等教育体制改革的推进,我国大学教材管理政策也全面开展。

在1986至1991年期间,国家颁布了三个核心教材管理政策的文件,分别是1987年《关于加强高等学校教材建设工作的几点意见》、1988年《高等学校教材工作规程(试行)》和1991年《全国普通高等教育"八五"期间教材建设规划纲要》。这三个文件将我国的教材建设工作逐步推向规划清楚、有章可循的轨道上来。大学各主要专业的基础课程教材、教学参考书等可以初步配套,教材质量、发行等建设各环节都有了历史性突破的发展。

---

① 国务院,批转教育部关于高等学校教材编审出版工作的请示报告的通知[Z],1978.2.15。

其次，随着中共中央、国务院 1993 年 2 月 13 日颁发的《中国教育发展和改革纲要》的贯彻落实，国家开始积极探索教材管理体制和职能转变的思路，为具有中国特色的社会主义教育体系指明了方向，建立起比较成熟和完善的社会主义教育的现代化机制，进行积极的教材建设。之后的几年，面向 21 世纪的高等教育，国家颁布了几个有关大学教材建设工作的核心政策的文件。如 1995 年的《关于"九五"期间普通高等教育教材建设与改革的意见》、2001 年的《关于"十五"期间普通高等教育教材建设与改革的意见》，2005 年的《普通高等教育"十一五"国家级教材规划》以及 2011 年的《关于"十三五"普通高等教育本科教材建设的若干意见》等。

随着高等教育教学改革的不断深化和人才培养质量要求的不断提高，我国大学教材的管理政策在社会改革开放的大背景下得到了发展，在渐趋完善的同时，我国大学教材呈现出专业化、科学化、多元化的繁荣态势，教材的系统建设取得了初步成效，教材质量不断提高。当然，我们也发现教材内容安排与教育教法之间等围绕学科发展仍然存在一些问题，而且随着社会发展的加速，知识迭代更新的加快，课程教材与课程建设、人才成长等的矛盾越来越需要尽快解决。为此国家通过汇集各学科的领军人才，编辑出版了马克思主义工程的学科教材，通过教材的中国特色社会主义核心价值、马克思主义理想等价值引领，在日常的教育教学运行中可以融物无声地帮助大学生筑好、筑牢世界观、人生观、价值观，为各学科专业化人才的健康发展打好基础。

最后，2012 年至今，高等教育的育人目标直指世界前沿、国际化一流水平，各学科核心课程的教材管理地位更加重要，课程教材工作进入了高质量、学科前沿化和国际化水平的发展阶段。高等院校的教材改革不仅是学科发展的重要微观因素，而且关系到我国高等教育发展水平和中华民族伟大复兴进程的宏大事业。此阶段，一系列高水平的大学核心教材，在不同学科专业领域取得了丰富的理论研究成果，成为我国建设双一流高校的重要支撑。

教材政策成为推动各学科快速发展和人才培养的重要保障。社会学学科专业核心课程群教材建设，也随着社会对本科人才能力要求的提高而经过了不断的改革，有力地推动了学科的发展，社会学本科、硕士及博士生的培养规模与质量都有了非常大的突破。不难看出，在高等教育学科专业化教材发展的历史中，把握好课程建设的社会客观性，对于我们进行社会学学科核心课程群建设无疑有着重要的学科发展规律及历史经验的意义。

我们需要从我国高校教材管理政策的历史演变中，透析其内在逻辑和外在需求之间的矛盾转化。首先，高等教育教材管理政策是结合我国不同历史时期实际情况的产物，这要求我们进行课程群建设必须充分考虑我国进入新时代中国特色社会主义的历史新阶段这一实际情况，以及我国目前所处的国际环境，所处的时代背景，在此基础上去审视社会学这一在学科历史上，曾被称之为"问题研究"的学科。在社会学课程群建设中其核心课程群建设更加重要。社会学以可以合理、量化地科学描述社会现象及运行现状与时代发展同步，是通过知识及时有效服务社会、解决问题的社会科学之一。其次，改革开放后，我国教材管理政策保持了以学科发展为核心，以学科问题为导向，坚持以我为主的同时，借鉴、参考并使用专业对口的国际一流学科的教材，推出使用国际认可度高的经典教材、前沿教材、反映国际先进水平的教材。在社会学学科核心课程群建设上，也广泛吸收其他国家的知识成果和学术方法。费孝通先生主编的《社会学概论》和郑杭生先生主编的《社会学概论新修》等社会学学科基础课教材在社会学专业被广泛使用，促进了社会学学科教材更系统化、全面化发展，而这进一步促进了学科的专业化、规范化发展，社会学本科人才培养成效显著。最后，学科建设依托于教材和教师自主自觉的教学活动，教材作为物质媒介的最终目的是以学生为主体的整体素养的提升，教师依据教材开展的自主自觉的教育教学方法的探索，则是促进社会学人才素养提升的根本保障。

在知识社会，尤其是以智能科技为社会基本生产、组织运行的时代，以知识为基本前提的创新能力就成为影响社会发展速度、质量，甚至一个民族国际竞争力的重中之重。社会学本科人才创新能力的培养，只有在知识、方法、情怀、行动等相互影响、共同作用的结构关系中才有可能生产，因此，在人才整体素养建设中，必须从知识、方法、情怀、行动等人才培养的多方面、多维度，展开以核心课程群为主体的优才培养，担负起社会学学科人才培养的社会责任，而这正是我们进行此项微观层面的社会学核心课程群与本科人才创新能力关系的目标进行理论与实证研究的现实指向。

三、核心课程群建设的重要性

课程群，一般是指同一学科、同一专业领域内，专业知识、学科理论、学科方法等关联密切或逻辑紧密相关的课程集群，其内容虽然不同但却在理论指向上趋于一致。课程群建设是现代教育思想和理论指导下的教育实践活动的产物，它围绕培养某一专业的综合性高素质人才的要求，聚焦于提高相应专业大学生的知识、能力和素质结构目标，将大学生能力培养与获得的不同维度，内嵌整合到具有逻辑联系的几门专业基础课程之中的课程系统。课程群的建设，虽然是某一专业内的几门专业基础课、主干课，但它却是一项具有学科整体属性的教育环节。它不仅仅是老师和同学之间的互动、老师和老师的互动、学生和学生之间的互动，而且还包括教学内容的输出方式方法、时间节点、教学活动中的互动反馈的调整，以及所有教学活动要素的结构化及其协同作用结果。课程群建设的整体性、系统性、过程性、团队性等特征，在学科建设整体中作用发挥的如何，会对本学科本科人才的专业化能力培养起到至关重要的基础性、核心性作用。因此，课程群建设必须基于对培养学生综合能力的要求和对课程之间的内在逻辑关系的联系，依托授课教师团队，以课程及课程之间的知识为纽带，将融在知识理论中的价值内涵、逻辑、方法、思维特质及可能的实践路径等，通过有效的教育教学方法传授给学生，使学生在学习过程中，感知到他们的紧密联系，在理解知识、获得知识、运用知识、处理生活实践的问题中，体悟专业的生命力，热爱学科，激活学生对专业理论内化的探索性欲望，从而达到提升教育的质量和效率的效果。大学本科阶段的课程群建设，无论是从教育教学理念层面，还是从学科发展的实证研究方面来说，都已成为改革推动大学学科建设的聚焦点和热点主题。

关于课程建设的理论研究，围绕"课程群的内涵"学理界定、实施方略、结构化原则等问题，许多高等院校的教师已经开展了一段时间相对持续的研究。如北京理工大学的杨式毅、王嘉才，宁波大学的李惠贤，陕西师范大学的孙根年以及南通大学的郭必裕等都对课程建设给予了高度关注与研究。通过他们的研究，我们不仅可以对课程群的内涵，有合理性理解基础上的准确认识，而且对理解课程群尤其是核心课程群与学科的关系、课程群内部的结构秩序、整个学科的教学计划等都有了积极启迪。学者们结合本地区、本学校、本专业课程群建设的实例性研究视角、理论假设、方法策略，即使我们看到不同学科课程群建设的差异性，也使我们看到了课程群之于学科发展的共时性与时代特点、人才成长环境、学科培养目标等的高度关联性，为我们基于核心课程群建设，进行社会学本科创新人才培养模式的分析，提供了非常有价值的帮助。

首先，在经济全球化和科学技术日新月异的今天，经济社会发展对大学毕业生的知识水平、素质能力提出了更高的要求。当今世界日益激烈的国际竞争主要表现为以经济和技术为中心的综合国力竞争，而综合国力竞争就是人才的竞争，人才的培养是一个国家能够走向富强的基础。创新是一个民族的灵魂，是一个国家兴旺发达的不竭动力。创新的关键在人才，人才的成长靠教育，中华民族伟大复兴的历史使命，需要大批具有创新精神和实践能力的创新型人才。

其次，随着大学本科入学率的不断提高，我国高等教育基本进入大众化、普及化时期，全面提高学生的能力和素质，打造学生的核心竞争力是高等院校回应社会之需的必要举措，而且，高等院校自身的特色化、跨越式发展只有也只能通过走内涵发展的道路来实现，高等教育的质量已成为一所高校办学水平的主要标志，因此，高等院校学科化的课程教学改革成为高等院校中每一个教学主体必须面对并且积极参与推进的重要工作。

最后，课程及课程群建设对于大学学科建设的作用仍然未能在实践中充分释放，如课程教学大纲和教材内容的知识陈旧、老化；实验和实习等具有劳动性质或科学探索性质的环节，教学效果不显著。此外，还存在许多亟待解决的问题，如何实现课程之间教学内容的重复与逻辑关系的合理安排；如何兼顾学科知识的基础性与变化发展性；学生专业知识的厚实与相关知识群如何建立联系；书本知识与实践的能力知识如何结合等，所以，基于人才培养目标的课程群建设任务迫在眉睫，这也是学科可持续发展之于课程群建设的实践任务。

总体来看，核心课程群建设的重要性主要体现在如下几个方面：

课程群建设是课程教学质量提高的重要保证。建立课程群有利于教师深入研究课程教学中存在的问题，解决课程教学中存在的现实的具体的教学问题，不断更新教学内容，改进教学方法和手段，提高教学水平。课程群授课团队，使得相应的任课教师能够增加教学沟通，围绕共同的目标和任务，整合各种资源，实现课程资源的优化配置。精品教材、课程网络资源、教学专题研讨、教学辅导资料等课程群建设的成果不会因人员的流动而流失，有利于在学科核心基础知识有所保障的前提下，发挥教师教育教学的各自优势与长处，激发教师的积极性，培育出专业化的学科特色和人才特长，使课程群建设不断取得突破与发展，避免或降低因授课教师的变化而影响教学质量。课程群建设还可以促进学科资源的现代化转化，通过网络化和信息化课程群建设，可以为学生的自主学习提供更加广阔的知识空间和视野触角，使课程教学从课堂向课外延伸，丰富课程内容和知识呈现形式的同时，激活学生自主学习能动性，提高并促发教学效果优化。

课程群建设是全面提升学生核心竞争力的重要举措。"学生身心发展的整体性，对课程变革有深刻的影响。它要求课程变革的目标要考虑身心发展的全面性与完整性，不能忽视任何一个方面。课程变革要整体地考虑，各门课程要相互协调……"①。如何培养优秀的本科人才，使其在获得基本素质的同时，具有较高的解决现实问题的实践能力，这是课程群建设中必须充分考虑和高度重视的问题。大学生的知识面、专业技能、实践能力、创新精神和创新能力以及社会适应性的综合素质的培养等，只有通过不同的课程及课程群的专业联合，围绕学生培养目标的精心规划和科学实施，形成强大的本科人才成长的教育"合力"方可实现。课程群之于学科来讲，虽然只是其中的一部分，但课程群本身，究其功能而言又具有整体性、系统性的特点，对课程群建设形成的一些经验，可以拓展或者辐射到学科课程体系的建设中，从而在改革建设中全面提升学生的核心竞争力。

课程群建设是教师与学生，以知识学习为契机的综合性共享共生平台。学科课程群架起了同一学科内，不同老师、不同课程的深度对话交流桥梁，文理工大类课程群则打破了不同院系之间、院系内部存在的壁垒，既有利于构建教师互惠共赢的工作机制，增强课程群教师，在团队合作中的教学改革与创新实现，又有利于大学生拓展课程知识之外的领域探索，是促进教师和学生以课程改革为手段的共同进步、学生的求知与求真的研究性学习和教师教学科研相互推动的重要平台。在教师积极求变、学生主动求新、课程竞赛创新求精的集体力量和智慧实践中，实现本科创新人才培养的教育目标。

---

① 全国十二所重点师范大学联合编写组：《教育学基础》，教育科学出版社，2002年，第167—170页。

第二节　本科人才创新能力培养

人才创新能力是指在高等教育本科阶段的教育教学中,教师通过课程群的整体建设,精心组织授课教师队伍,用心根据学科目标和未来全球卓越人才素质要求,富有成效地根据学生的特点,合理安排教学内容,将以学科化知识为载体的价值意义、解释世界的视角、解决问题的原则方法等传递给学生,使其能够根据变化着的社会环境和生命实践的具体情境,转化为积极的实践变革的力量。本科学生的创新能力是促使其走向更加卓越人才的基础。

一、创新能力的多与一

在 20 世纪早期,美籍奥地利经济学家约瑟夫·熊彼特(1883—1950)发表了《经济发展理论》[①]这一研究经济的著作。在书中他首先提出了"创新"的概念。他强调的是如何通过创新实现经济的增长或发展,认为创新就是建立一个新的生产函数,将新的思想、方法和技术引入经济生产体系中,实现生产要素的"新组合"。熊彼特认为创新是内生于生产实践过程中的新方法、新材料、新工艺、新配置,具有革命意义的毁灭性建构价值,而且这个价值是提升了的价值,或者说,创新产生的价值不仅大于而且优于原有的价值。熊彼特的创新理论被后人归纳为产品创新、技术创新、市场创新、资源配置创新和组织(制度)创新等几个方面。

熊彼特的创新理论提出之后,经过半个多世纪对于创新问题的理论研究和实践研究,创新研究突破了经济领域和管理领域,在不同行业、不同领域的发展研究中都被广泛重视,基础创新、制度创新更是几乎成

[①]　约瑟夫·熊彼特:《经济发展理论》,贾拥民译,中国人民大学出版社,2019 年。

为各领域讨论发展时优先会被关注的两个维度，创新研究成果也越来越多地转化为各种社会实践行为。20世纪60年代，1979年度诺贝尔经济学奖得主舒尔茨在美国经济学年会上发表演讲，首次使用并阐释了"人力资本"理论。人力资本理论的提出，使得人们对教育功能的认识进一步拓展，教育之于社会发展的功能也进一步凸显，教育不仅仅是知识传承与生产的重要手段或途径，而且是以知识为载体的经济创新、科技创新等的重要手段或孵化器。

事实上，关于人的能力、知识是社会生产的重要手段之一的观点，早在18世纪，英国的古典政治经济学家亚当·斯密就在他的《国富论》中做了论述。斯密在承认人的经验、知识能力是一种财富形式的基础上，认为通过教育获得知识是一种投资。到了20世纪，知识生产推动科技创新，从而成为社会进步的物质资本和精神资本形式。在熊彼特提出创新理论后，西方世界的高等教育领域在20世纪70年代陆续出现了创新教育浪潮，以创新为鲜明标识的知识生产的高等教育改革探讨也随之展开。甚至，在美国的高等教育领域出现了为促进创新能力培养的新型教育模式及跨学科的STS教育。

关于创新理论研究，国内外学者得出了许多有价值的研究成果。我们注意到，学者们就高等院校对学生创新能力的培养，在四个方面达成了共识：首先，创新与知识传授者——教师的知识面、知识结构的相关性很大；其次，与培养学生超强的认知能力、牢固的专业知识和敢于创新的人格特质有关；再次，创新能力培养要从早期的家庭教育就开始，其中教育情景对于创新思维与创新能力的培养很重要；最后，作为人类高级思想活动的创新思维的培养、训练是创新能力的重要构成。美国心理发展学者约翰·钱斐提出了培养创造性思维的五条途径：充分深入地研究创造性思维的环境、开发智力资源的最佳状态、采取措施促进创造性思维的产生、为产生创造性思维留出时间、及时捕捉和跟踪创造性思维活动。随着研究的深入，学者们对什么是创新及创新思维给出了多维度的差异界定，但在我们看来，创新思维是创造性活动的重要的心理、精神活动过程，这种思维具有把握对象本质及其固有的关系结构的能力,不仅如此,创新思维是可以转化为直接解决对象世界问题,产生新的价值、引发社会性价值的能动性认识。

创新能力不仅与求新、求异、求变的创新思维密切关联,而且与其批判性思维能力和逻辑抽象能力紧密相连,还与人的理性认知能力与知识转化能力即运用知识的能力密切相关。在一定的意义上,我们甚至可以说,创新能力是一个人在社会性生产活动中,所拥有的知识、专业技能、人格特质及其精神品质等,在解决实际困难或问题时所体现出的综合性素质的实践形式。

从高等教育的实践上看,现代性发展较为充分的西方资本主义国家,如美、日、德等国家的大学对大学生创新能力的培养极其重视,从多角度、多途径、多学科等关系学生创新能力培养的整体要素及结构关系入手,普遍地开展了创新教育。如在美国高等院校中,普遍采用"任务式教学法""自主学习法""个性教学法""案例教学法"等方式,鼓励学生进行知识获得能力的自主训练、差异性思维与思想表达、目标引领与激励等方式培养学生的创新思维和创新能力。著名的麻省理工学院等院校的"创新中心",就是为鼓励学生进行各种创新能力培养实验而设置的,组织学生进行技术发明、新产品开发等实践活动。日本东京工业大学等则侧重于通过鼓励学生参加创新竞赛、建立高科技教育中心等途径,对学生进行思维训练和创造力培养,此外,他们还将培养综合型人才作为高等教育对学生创新能力培养的目标要素。德国高校坚持严谨务实的教育理念,积极推进大学教育改革,加强交叉学科教学与研究,从教育运行层面,提高教育目标、提升课程设置等,从学生在校的科学研究兴趣引导和激励上下功夫,制定《大学生科研津贴办法》,鼓励大学生积极参与科研活动,培养学生的创新思维与创新能力。

很多西方国家通过在高等院校中普遍广泛地开展创新教育,提高对大学生创新能力的培养,激发了社会创新的活力和知识生产对经济社会的贡献率,改变社会生产生活方式的同时,也改变了人们的生存方式,引发了人的认识等精神活动的变化。几十年来，最具有典型代表的，也是人们耳熟能详的乔布斯的苹果公司和马斯克的特斯拉公司就是创新教育的受益者。

与西方高等院校普遍开始创新教育热相比，我们把创新能力作为大学生明确的核心能力目标的要求，稍微晚了一些。但国内学者的讨论却非常的热烈，形成的成果也很多。国内与学生创新素质培养相关的专著论文数量众多，研究和探讨涉及创新能力培养的各个方面，如创新素质的内涵研究、影响大学创新能力培养的因素研究、培养大学生创新能力的方法研究等，极大地拓宽了这一主题的研究领域。这些研究，一方面，结合教学实践，积极探讨大学生创新能力培养或者生成的理念、方法、内容设置、环境建构等经验，并加以总结抽象；另一方面，也在积极寻找影响大学生创新能力培养的各种制约性因素或阻碍大学生创新能力生成的主客观因素，以及以教育为中心的各种条件性、环境性因素。由于创新能力是人通过后天的培养形成和发展的一种特殊能力，所以，提高高等教育对大学生创新能力的教育成为社会性共识，然而，本科人才的创新培养在社会实践的贡献上看，似乎并不是很理想，所以，有学者分析，"大学生创新人才培养之所以没有较大提升，是因为有碍思维和知识无活力两个方面的原因所导致"[①]。

打开思维之窗，开启心灵之路，走通创新之路。德国现代教育体系的开创者斯普朗格说："教育的最终目的不是传授已有的东西，而是要把人的创造力量诱导出来，将生命感、价值感唤醒。"[②] 我们要借鉴古今中外高等教育对大学生创新能力培养的教育方案和成功经验，通过教育这一传授知识的路径载体，探索以某种方式激发学生潜在的创新能力，使其生命意识、价值意识、创造意识得以自我"觉醒"，从而滋生出进行高级精神创造活动的热情与情感动力，找到适合我国国情和各高等院校具体情况的培养大学生创新精神和实践能力的途径和措施，并能够使之系统化、操作化和实

---

① 岳晓东：《大学生创新能力培养之我见》，《高等教育研究》2004 年第 1 期。
② 粟景妆：《斯普朗格：德国现代教育体系的开创者》，《教育与职业》2013 年 7 月。

践化。为此，我们要正确认识和分析当前大学教育中创新能力的认识与培养方式存在的问题，明确创新能力培养的目标与方法，有的放矢，科学诊疗大学生创新能力培养中存在的认识弊病与培养上的误区，积极探索有利于大学生创新能力培养的理论与方法，从而培养出促进我国经济建设和社会发展、引领人类美好生活的创新型领军人才。

进入 21 世纪，我国高等院校的创新实践百花齐放、百舸争流，各大学从创新创业人才培养是国家战略的高度认识出发，践行对大学生的创新能力培养，不断深化创新创业教育改革，积极落实国家创新驱动发展战略，以提高人才培养质量为根本，以创新人才培养机制和完善保障条件为重点，以优化课程体系和改革人才培养模式为着力点，以课堂教学、实验与实践教学改革为基础，以课外创新创业实践活动、专业实践活动、社会实践活动和学生社团活动为拓展，把创新创业教育贯穿人才培养活动的全过程，努力培养出具有国际视野、创新意识、创新能力和实践能力的高素质专门人才。

提升大学生科研创新能力是我国经济发展和建设创新型社会的必然要求。随着知识经济时代的到来，科技创新的竞争成为人才竞争的重要内容。大学生是我国创新人才的资源库，他们的创新能力关系到国家的创新水平和创新社会的建设。高校学生创新能力的构成中，科学研究能力是其重要组成部分，也是促进大学生创新思维的重要因素。加强大学生科研创新能力的培养，不仅在于科研人员的培养，还在于通过提高大学生科研思维能力培养，不断提高他们分析问题、解决问题的能力，为将来的新认识、新方法、新视野的出场打下基础。因此，各高等院校在强化教学改革的基础上，同时加大对大学生科学研究的各种途径与手段投入，从而有力地释放了大学生思维敏捷、精力充沛的科学热情，逐渐培养了大学生勇于冒险、思想超前、乐于接受新事物的批判精神。在高等教育的实践中，不断创新人才培养模式，培养敢于创新、善于探索、善于发现新知识、新方法、新世界的高素质创新人才，成为大学提高自身核心竞争力的一个标识，也成为高质量发展的需要和重要途径。

二、本科人才创新能力培养的原则

大学生创新能力的内涵、表现和发展层次的界定，是大学生创新能力培养的前提和基础，大学生创新能力培养课程内容的选择、培养方式的确定等，与大学生对其内涵、构成、表现和形成发展等的认识程度密切相关，基于大学生创新能力进行的学理分析，对于各学科专业教育基础上的创新能力培养具有极其重要的普遍意义。掌握普遍性内涵，对于特殊学科的创新人才培养而言，更容易在与学科特色的分析结合中，找到创新培养的生长点，在创新能力的复杂性、多要素性、多主体参与的培养过程中，建构出适应专业化特点的创新能力的结构模式。为此，我们基于前面的概略分析，认为至少应该遵循以下四个原则：

（一）引导性原则

引导性原则是立足于国家发展战略层面提出的人才需求目标，是高等教育改革的总方向，属于宏观原则。引导性原则蕴含于对社会发展规律和社会主要矛盾的认识中，是战略思想、发展理论在高等教育人才培养目标上的呈现。当前，世界已经在知识创新的直接推动下，将人类必然地带进了依赖高度智识化的精神生产而存在的阶段。个体的知识生产、知识创造能力，成为社会生产力的直观形态，知识生产能力即思想创新能力和科学创造能力，成为影响人类如何存在的重要因素。国家之间以高等教育阶段本科生的创新能力培养为着力点的教育引导下的智力水平、思想能力和技术创新的竞争越来越激烈。综上，引导性原则由于其产生的土壤和属性特征，而具有一种站在未来，建构现在的前瞻性。

引导性原则，将高等院校已有的过往教育特色、现在的学科专业条件与未来的人才需要贯穿起来，是教育运行的历史化、整体化，对学生的知识、能力、品德、人格、意志、社会化等方面，都有基于未来的、不同于当下、不同于过往的新要求。虽然就人的全面成长而言，其要素构成是相对稳定的，但各要素的结构方式、指标权重、目标指向等都指向新的人才模型。因此，引导性原则也就基本确定了本科人才评价的指导意义、目标体系、指标和权重分配等，它主要通过以下三个方面实现对大学本科阶段人才成长的激励性结构化指引：一是宏观的教育政策和目标；二是具体的指标模块和权重；三是学生主体向个性化发展的方向。这三方面的引导作用，既根植于高等院校对国家战略和自身关系认知的科学定位，又根植于每一位在校大学生对学校的教育运行极其各种创新形式的体悟认知中，在作为主体的高等教育机构与作为主体的学生的双向的积极互动、共同参与的教育实践中，方能使引导性原则变为真正的促进人才培养模式改革的准则规范。

（二）层级性或梯阶性原则

高等教育体系包含众多不同类型、不同学历层级、不同区域属性的高级专业人才培养系统。不同类型、不同区域、不同学历层级，在整个高等教育体系中，既相互区别、各具特色，又相互补充、功能耦合，共同构成我国人才培养的结构整体。人才培养的结构与社会分工、职业化的社会角色功能相趋同，所以，一方面高等教育根据社会分工、结构职责进行人才的专业化教育，另一方面高等教育又会在科学预测社会发展方向的基础上，提前为社会储备相应的专业化人才，社会分工与高等教育学科的专业化教育互构共促，协同发展。因此，各高等院校在整个人才培养体系中，要有对自身人才培养目标的清晰、准确、合理的定位，以使其培养的人才，能够具备在其自身人才培养结构中的功能，从而保障整个人才体系的质量。

层级性或梯阶性原则，除了我们上面所做的人才层级分析之外，每一个在高等教育不同学科专业中学习的大学生，也要明白自己所在学校人才培养的结构目标，同时还要明白自己对自己生命的期待、自我的生命意义追求，也就是说，要在同一类专业人才中，期待自己成为哪种类，专业领军型、拔尖创新型还是义务承担型等。大学生对未来专业结构的人才类型定位，是其在大学期间，能否充分地调动自身能动性、激活潜质，全面发展自我的人才成长与培育的最重要的内因，是高等院校教育改革的目标设定、各种措施最终是否可以充分见效的最重要变量。在一个较为长期的视野看，也是个体和社会或者他者如何进行权利义务关系的良性处理的归因处。只有那些将自我成长有所期待，甚至是理想性期待的大学生，才能在大学生活中，不断地培养出、积累起对各种困难、问题解决的综合素养，在专业化知识的获得与实践性运用中，使大学生成长为真正的创新人才，使个体可以在德、智、体、美、劳各个方面全面发展，成为人而作为人。

（三）全面性原则

全面性是指在高等教育创新人才培养体系及方法实践中，要基于创新人才的全面素质发展与能力要素而进行，在德智体美劳全方位的成人成才教育中，使其具有以德为先、以专为长、以行为乐、以宽助专的多元知识、情怀、创新与行动能力，能够在理想与行动中找到桥梁，在宏观与微观中把我对象本质，在情怀与专长中解决问题，在未来与现实中确立方向，在困难与成长中成就价值。

高等教育学科专业化教育教学过程中，我们要树立全面育人、过程育人、全方位甚至社会育人的教育理念，使本科生在校接受教育的每一个环节，尤其是重要的课程群建设、科学研究训练、团队实践、专题调研等环节更要高标准、严要求，老师不做"撞钟人"、学校不做"和事佬"，在问题解决实践中考查学生的知识掌握和综合运用能力，在个人利益和大众利益的矛盾中培养学生的共同体意识，在眼前利益和未来利益中锻炼学生的把握问题的视野，在困境和舒适的矛盾中磨练学生的意志品质、情感体验与情绪控制能力。本科创新人才的培养，必须严格依据创新人才的要素，使其在大学的专业化教育中逐步获得，所以，本科教育教学就要尽量做到更加全面、准确、科学地促进大学生综合素质的提高，使大学生最终能够拥有良好的思想品德、健康的心理素质、强壮的身体素质、高强的专业技能、健康的荣辱感和社会荣誉感，成为能够为社会乃至人类乐于创造、甘于劳动的高级专业人才。

(四) 个性化原则

个性化原则与上述的层级性原则密切关联，从人才类型的整体而言，是层级性原则的人才培养成果的体现。由于每所大学有自己的历史、文化传承，有其长期以来形成的学科发展积淀，办学的经济、社会条件也有差异，在高等教育的整个体系中的结构位置不同，因此，只有依据现代国家，尤其是我国在新时代对高等教育的目标要求和高等教育的普遍规律，根据自身办学的特殊性，因地制宜地做好独具特色的优势学科或专业人才的培养教育，整个人才队伍的结构与功能才能保障，这是做好目前高等教育最具可行性的个性化人才培养路径。

个性化原则还包括每一类人才中每一个具体的人才个体的个性化培养，这就要求我们在教育教学中，在学科人才目标一定的前提下，尽量地做到因材施教、因人施教，使人才可以自由地以他所擅长的方式呈现或展示自己的才能，可以根据自己的兴趣、喜好程度，选择自己热爱的专业服务领域，促使其更优、更长地创造性开展社会实践，以知识的专业化生产，促进社会生产生活的效率化和优化。

总的来看，个性化原则是各高等院校文化特色、学科特色的培育与彰显，也是基于此基础上的人才专业化、标志性教育的可行培育与发展。这样，本科人才及其各层级人才成长才具有现实可能性，就整个高等教育的人才培养工作而言，也才会在优优互补的前提下，形成人才结构的系统优化。21世纪中国特色社会主义的高等教育才能为"加快塑造素质优良、总量充裕、结构优化、分布合理的现代化人力资源，以人口高质量发展支撑中国式现代化"[1]的进程做出自己应有的贡献。

总之，本科创新人才的培养，必须从人类未来的理想着眼、从国家发展的时代要求立足、从自身院校学科的实际出发，因材施教，抓好抓实

---

[1] 习近平：《加快建设以实体经济为支撑的现代化产业体系以人口高质量发展支撑中国式现代化》，《人民日报》2023年5月6日第1版。

高等教育教学中的每一个环节，尤其是涉及人才塑形铸魂的关键环节和要素，把创新人才的理论性认识、指标化要求，变为可实践的具体、有效的教育教学手段，根据不同层次、不同个性的学生在兴趣、能力、爱好上的趋向性，制定不同的个人化教育方法，激发学生的创新精神，使学生在道德、心理、体质、专业技能等方面都有成长性的提高，所以，鼓励并努力做到个性化培养，是挖掘人才的个性潜能潜质，促进本科生创新型个性化人才教育的最佳途径。

创新思维、创新意识和创新能力是高素质人才的主要特征。在以知识创新引领技术快速社会化的时代，提高在校生的创新思维、创新意识和创新能力是高等院校的当务之急。为此，笔者认为，高等院校创新人才培养，无论其特殊性有多鲜明，都应该有时代的普遍性，这就需要立足引领性原则、层级性原则、全面性原则和个性化原则，不断地探讨通过引导提高本科生的主题化科研创新能力，促进专业知识的运用，在面向问题的思考与解决的过程中，促进学习与研究的结合，扩展知识向能力的演化，激发学生的创新潜质，使其在高等教育创新教育普遍提质的进程中，在社会性劳动的实践中，在为他人服务的过程中，使用专业知识，强化专业技能，树立社会关怀志向，专心问题解决的环境中，锻炼社会适应能力，增强知识演化为社会化结果中创造新知识、新技术、新技能的综合素养，从而克服学生不了解社会生活，不懂得创新知识的方法，缺乏行动自觉性等弊端，因势利导地造就敢担当、善担当、当大任的创新、复合、智慧人才。

笔者认为，创新人才是以专业知识为内核，以专业实践创新能力为依托的，而专业实践创新能力表现及其发展水平构建的核心，则与其背后的专业知识和外在的表现与行动能力直接关联。其内含的知识结构本身不仅仅是单个的、无生命力的知识元素，而是可以依据情境的不同，智慧地选择调用各种知识，使其可以进行动态化的结构组合，进而解决问题完成相应的任务，是专业实践的可能表达。因此专业实践创新能力表现及其发展水平的构建，并不是止步于抽象的、理想的逻辑体系，而是根植于社会需要和观照专业实践的现实诉求。具体而言，通过我们对所在学科的微观化、个案化的实证研究，以"知识、方法、情怀和行动四元结构"模式，对于社会学专业本科生创新能力培养，具有可操作化、实践化提高人才创新能力的方法意义。

"知识、方法、情怀和行动的四元结构"模式，既是我们进行实证研究教学探讨的四个维度，也是我们经过实践检验，在样本单位推进本科创新人才培养取得一定经验的模式概括，并且我们也做了在样本院校的人文社会科学等相关学科的外扩性实践，同样，也有一定的成效。所以我们基于社会学专业本科核心课程群建设，以本科人才创新能力为目标的知识、方法、行动和情怀相统一的"四元结构"模式，可以为学科核心课程群建设和大学生创新能力培养模式的研究提供直接的经验材料和理念反思。

研究说明，就社会学本科核心课程群建设而言，当社会学概论、社会心理学等专业核心课程设定为变量时，对学生获取专业知识的效度是有直接相关的影响的，这是我们通过连续两年的课程教学变革跟踪得出的观察结论，当与核心课程群中的基础课程的教学方法进一步结合时，我们发现学生在知识掌握、方法运用、专业情怀生成和服务社会的指标上，核心课程群与这四项指标及其结构状况有着强相关关系。

第三节　社会学本科人才创新能力培养的"四元结构"模式

社会学本科创新人才的"四元结构"模式是以马克思主义哲学，尤其是历史唯物主义理论为最基本的方法论，结合社会学专业的学科性质和人才培养的教学现状而提出的一种人才培养假设。具体而言，主要是基于自由自觉的实践既是人的自我实现手段，也是人的本质的真正实现的理念，所以笔者认为，在校期间，在老师的指导下，本科生开展普遍的科学研究，是培养大学生创新能力、提高综合素质的重要途径，也是最可行的途径。

加之，我们所在的大学，从 21 世纪初就开始启动的本科生分梯级科学研究训练项目，一直持续到现在，已经开展了 20 多届。参加过科学研究训练的本科生，有一些还参加了全国大学生奥林匹克竞赛"挑战杯"、互联网+、创新创业竞赛，都不同程度地取得了好的成绩，有的甚至取得了特等奖、一等奖等好成绩。

一、知识实践能力是本科生创新素养生成的关键基点

大学生的科学研究活动是一种以专业知识为载体的开拓性的探索活动，要发现新问题，需要有新视角；要解决新问题，更要有新方法。大学生的科学研究，其价值最主要体现在将最具活力的青春生命和最具真理性认识的科学知识结合于教学过程中，甚至是乌托邦想象中呈现出新的理念、视角、差异性结论。

高等院校本科学生科学研究意识实质上是一种创新意识的自主追求，大学生科学研究探索精神实质上是一种创新精神，大学生科学研究创新能力实质上是创新能力。20 世纪初，德国现代教育创始人斯普朗格就指出："教育作为一种活动，是与人类文化同时发生和发展的。——其功能在于引导学生进入精神和文化的世界"[1]。教育是使受教育者心灵得以陶冶、人格精神得以生发，教育的使命就是"传递文化、体验文化价值，并培养能创造文化价值的人格"[2]，学生只有在了解、体验生命的基础上，才能真正感悟文化价值，文化价值的释放则依赖于团体精神、客观精神、规范精神和人格精神的整体结构关系的状况，依赖于作为主体的本科生的"历史的叙述"和"批判的标准"。

这里，我们强调斯普朗格从客观方面研究个体主体，意欲说明，本科生个体在接受课程教学的过程中，其与自身生命自觉或不自觉的结合，对本科生精神、心灵及知识选择的影响的客观性。因为，每一个具体的人，

---

[1] 粟景妆：《斯普朗格：德国现代教育体系的开创者》，《教育与职业》2013 年 7 月，第 111 页。
[2] 同①。

包括本科学习阶段的学生,其所处的环境是客观现实的,"它包括两个方面的内容,一是研究个体主体之间形成的相互关联,个体如何在历史生活中形成一种可转换的主体和集体的主体。对于这一客观性,斯普朗格亦称之为'历史的叙述';二是研究'批判的标准'。这个标准是一种理想的、精神的规则,亦是一个统一的标准,它形成于个体主体进行批判的感性活动中,或想象的理解中"。① 从斯普朗格的分析中,我们可以分析得出,以生命参与的实践活动才是理解、体验知识、文化的有效形式,实践是最有效的教育形式或者手段。

众所周知,我们不仅要使学生获得知识,更要让学生懂得获得知识是为了什么,即知识使用的价值指向是为了人类进步,具体而言,是为了中华民族伟大复兴的千年伟业,因此,我们强调大学生要成为全面发展的高级专门人才,除了掌握精良的专业知识,还要具备良好的道德品质和健全的人格。道德品质好,人格健全,需要具备积极的生活态度,优良的心理素质,和谐的人际关系,坚持不懈的意志品质和良好的情绪、情感建设能力等。大学生参与科学研究活动,从大量的社会实践中获得所需的信息和资源,通过多人协作的课题研究、部门协作、教师指导以及与社会单位的联系等的过程,能有效地促进学生个体社会化的进程,对培养健康人格具有积极的意义。同时也有利于大学生建立合理的知识结构,使他们在专业知识为主的前提下,综合运用多学科知识进行知识整合。此外还有效地促进了理论与实践的有机结合,使学生在理论知识分析的基础上,通过实践进行调查研究和论证,使理论与实践相互补充,培养认真务实、实事求是的求真务实、关怀社会的态度。

扎实、精良的专业知识是大学生开展一切实践活动,或展开自身生命形式的基础。"知识内容、知识形式和知识旨趣三个维度,知识内容的主干部分就是基础知识和技能水平,是一门学科中最外显的部分;知识形式是一门学科的认知方式和思维形式,是学科基础知识与基本技能形成和获得的必经路径和方式,表现为'过程与方法',是一门学科的内在构造;

---

① 何萍:《斯普朗格的生活形式的文化哲学》,《社会科学家》2015 年第 2 期,第 21 页。

学科旨趣是'内在于知识内容、形式背后，表征着知识生产的目的、宗旨、理想、情感、信念与价值追求'，表现为情感态度与价值观，是一门学科的精神灵魂。从知识类型的角度，三维目标对应着心理学所划分的事实性知识、方法性知识和价值性知识，三维知识是完整知识观的体现"①。不仅如此，优质解决问题的实践意识更多地还是一种基于知识基础而生成的社会生活智慧转化的结果形式，基于对知识的这些认识，我们紧紧围绕核心课程群建设，狠抓专业知识的掌握、运用，努力尝试通过核心课程的结构化变化和教学方法的改革，推动社会学本科创新人才的培养工作。

首先，我们明确了社会学课程群建设需要与我国高校课程体系政策和教材管理改革对课程群建设的要求相一致，以培养适应时代要求的具备高素质创新能力的学生为目的。这对课程群建设的关键意义是课程群建设作为一种手段或途径，最终是要落实到学生教育的优质化目的问题上去，就是说，高素质创新能力的本科人才培养，是课程群建设的目的，也是课程体系改革、教材管理改革等学科建设手段的目的和最终归宿。

"适应时代"和"高素质创新能力"的社会学专业的特殊性和具体内涵的界定与能力表现，以及我们如何培养社会学领域的本科优秀人才，是我们亟待从新时代高等教育的使命与人才成长的规律中，积极寻求可行答案的显性问题。

其次，创新能力的研究模式有许多，因此，基于上述我们的理论假设和方法论，如何对社会学专业学生的创新能力进行素质要求和指标化呈现与评估，采用哪些定性、定量的考查、研究方式及其结构化分析，这都需要我们在核心课程群建设开始时就有一套相对清晰的合理方案，这样，才能够对课程教学改革与建设效果做出较为准确的评估。故此，我们通过对"创新""创新能力""创新评估模式"等相关方面的文献研究，更为重要的是我们结合社会学专业的学科特点以及国家、区域社会发展对社会学人才需求的内涵指标，进行有的放矢的预调查，为社会学核心课程群建设的

---

① 余文森：《课程教学改革目标方向40年的变迁》，《中国教师报》2018年12月26日第6版。

理念具体化、操作化作了相对整体合理的深度设计,为我们的研究打好了基础。

最后,社会学专业本科人才创新能力如何通过课程群建设得以实现。要使社会学核心课程群承担好专业创新人才的主要功能,就要求教育教学的实施者,不仅要准确理解两者在学理逻辑上的关系,而且要在实践操作中将对二者的理解转化到教学过程、教学环节中,始终保持其高度的融合和互助,从而实现两者有机地结合、动态平衡,最终达到培养社会学专业本科高素质创新能力的人才的目的和要求。

二、本科人才创新能力培养的四个重要结构性维度

结合上述相关资料、高等教育政策、课程建设目的等历史性的简要概览和第四次工业革命对人才创新能力建设的要求,以及对于多年的社会学教学实践工作经验的理性化反思,我们提出了社会学专业本科人才创新能力培养的四个重要维度:知识、方法、情怀和行动。

知识指的是社会学专业本科生必须具备的理论及其理论框架,具有社会关怀的价值图式功能;方法指的是社会学专业本科生特有的专业研究视角和问题解读、解决手段;情怀指的是社会学专业所具有的关注社会、破解社会问题、推动社会良性发展的价值理想;行动是指社会学专业本科生参与社会建设的行为意愿和实践能力,此种行动源自专业情怀,成就于人才对专业知识、方法直接面向社会问题时的创新能力。四者互为关联,缺一不可,它们共同依赖于社会学学科整体的教育教学活动,核心课程群的建设性发展则是其中最基础、也最关键的过程与结构性环节。

在我们看来,知识、方法、情怀和行动作为社会专业本科人才创新能力培养的四个重要维度及其相互的结构化,是我们实施教学改革的具体化研究假设,也就是我们的方法假设,或称如何展开此项研究的出发点与依据。社会学本科人才应具有的专业知识、方法、情怀和行动内嵌于专业核心课程群的结构设置,其关怀社会的行为力是知识、方法和情

怀的实践化体现。就具体的教学实践路径而言，首先，我们依据如上假设，对专业核心课程群现状进行调研，在此基础上，重新对核心课程群的授课结构进行了适度调整，通过学理论证和逻辑检验其合理性和科学性；其次，以社会学概论、社会心理学等五门课程为主干，建构了核心课程群与结构设计，并对此核心课程群课程之间相关性进行效度意义上的研究。通过连续三年的课程群教学变革及对学生创新能力质量的跟踪，考查这一变化对学生的直接影响，除了反映在具有客观意义的标准成绩方面的变化外，还对学生在科学研究的自觉性、社团活动参与的普遍度、社会服务的能力等在知识、方法、情怀、行动四个维度方面的变化进行了综合分析；再次，对核心课程群中，每一门课程及其教学变化对整体核心群的功能预设的实现影响，发现课程内容、讲授方法、培养途径中出现的问题，及时进行问题诊断，概括总结有益经验；最后，我们基于社会学本科创新人才的微观性实证研究，验证了我们的理论假设和方法论预设，建构了基于假设与方法论的具体的研究路径的有效性和可信度，说明了知识、方法、情怀和行动是培养社会学本科人才创新能力的重要的四元维度，在此基础上，我们建构了创新人才培养的"四元结构"模式，并对这一模式进行了相关学科的教育教学实践的推广应用，也收到了一些具有学科建设价值的启示。

"四元结构"模式以社会学概论、社会心理学、中西方社会理论和社会研究方法为主体，以创新人才能力培养为目标，以社会学专业本科人才的知识、方法、情怀为展开维度，以功能优化的核心课程群建设为切入点的社会学本科人才创新能力培养模式，在实践中，我们着重强调了人类学方法、社会实验方法、访谈法、随机调查法、比较研究等研究方法的综合性运用。其中，人类学方法主要用于社会学核心课程群课堂教学完成后，学生通过各种社会性实践，在与社会互动的参与性体验的考查分析中，观察专业知识或理论、方法的使用频次，记录学生发现社会问题、解释社会现象和解决问题的方法设计能力与质量；社会实验方法主要用于核心课程群中的某一课程的内容、教学手段等的变化过程中，如通过蕴含专业理论的情景教学中，随时观察学生在专业情怀、知识、方法和创新行动方面，呈现出的心理、行为变化，以检验教学改革和目标实现间的强弱状况，寻找出最有利于目标实现的核心课程群改革结构模式，促进社会学人才服务社会的创造力；访谈法、抽样调查等主要用于样本抽样和质性研究的数据采集和处理等更具有普遍性或典型个案的研究。

总之，立足新时代高等教育面向未来、面向世界和面向区域社会发展实践与社会学学科特色的发展要求，我们以社会学学科建设的主要矛盾即核心课程群的建设为教学改革的抓手，主张"行动"才是社会学固有的"社会医生"的学科属性的价值所在，把核心课程群的课堂教学和社会学本科人才服务社会必须具备的专业知识、方法、情怀和创新能力作为一个完整的教学环节来考查、实践，力图在课堂教学和社会生活实践的双向走进中，即课程教学走向社会生活，社会生活走进课堂教学，在理论知识和社会实践的相互关照与连接中，突破社会学教学传统和本科人才时代化培养不同步的通道瓶颈，力求克服社会学本科教学以知识传授为核心的人才培养模式，突出以创新行为品质为核心承载的课程建设和本科人才创新能力培养的同构性；强调专业核心课程群教学的开放性和未来指向性，着力社会学本科专业人才知识服务社会的行动意识、社会情怀的生成及其行动能力——专业知识与方法的获得与运用性掌握的核心课程群建设，彰显社会学研究方法在其自身专业建设和人才培养中的应用，使知识转化为人才服务社会的"美德"。

我们通过社会学专业核心课程群的改革试验，社会学关怀社会的视野和方法与本科人才服务社会的能力构建为整体的学科发展路径，似乎也呈现出一种更加清晰可见的关系图式。将专业知识蕴含在真实的行动中、将专业方法承载于对社会问题孜孜不倦的诊疗中，强化了学生从知识形态向行动转化的行为价值，在凸显社会学专业知识的传授、知识的转化和社会发展尤其是区域发展的现实结合，有利于形成具有本土化经验特色的新社会学知识形态或经验形态，既有利于学科创新，又有利于为其他专业的学科发展提供一般意义的启益，也是促进更广泛意义上是美德主体生成的教育路径。我们之所以这样讲，是因为，我们赞同，"美德是在一定的民族历史和文化环境影响下形成的人的心性、行为、人格的美善之质，是作为道德主体的个人在与其独特的社会身份直接相关的行为道德领域所达成的品性卓越或优异。美德因此也是标志历史和文化中人的自主、能动、自律的美善素质，是历史自信、文化自信的主体根据和精神品质。"①

---

① 王文东：《筑牢中国式现代化的美德基础》，中国社会科学网，https://www.cssn.cn/skgz/bwyc/202305/t20230504_5626127.shtml，2023 年 5 月 4 日。

第二章　核心课程群和本科创新人才培养的相关性

社会理论家艾利克斯·英格尔斯在《人的现代化》一书中说，"落后和不发达不仅仅是一堆能勾勒出社会经济图画的统计指数，也是一种心理状态。"[①]"如果一个国家的人民缺乏一种能赋予这些制度以真实生命力的广泛的现代心理基础，如果执行和运用这些现代制度的人，自身还没有从心理、思想、态度和行为方式上都经历一个向现代化的转变，失败和畸形发展的悲剧结局是不可避免的。再完美的现代制度和管理方法，再先进的技术工艺，也会在一群传统人的手中变成废纸一堆。"[②]英格尔斯在这里强调的人的现代化素质问题，在以新的智能技术推动社会全方位快速变迁的 21 世纪显得更加重要，也更为突出，因为"运用科学知识以可复制的方式来解决问题——和以规则系统来代替直观判断"[③]相结合的智能技术，已经越来越成为个体或人类事务"能确定理性的行动并识别实现这种行动的手段"，[④]新的智能技术的广泛应用"以及随之而来的生产方式的变化，特别要求人们能够欣然接受和迅速适应生活方式的改变，成为头脑中沸腾着

---

① 殷陆君编译：《人的现代化》，四川人民出版社，1985 年，第 3 页。
② 同①，第 4 页。
③ ［美］丹尼尔·贝尔：《后工业社会的来临——对社会预测的一项探索》，高铦等译，新华出版社，1997 年，第 32 页。
④ 同③，第 33 页。

创造智慧和个个性思想的人"①，英格尔斯和丹尼尔·贝尔从不同角度对人的素质的重要性的论述，在我们的理解语境中，就是具有创造能力的人的普遍特征，一个非常显在的时代化的人才标准。所以，努力破解人才创新能力培养中存在的问题，就成为各学科人才培养工作首先要面对，并需要真正解决的问题。

第一节 课程群建设和本科人才创新能力培养的现状分析

众所周知，毛泽东非常重视教育与人的成长之间的关系，认为青年人朝气蓬勃，好像早晨八九点钟的太阳，是社会建设、改造世界的希望所在。他在20世纪60年代，就对改革学校课程设置和讲授方法做出批示，认为学校课程太多，对学生压力太大；讲授又不甚得法；考试方法以学生为敌人，举行突然袭击。这三项都是不利于培养青年们在德、智、体诸方面生动活泼地主动地得到发展的。毛泽东的观点表明，学校的课程设置和讲授方法在人的成人成才方面起着关键的作用。

一、课程群建设的现存问题

我国高等教育取得重大成绩和历史性进步是新中国成立以后，尤其是改革开放以来，我们不断地进行理论探索和实践总结的结果。我国高等教育的整体发展，为高等院校各学科课程群建设、教学改革与人才培养创造了更好的条件，但也提出了更高的内涵性要求。事实上，随着课程群建设实践的不断深入，课程群建设中的若干问题也逐渐显现出来。如课程群建设的概念的科学界定、功能理解与定位、在不断探索实践中的操作性盲目、

---

① 殷陆君编译：《人的现代化》，四川人民出版社，1985年，第5页。

课程群建设流于形式、课程群建设与具体实施过程中同教学管理体制的关系、由课程群建设中衍生出的新问题等。正确认识和分析把握这些问题，对于我们完善课程群建设的理论研究，促进课程群建设在实践中的发展，具有十分重要的现实意义。

课程群建设理论研究的成果难以为快速推进的课程群建设实践提供有力支持。一是共识性较弱，二是个案性经验散见，三是与高等教育理论体系化关系的探讨不够。虽然，从20世纪90年代开始，课程群建设越来越受到一线教学工作者、管理者的思考，并结合自身高等院校学科发展的条件做了一些经验性、个性化的探索，但基于我国高等教育特色的课程群建设理论取得的突破性发展不鲜明。

造成这一现状的主要原因有如下几方面：首先是国内高等教育理论研究领域，对课程理论、课程群建设理论等论述较少，对西方的、传统的相关理论介绍、解释的相对多一些，结合我国社会发展，尤其是对中国式现代化进程与成就实践需要的高等教育理论研究缺乏聚焦，有影响力的相关教育思想或主张，虽取得一定的成就但领域性影响不够。我们知道，理论是实践的先导，甚至可以说，理论是实践的重要一环。课程结构理论等研究的不足，必然会制约课程群建设实践的展开质量。

在学理性理解上，关于课程"群"的含义理解也存有较大的分歧。各大学学者根据自己的理解和需要，对"群"的概念进行了不同的诠释，并以自己对课程群的独特理解作为开展课程群建设的理念指引，结果，在同一课程"群"的名义下，课程"群"的内容，尤其是课程群建设的实施方式却大不相同。这样一来，不仅课程群建设理论研究的统一性与发展受到制约，而且各高校关于课程群建设的理论研究与实践虽基本都在各自的学科实践层面展开，但课程群建设的理论与实践之间存在着较大的差距，缺乏普遍的、现实的可操作性，如有的将课程群建设定位于交叉学科的课程整合，此种课程群建设虽然前沿性较强，似乎也顺应学科发展的潮流，但会因学科的分散管理以及教学管理的条块化而受影响，课程群建设推动人才创新发展成效并不明显，有的甚至出现课程群建设流于形式的情况。再比如，一些大学的学科，由于对组成课程群的课程应具备的条件和特点缺乏清晰准确的认识，对确定组成课程群的课程应具备的条件和特点认识、理解不充分、不到位，把专业里现有的课程简单拼接起来，去掉一些重复的内容，以此作为课程群来进行建设，这种简单的组合没有经过精心设计和研究，组合后的课程也没有跳出原来课程设置的思路，突出某个主题或体现专业特色，内容的衔接缺乏逻辑性，只能说是一种表面化的课程整合。

课程群建设绝不是一项简单化、形式化的课程组合，而是一项十分复杂的工作。因此，合理准确认识课程群建设的条件和相关课程自身的课程属性与特点，是开展工作的首要问题。需要在充分的学科调研的基础上，在掌握高等教育学科发展规律与学科优秀人才培养的有机结合中，构建好高质量的课程群建设。在课程群的建设过程中，课程群建设往往未能基于创新人才的要素指标而进行教育资源的优化构建，有效打通学科壁垒与管理条件的限制，真正实现以本科创新人才培养为目标的课程群建设在多学科的视角中，在教学方法的改进中，达到知识授受的最大化，使学生可以在博与专的统一基础上，优化专业发展，精于专业创造。

课程群建设不仅仅是学科内密切关联课程的组合，更为重要的是，这种组合会因为我们对其功能的预设而采用不同的结构安排。这就犹如数学中的排列组合，即便是在要素一定的前提下，由于排列组合的方式不同，其结果也大为不同。因此，这就要求我们，在课程群建设时，必须清楚明白、重视每一门课程的功能，厘清组成课程群的任何一门课程之于课程群目标的设定来讲，都是必不可少的功能承担者，单个课程本身也是附属于课程群系统下的一个子系统，而课程群又是学科人才培养系统的子系统，所以，课程群建设必须具有学科发展的整体思维和人才成长的复杂思维，避免简单化，杜绝只"见树木不见森林"的实践操作。

课程群建设与学科教学目标具有一致性，但在实际的各高等院校的学科教学运行中，还或多或少地存在着课程群建设与学科建设的功能耦合差异与耦合质量的问题。课程群建设究其目标而言，从功能实现的角度要求对群内的所有课程进行统一规划、方法预设、过程安排等，当然群内的所有课程可以实现资源共享，所以课程群建设主要取决于高等院校的相关教学体系营造的环境，如规则的制定与执行、文化的建设与教学主体的积极性释放程度等。如果这些环境因素不能有效支撑课程群建设的运行，不仅课程群建设的预期目标难以充分实现，而且还会引发一些新的问题，甚至引发教学环节中的冲突，所以，课程群建设必须与学校的教育教学管理制度相配套。

从一些地方的课程群建设经验来看，课程群建设的成功与否，在一定程度上取决于学校有关部门和教学管理机构的合作方式，以及与由此引发的合作效果。如有资料显示，哈佛大学核心课程群建设之所以获得好的成绩，并赢得其他大学的效仿，其中一个主要的原因是它通过改革，外设了一个相对独立的专门机构进行专项管理，从而使得课程群建设，尤其是核心课程群建设独立于学科、专业所属的系一级的教学管理。核心课程群建设有自己的管理机构、教师队伍和教学计划，因此，免除了其他教学机构由于工作上的协调而产生的冲突性影响。除了哈佛大学核心课程群管理经验之外，我们还研究学习了筑波大学学类制和苏塞克斯大学"学群结构"等类似的课程群建设的实践经验，这些做法都给我们带来了许多有益的启示。

建立具有高度跨学科性质的学术组织机构，为宽口径课程群建设提供了良好的外部保障，为课程实体整合的目标实现打下基础。高度跨学科性质学术组织机构的建立，不仅有利于实现目前高等教育领域正在推进的"大类招生""全学分制"等目标，还可以更好地既兼顾学生的志向、发挥各高等院校相关学科的教学资源，是复合型专业化人才培养目标的培养举措。加之教学管理体制和运行机制的一系列相关改革、学分制等弹性教学管理，以及相对稳定、结构合理、素质优良的教师队伍、课程群中每门课程的质量保障和对未来人才素养的科学定位，对专业化的核心课程群进行合理调整，建立好学科、专业、课程、教材、课堂教学和实践教学等教育教学的质量监控和保障体系，通过建立实验教学基地等有效途径，加强实践性环节教学，为培养学生的实践能动性和创新能力提供广阔的空间，使高等教育与社会发展保持融合，使教与学在辩证统一的教育过程中相互促进，使知识传播、创造与学生的生命状态相统一。

当前，许多开展课程群建设的高等院校，不同程度地存在着管理与课程群建设目标之间矛盾优化的问题，需要通过提高学校教学管理部门对课程群建设的认同度，进而制定出更加有利于发挥教学管理对课程群建设的支持与推动作用的方法或规划。这样，我们才可能做到既利于课程群建设中的学科整体内容整合、结构优化，又可以消除学科领域的内容重复，增加学科发展的最新内容，形成课群建设的规模效益，使其在人才培养中保持长期、稳定的积极功能。

教学基层组织是学校教学组织的细胞，是学校教学管理体系运行的基础和保障。充分调动、发挥高等院校中各学科基层教学组织（教研室）的作用，避免其功能形式化、组织涣散化等问题，是做好课程群建设、推动创新人才培养的基础。高等院校的教研室是学科发展的基础单位，也是学科发展力量的生发地。我们仅从教研室的语词上看，就可以看出其最简单的字面意义，教研室应具有教学研究的功能，一般来讲，教研室往往是依据学科中的主要专业方向划分，所以，教研室在学科建设与发展中，既具有学科整体的部分属性，又具有就专业而言的整体属性，所以，教研室对于学科的理解、专业目标的定位等直接影响每一门课程的开设情况，如基础课、专业基础课等核心课程的确定，开设课程的秩序安排，甚至由哪一位教师担任等都有至关重要的影响。总之，教研室对于本科创新人才培养具有重要价值意义或者说功能承担的核心课程群建设起到关键作用。

教研室具有的教学研究的管理职能，既受制于教研室在学科结构中的功能预设，也受制于教研室内部教师的主体性释放。只有学科对教研室的功能目标预设明晰合理，教研室各教师主体积极参与，才能使课程群建设，在教学活动或教学实践的民主环境中，使学科的知识优势、人力资源优势充分地转化为培育人才的智慧优势、路径优势，创造更加有利、有力的本科创新人才成长路径与环境。教研室教师构成充足、学源结构多样，内部教学研究、教学经验交流频度高、相互学习氛围好、课程质量发展平衡、课程教学教法研究与专业研究互补互促，是建设理想课程群的重要条件之一。

随着高等教育的快速发展，我国高等教育在办学规模、办学层次等方面也呈现出多元化、体系化的发展趋势。高等教育事业的国际化、现代化发展，各高等院校的办学定位、学科方向、人才特色等都发生了显著变化。特别是对于本科创新优秀人才的培育建设更是各高等院校教育教学实践的核心要务，基于新理念和新思想，对教学基层组织不断地进行审视性变革，逐步构建适合于高等教育教学改革实践、适合于课程群建设发展的教学基层组织新形态，努力为学科发展和人才成长创造具有主动适应发展的内生机制。

除此之外，如何把课程群建设成为一个良性、动态、开放的本科创新人才的有效的微观整体体系，随着课程群建设的发展，使各学科及学科中的每一位教师、管理者等相关人员，都能承担起课程群建设的结构性和功能性的职责是至关重要的。如前所述，高等院校课程群建设是一项长期的系统工程，对于本科创新人才的培养贡献而言，更是一项具有较长时效性特征的教育实践。因此，提高教师参与课程群建设的积极性，保证大学学科相关管理体制与课程群建设的系统协调，是保证核心课程群建设持续、健康发展的决定性内因。

任何事物的顺利发展、目标实现，都离不开内因一定前提下的外因作用，所以，必须建立能够促使蕴含人才成长关键功能的核心课程群建设体系，为了实现这一目标，需要根据外部环境的变化所带来的刺激及时做出合理调整和措施跟进，亦即课程群建设还必须具有有效的激励机制、合理的管理制度、规章制度及客观准确的评价机制。实际上，在课程群建设的实践中，目前仍然不同程度地存在着重结果、轻过程的现象，忽视了课程群建设过程中存在的问题，把课程群建设形式化，对存在的问题没有及时地有针对性地消解，不仅对课程群功能实现有影响，重要的是，我们难以发现课程群建设系统与本科人才创新培养间的因果变量，尤其是关键因子、慢变量等，从而对创新人才的培养过程与方法选择有影响。

要做好课程群建设，还必须对高等院校教育教学、学科发展中存在的重科学研究、轻教育教学，重成果项目、轻过程路径，重结果轻方法等问题给予重视，积极应对，建立起课程群建设的长效机制，提高认识转变观念，加大教育教学投入，制定合理激励机制，加强对课程群建设各环节的目标管理，使教学计划、教材、教学工作状况、教学方法、考试制度、师资队伍等，在学科高标准发展的旗帜引领下全面推进，确保课程群建设深入有效，使课程群建设在功能上、规模上、价值导向上都有利于学科发展和人才创新培养目标的实现，真正做到课程质量化和人才创新化的统一。

总之，高等教育领域，无论是理论层次还是实践层次上，都还不同程度存在一些矛盾和问题，我们应该紧紧围绕知识经济时代、智能化时代人才要求的核心素养，把人才培养中的创新能力培养放到第一位，准确抓好学科知识传授与能力培养关键载体的核心课程群的教育教学，确保高质量完成高等教育为社会建设和人类文明发展提供优秀的专业人才队伍的职责，使课程、科研、实践等多元化育人体系，真正成为创新人才成长的关键环节和助推器。

二、本科人才创新能力培养的现存问题

综观我国大学本科教育的发展与取得的成绩，是值得肯定和令人欣喜的，尤其是改革开放以来，高等教育所取得的成绩和为人才培养做出的贡献，让每一位高等教育工作者感到骄傲。然而，就我们知识生产的水平来说，在整个世界知识生产体系中的结构位置和认可度还难以让人满意，其中，在科学技术的关键领域的发明创造能力与转化应用能力，还在一定程度上被卡脖子；在人文社会科学领域中的话语权地位，仍然需要用更具中国特色、更有主体地位的话语体系加以呈现。所以，我们绝不能被已有的成绩麻痹，也不能夜郎自大、一叶障目，要用心用力地推动我国的高等教育走向世界高等教育的前列，通过正在实施的"双一流"建设，推进人才

培养的"双一流"成长。

目前，我国高等教育领域，本科人才培养还较为明显地受到固有模式的影响，本科生创新精神和实践能力培养机制还存在一些亟待解决的问题。这些问题，突出表现在以下两个方面：

一是学科人才培养目标与课程设置的契合度不合理，需要改进性提高。课程设置是实现人才培养目标的基础环节和必要条件，课程体系设置合理与否，影响甚至决定着学生学科知识结构的优劣与功能预设。较长的一段时间以来，我国高等教育在大学课程设置上，由于非常强调计划与专业培养的关系，所以往往偏重于专业性课程的教育教学，这样一来，学科间的交叉以及人文社会科学与自然科学之间的知识的贯通性设计就被遮蔽了，而我们知道，知识面的宽广不仅仅是一个知识结构本身，而是涉及到学生思维方式、学术视野等创新能力要素的养得、训练的问题。就这些问题而言，在不同的大学、不同的学科都有不同程度的存在，需要我们在面向未来创新人才培养这一国家核心竞争力建设时着力解决。

具体来讲，主要表现为，其一，基础课程比重过小，专业课程比重过大，造成课程结构比重不协调，甚至有些大学的学科课程设置因人设课，导致学科知识结构失调；其二，选修课程与必修课程比例严重失调，同一学科，选修课程的课时少于必修课程课时 1/2 到 2/3，学生自主选择的范围较小；其三，学科交叉、专业交叉、部门交叉、年级交叉等基础上的兴趣性、研讨性课程严重不足，学生创新思维、创新方法与技能等创新素养得以知识滋养的场域不充分，创新能力的基本训练缺乏环境土壤；其四，文理科学科之间、课程之间存在较大的隔阂，以理工科为主的学校往往忽略了对人文社会科学的渗透，而以人文社会科学为主的学校又忽视了对自然科学知识的渗透，这样就容易使得无论是人文社会科学学科的学生，还是自然科学、工程科学学科的学生，在人类知识的整体性获得上，不仅有基于学科的差异、学科大类的差异，而且在思维或理解对象上时，往往会导致思维的单向或窄化问题；其五，重视学科理论的教学，基于知识的应用型实践教育要少得多。知识类课程太多、集中，方法类和技术类课程太少、偏弱。从实验课程设置来看，基础实验多，创新实验少，就课程实验或专业实验、学科实验来讲，多为演示性、基础性实验；此外，有的课程内容设置缺乏时代感，不能更好地适应不断变化着的社会的需要，部分教学内容承载的理念过时，更新速度慢，难以适应时代的要求，难以反映本专业学科的发展动态等。总之，如上问题也许并未能涵盖高等院校创新人才培养中的所有问题，但笔者认为这些是显在的问题，也是需要快速有效解决的重要问题。

人类进入以科学技术为动力的工业文明以来，人才的问题越来越重要，人的素质的质量在社会发展、国家竞争力等方面的核心性、关键性也越来越凸显，而各级各类的教育就是人才培养的重要场所与机制，高等院校的学科培养则是各种高层次、专业化人才培养的社会空间和知识转化为解决问题的手段智慧的熔炉，因此，学科教育就是高层次、创新人才培养的基础性条件，课程体系建设则是创新人才培养的基础中的基础，也是抓好人才培养工作的切入点。高等教育学科教育模式的改革其基础、核心也应该是课程群建设。

近年来，许多高等教育领域的教育工作者都在探索如何将创新创业教育纳入到创新型本科人才培养的全过程中去，在这一点上，大家的观点基本一致，但如何建立完善的创新创业教育课程体系仍然需要在大胆探索、努力实践的基础上，不断总结提炼，找到一个具有普遍意义的理念原则或有效的行动方案。然而，我们通过检索相关主题的文献，研究发现，许多高等院校大多采用强化或增加讲座、选修、就业指导、思想道德修养与法律基础等手段，结合专业课程进行创新创业教育，但这些形式与专业知识的关联度往往被忽略，或者说，在实践中，表象的、形式的关联与实质的关联没有有机统一起来，所以，创新创业教育的目的实现的并不理想。

将创新创业教育理念与学科专业教育相结合，将创新创业教育融入人才培养模式与学科教育体系的各个环节，通过对学科专业基础课程、学科核心课程进行结构化重构，实现学科能力、专业能力的创新创业知识在学生身上的潜能的强力激活、智慧生成，让知识的传授真正演化为学生解决问题的智慧，让教育教学的过程真正成为每一个学生超越自我、发挥自我优势生成环节，让学生在接受知识的过程中生成何为好、何为善、如何行的价值判断力和问题解决的行动力。

二是高等院校人才培养模式改革虽然取得了不小的成绩，但固有的人才培养模式仍然以传统的惯性影响着本科创新人才的培养效果。在相当长一段时间里，高等教育的本科教育存在着重知识传授轻能力培养、重专业知识深度轻基础知识广度、重人才共性轻人才个性、重功利轻素质、重应知轻应会等弊端，忽视了围绕人才创新精神和创新能力的质量、意识和强力潜能等的对本科人才的培养与塑造，很大程度上难以实现当前高等教育承担的高层次人才培养目标。即便是一些研究型大学也仍然采用统一的教学计划、学制、管理体制和人才培养模式，大学生教育的筛选标准、内容标准和评价标准基本一致。这样的人才培养模式，不能突出各学科之间的差异，制约了学生创新思维和创新实践的能力培养。所以，必须通过创新，改革、消解已有人才培养模式的惯性影响，积极探索出一种真正能够培养创新精神、能够独立解决实际问题的高层次人才的新模式。

可喜的是，2017年开始，中国人民大学社会与人口学院在大中小学协同育人、全面提高自主培养、造就拔尖创新人才方面，推出了"行走中国"研学夏令营，并且将这一模式纳入到中国人民大学全校人才培养体系中，通过增强学生的国情、民情和社情意识，融合培养学生的专业能力和社会能力，人才培养改革成效显著。2023年5月18日，《人民日报》报道了浙江大学、清华大学联合开展的"八八战略"在身边——"青马向上＆水木清华"在金华举行了蹲点联学联讲活动。笔者认为这是高等院校与社会主动接轨，以使学生们、甚至老师们更好地了解真实的社会现状与运行问题，运用所学知识分析、解释自己看到的问题，进而为探索这些问题的解决留下可能性空间的很好的一种具有教学手段意义的人才培养的探索。

笔者认为，如果每一所大学、大学的每一个学科、专业，都能够根据自身学科的特色，有计划、有针对性地开展基于专业知识运用的实践性调查研究的教学安排,并且将之纳入学业成绩考核中,对于更好地使学生形成一种基于专业或学科知识的解决具体问题的实践智慧,将会是非常有意义的。具体到社会学学科而言,由于它的学科性质,更要利用学科知识,做好社会良性运行的诊断,所以,培养出高标准、优质量的"社会医生"人才队伍是学科发展的义务与使命。

第二节　社会学核心课程群课程之间的相关性

社会学是一门应社会需要而产生的学科。最初它更多地聚焦于社会问题,芝加哥学派因对城市问题研究而闻名于社会科学领域,尤其是在社会学学科发展史、社会学学科的研究方法等方面产生深远影响。21世纪的社会学面向开放、快速、多元的社会生活,其理论视域、研究维度、讨论主题、研究方法等也发生了大的变化,在社会学学科概念的字典里,不仅新增了如全球化、反身性等概念,而且告诉我们社会学领域,"新概念的产生,往往与理论分析和经验研究对研究结果的解释需求密切相关"。① 由此,我们也可以看出,新概念的出现是和对研究对象的分析、解释能力密切相关的,而分析解释能力则是一个人掌握知识的程度、运用知识的能力的一种外显方式。所以,对于大学的学科教育来讲,了解、掌握、提高大学生对于学科知识的掌握情况,就是提高其知识转化为解决问题能力的前提。

一、样本与数据来源

我们的研究数据来自中西部某综合性高等院校社会学及相关专业的本

---

① [英]安东尼·吉登斯等,《社会学基本概念》,王修晓译,北京大学出版社,2019年,第2页。

科学生。我们以重点调查本科学生掌握学科知识的能力——成绩为此次课程群建设的切入点，在此基础上，依据我们的理论假设"知识、方法、情怀和行动"的四个关键维度展开分析研究，希望通过课程成绩数据，尽量客观地分析核心课程群设置的结构秩序与学生对学科方法、价值情怀和专业行动能力等学科素养的掌握与建设之间的相关性强度以及需要解决的主要问题。

研究开始，我们对该样本单位社会学及相关学科，从 2017 年开始的在校人数、课程及课程群做了主要的客观性因子的描述性呈现。

表 1　社会学相关专业各年级人数

年　级	人　数
2017 级	58
2018 级	38
2019 级	40

表 2　核心课程群课程与非核心课程群课程

非核心课程群课程	核心课程群课程
城市社会学	社会学概论
文化人类学	中国社会思想史 西方社会学史
组织社会学	社会统计学
宗教社会学	社会学研究方法
农村社会学 人口社会学	社会心理学

各年级人数（如表1），2017级、2018级、2019级，各年级社会学相关专业总人数为136人，其中2017年，基于我们开展的"四元结构"本科创新人才培养模式的假设，还未正式在学科课程群设置的意义上展开，但已经将"知识、方法、情怀、行动"的学科人才目标理念融进了主讲的社会学概论课程的整个教学过程，并且，在之前的教学中已有实践，正是在已有的微观课程的学科创新人才培养的探索实践及经验抽象中，所以才有逐渐清晰的社会学本科创新人才培养模式的深入探讨的想法和实践应用。由于我们欲进行的该项本科人才创新能力培养改革实践并没有在更广泛的学科范围内全面启动，核心课程群课程的教学调整也没有实质变化。

我们的研究将2017级的58位同学作为本项研究的参照样本，2018年和2019年在校的社会学本科学生则依据我们的项目研究假设，结合社会学学科人才培养目标，对社会学核心课程做了"群"意义上的建设性秩序结构及课程教学方法改革的建设性变化，故此，将2018级和2019级的学生作为我们研究的实验组。2017级、2018级、2019级的学生在统计学意义上具有等价性，可忽略由于样本自身所带来的复杂的、不可控的变量和因素。

学生学习成绩是学生在校期间知识掌握成果与获得知识能力的体现形式之一，其背后应该体现相关专业课程群的内在知识脉络，以及学生不断地自主学习、获得新知识的能力和以知识为解释世界、改造社会的可能方法，所以，我们以此高等院校在校社会学专业（包含社会学和社会工作）2017级至2019级的136名学生为样本，通过教务管理系统获取其核心课程群课程成绩（主要包括社会学概论、中外社会学史、社会心理学、社会调查方法与社会统计学），结合重点性的个案访谈、社会实践观察等，在社会学学科内做了一个极其微观的学科创新人才的培养理念与方法性模式的教学分析，以期检验我们展开此项研究的假设的合理性。

（一）课程群设置假设

我们依据社会学学科对社会学本科人才最基本的基础知识的要求与奠基于此基础上的基本能力，将社会学概论、中外社会学史、社会心理学、社会调查方法与社会统计学等五门课程建设为社会学专业核心课程群课程，这五门课程无论在内容上还是专业方法的习得上都彼此关联，因此，笔者认为这五门课程的成绩应该具有结构性的强相关性。

我们知道，任何专业、学科，其固有的体系化理论，有其自身的结构，因此，如何设置这五门课程在本科教学阶段的结构性教授顺序，对于本科生获得系统性的社会学专业知识来讲，有着重要的影响。故此，我们以 2017 级本科生为参照样本，对 2018 级和 2019 级社会学类专业学生核心课程群授课结构进行了微调，并对三个年级的核心课程群与课程成绩进行了相关性分析，结果显示，核心课程群结构的设置与学生成绩具有强相关性。

（二）结果分析

按照年级对社会学专业 2017 级至 2019 级学生的成绩进行统计，获得如下表 3。

表 3　社会学相关专业 2017 级—2019 级成绩对比

年级	2017 级	2018 级	2019 级
平均分	78.63	82.54	83.15
标准差	2.23	2.32	2.35
1/4 分位数	76.52	81.24	82.26
1/2 分位数	80.45	83.87	83.98
3/4 分位数	78.56	82.55	86.45

通过表3的对比分析，我们发现社会学相关专业2017级、2018级、2019级社会学专业的本科学生，成绩呈逐年上升的态势，在课程群结构调整前的2017级学生成绩均分较低，2018级和2019级成绩较高，由2017级的78.63提升到了2019级的83.15，这说明即便是专业基础课，其开设课程的顺序是否合理，与学生知识接受的效果相关，循序渐进地依据学科知识的累积，安排课程有利于学生更好地理解性地掌握知识，获得方法。

核心课程群建设后，学生平均成绩有所提高的情况下，从上表中我们还可以从成绩简单的统计学分析中发现，在继续深化课程群建设，乃至学科建设中有两个需要解决的问题。一方面需要注意的是标准差值越来越大，这表示学生成绩之间的差异和分化逐渐增大；另一方面需要注意的是学生成绩的分数分布状况，这表示学生成绩的离散程度。如果这种分化、离散程度不能在课程群建设中有效解决而使这种情况继续增强，将不仅直接影响核心课程群课程之间的关联度，而且使学科人才的普遍性培养受到制约，因为学生成绩虽然反映出学生获得、掌握知识的能力，但也可能反映出学生对课程的兴趣、投入程度等作为教学活动与过程的主体积极性，而真正的理想的教育教学，无论哪一门学科，都应该是教育者和受教育者双向参与、积极互动的。所以这些问题需要在核心课程群建设和学科建设中，找到症结、及时解决，从而使学科人才的培养得到整体性提高。

按照课程属性将课程分为社会学专业核心课程群课程（表2），非核心课程群课程。运用SPSS软件Pearson对两者成绩进行整体关联度分析，得到如下表4的数据。

表4 核心课程与非核心课程成绩关联度分析

课程	社会学概论	中外社会学史	社会调查方法	社会心理学	社会统计学	城市社会学	城市社会学	城市社会学	城市社会学
社会学概论	1								
中外社会学史	.728**	1							

（续表）

课程	社会学概论	中外社会学史	社会调查方法	社会心理学	社会统计学	城市社会学	城市社会学	城市社会学	城市社会学
社会调查方法	.740**	.654**	1						
社会心理学	.526**	.544**	.625**	1					
社会统计学	.755**	.739**	.631**	.584**	1				
城市社会学	.002	.015	.026	.045	.158	1			
文化人类学	.185	.135	.245	.148	.156	.147	1		
组织社会学	.035	.023	.142	.129	.015	.236	.130	1	
宗教社会学	.132	.006	.013	.162	.102	.032	.142	.213	1

**. 在 .01 水平（双侧）上显著相关，* 在 .05 水平（双侧）上显著相关。

由上表可知，学生在社会学概论、中外社会学史、社会学研究方法、社会心理学、社会统计学等五门核心课程群类课程的成绩在 0.01 水平上（双侧），具有极其显著的相关性；而非核心课程群类课程（城市社会学、文化人类学、组织社会学、宗教社会学等）之间的相关性极其微弱；核心课程群类课程与非核心课程群类课程之间的关联度也都低于 0.7，也就是说，它们之间的关联度较低。这些数据说明，仅仅通过核心课程群建设，对于社会学学科知识的完整性获得来讲，并不能真正解决其存在的问题，需要在核心课程群建设的基础上，对学科的整体性建设提出新的与核心课程群建设相匹配的要求与做法。

通过对 2017 级学生和 2018 级、2019 级学生成绩对比表明，开展课程群建设后学生成绩有所增加，以社会学概论、中外社会学史、社会调查方法、社会心理学、社会统计学为主干的社会学核心课程群建设的成果较为显著。对本科学生专业核心课程群类课程成绩和非核心课程群类课程成绩进行关联度分析后，我们也可以较为清晰地看出，核心课程群类课程关联度较高，这直接体现为学生成绩的相关性。这些数据及其分析，基本能够说明我们在研究开始时的假设是可以成立的，课程群建设的外在客观尺度是学生成绩的实现（即学生成绩的提升）。基于学生成绩反映出来的核心课程群课程之间的相关性分析，为我们在此基础上对本科人才创新能力培养的四个内在要素性维度的分析奠定了基础。

二、核心课程群建设与"四元结构"的本科人才创新能力

（一）培养的相关性

任何一门学科的核心课程都是该学科最基础、最关键的知识或理论、方法，是学习学科其他课程知识的入门性引领或基础，对于学科整体的知识结构和能力构成而言，具有先在的导入性、兴趣性等影响意义，因此，核心课程群的建设和每一门核心课程的教学方法，既对学生掌握该学科基础知识并产生学科学习兴趣的指引，又对学生对蕴含在知识、理论背后的学科思维方式、知识生成逻辑、价值关怀及这些理论知识具有的实践价值的生产性获得有隐性的影响。所以，抓好核心课程群建设就是抓住了学科人才培养的关键。具体而言，就是说，核心课程群建设从知识、方法、情怀和行动四个方面对本科生有着积极的建构性价值，对于以研究社会良性运行的社会学学科而言，其核心课程群的建设所具有的如上功能，则更加凸显。

1. 样本与数据来源

社会学核心课程群建设与本科人才创新能力培养的"四元结构"的相关性分析，由于展开具体教学实践的条件制约，我们的研究数据主要来自样本单位的个案，即中西部某高等院校社会学相关专业的本科学生的调查问卷及访谈等，其中发放调查问卷136份，收回问卷136份，回收率为100%。该问卷主要从"四元结构"的四个方面展开，即专业知识学习，专业研究方法，专业价值观养成和服务于社会发展的能动性及实践化行动能

力。其中每一个方面又包含四个问题。

2. 研究假设

对比未进行课程群建设的 2017 级，2018 和 2019 级的核心课程群建设取得了较为显著效果，这不仅体现在学生成绩这一客观因素上，也体现在本科生创新能力培养的"四元结构"方面。2018 级和 2019 级学生在专业知识学习，研究方法训练，专业价值观养成和服务于社会发展的能动性的"四元"发展维度上的进步，也直接体现了核心课程群建设与本科人才创新能力培养"四元结构"的强相关性。

3. 结果分析

我们依据理论假设，精心设计了问卷，做了基于学科在校学生的全面调查。在进行数据分析之前，我们做了对调查问卷进行数据的信度和效度分析，借以阐明该数据的可信度和有效性。

（二）信度分析

信度分析是检验所用测量工具的稳定性和可靠性的一种有效方法，一般分为内部信度分析和外部信度分析两种，前者测试测量工具内部各项目是否具有高度的内在一致性，后者测试同一对象在不同时间点测量得到的结果是否具有一致性。因此，本研究借助于 Cronbach α 系数来检验问卷各部分的内部一致性，通过分析得到 Cronbach α 系数值，如果值大于 0.7，表明本问卷方案设计合理有效，问卷内部一致性达标，具有较高的信度。[①]

---

① 吴明隆在《问卷统计分析实务——SPSS 操作与应用》中指出 Cronbach α 系数在 0.65—0.7 是最小可接受值，介于 0.7—0.8 表示信度较好，大于 0.8 表示信度非常好。

表 5　问卷信度分析

变量名称	样本个数	题项个数	Cronbach α 值
专业知识学习	136	5	0.781
研究方法训练	136	5	0.801
专业价值观养成	136	5	0.847
服务于社会发展的能动性	136	5	0.713

我们在这里采用的是最常见的内部一致性信度，由如上表格可知，该问卷四个维度（专业知识学习、研究方法训练、专业价值观养成、服务于社会发展的能动性即行动）的信度系数值（Cronbach α）且信度系数均 >0.7。说明该问卷具有较好的信度，因而该问卷及基于问卷获得的数据是可信的。

（三）效度分析

我们知道，效度一般是指测量的结果对所要呈现的测量对象的反映程度，反映的程度越高其效度越高，效度的强弱高低往往与测量所使用的工具、手段、规模等有关。具体来讲，测验分数与想要测量特征的异质性往往反映着效度的强弱，测验分数是否能真实地反映出它想要测量的特征，不同因子变量测量的特征是不一样的，所以它们的结果应该有差异性。如果因子变量之间的得分具有很高的相关性，那么便是它们并没有充分反映出各个特征，只是在某少数几个特征上一直重复，就不具备很好的效度。

表 6　问卷效度分析（KMO 和 Bartlett 的检验）

取样足够多的 Kaiser-Meyer-Olkin 度量		0.909
Bartlett 的球形度检验	近似卡方	1748.848
	df	135
	Sig.	0.000

我们的研究使用 SPSS 统计分析软件进行效度分析。这里采用一种较为常见的 KMO 和 Bartlett 的球形度检验，利用 KMO 值来检查变量间的偏相关性，取值在 0～1 之间，KMO 值越接近于 1，变量间的偏相关性就越强，因子分析效果就越好。如果 KMO 值大于 0.9 这说明极适合做因子分析。经 SPSS 软件测量，该问卷的 KMO 值为 0.909，符合 KMO 值检验标准。

利用 Bartlett 球形值进行球形检验，球形检验主要是用于检验数据的分布，检验数据变量间的独立性。Bartlett 球形值为 1748.848，p 值为 0.000 小于 0.05，该问卷的巴特球形值通过检验。该问卷 KMO 值为 0.909 大于 0.9，p 值为 0.000 小于 0.05。说明该问卷具有良好的结构效度。

通过以上对问卷数据的信度和效度分析，可以说明该问卷数据可以进行接下来的样本分析和差异性分析。

（四）描述性统计分析

为了测量核心课程群建设前后社会学相关专业学生创新能力是否发生了明显变化，本研究团队设计了专业人才创新能力培养的课程教学改革调查问卷，该问卷将创新能力分为四个维度：专业知识学习，研究方法训练、专业价值观养成、服务于社会发展能动性。在 2017 年（核心课程改革前）、2018 年（核心课程群改革后）、2019 年（核心课程群改革后）三年时间内，分别对学院社会学专业相关学生进行问卷调查。问卷经过严格的信度和效度检验，具有可靠性。

本研究所编制的问卷量表分为两大部分，第一部分为基本信息包含性别和年级两大部分。由于研究的目的性和指向性十分明确，以 2018 级为分界点，2018 级之前未进行核心课程群的微调性建设，2018 级之后（包含 2018 级）的学生经历了核心课程群的动态建设过程。本研究以年级作为时间自变量，以四大因子为核心内容的问卷综合得分为因变量。通过对连续三年的不同年级（2017 级、2018 级、2019 级）社会学相关专业的学生进行问卷测试，测量和分析核心课程群建设前后学生在：知识、方法、价值、服务社会发展的能动性即行动四个方面综合得分的差异性，以此为依据进行进一步的核心课程群建设与本科创新人才培养模式的分析研究。

第二部分为问卷主体。通过查阅相关文献资料，结合教学实际，确立了契合研究主题的四大因子：专业知识学习，研究方法训练、专业价值观养成、服务于社会发展的能动性即行动。本问卷在制定时参考借鉴了李克特经典量表的五级划分，根据不同因子题项的重要程度，进行合理赋分。该问卷满分为100分（去除控制变量分值）。

表7 问卷变量的定义和描述性统计分析

量变		变量定义	均值	标准差	最小值	最大值
人才培养中专业知识学习方面	Out_sub1	专业知识的了解情况（4=非常了解，3=比较了解，2=一般，1=比较不了解，0=非常不了解）	2.45	0.652	0	4
	Out_sub2	核心课程设置对专业知识学习的影响（4=作用非常大，3=作用比较大，2=作用一般大，1=作用比较小，0=作用非常小）	2.016	0.715	0	4
	Out_sub3	老师讲授对课程内容接受程度的影响（4=作用非常明显，3=作用比较明显，2=作用一般，1=作用比较不明显，0=作用非常不明显）	2.102	0.685	0	4
	Out_sub4	教学方式对专业知识接受程度的影响（4=作用非常大，3=作用比较大，2=作用一般大，1=作用比较小，0=作用非常小）	3.12	0.726	0	4
	Out_sub5	专业知识掌握程度（4=非常丰富，3=比较丰富，2=一般，1=比较贫乏，0=非常贫乏）	2.856	0.762	0	4
人才培养中研究方法训练方面	Out_sub1	相关专业研究方法了解程度（4=非常了解，3=比较了解，2=一般，1=比较不了解，0=非常不了解）	2.12	0.756	0	4
	Out_sub2	教师采取的教学方法（1=纯理论式教学，2=仅注重实践式教学，3=理论联系实践教学）	3.025	0.412	1	3
	Out_sub3	本专业研究方法掌握情况（4=非常熟练，3=比较熟练，2=一般，1=比较不熟练，0=非常不熟练）	2.198	0.652	0	4
	Out_sub4	研究方法实操能力（4=能很好胜任，3=能基本胜任，2=一般，1=不太能胜任，0=完全不能胜任）	2.569	0.451	0	4
	Out_sub5	开展相关研究活动情况（2=有，0=没有）	3.102	2.13	0	2

（续表）

量变		变量定义	均值	标准差	最小值	最大值
人才培养中专业价值观养成方面	Out_sub1	本专业社会价值认知（4＝价值非常大，3＝价值比较大，2＝一般大，1＝价值比较小，0＝价值非常小）	2.369	0.758	0	4
	Out_sub2	专业价值理念改变程度（4＝变化非常大，3＝变化比较大，2＝一般，1＝变化比较小，0＝变化非常小）	2.36	0.245	0	4
	Out_sub3	老师在授课过程中是否对学生进行价值引导（2＝有，0＝没有）	1.79	0.357	0	2
	Out_sub4	老师的培养与引导作用认知（4＝作用非常大，3＝作用比较大，2＝作用一般大，1＝作用比较小，0＝作用非常小）	2.364	0.452	0	4
	Out_sub5	学术研究活动对专业价值理念的影响（4＝变化非常大，3＝变化比较大，2＝一般，1＝变化比较小，0＝变化非常小）	3.101	0.659	0	4
	Out_sub6	专业自信（4＝非常自信，3＝比较自信，2＝一般，1＝比较不自信，0＝非常不自信）	3.036	1.325	0	4
人才培养所达到的服务于社会发展的能动性即行动	Out_sub1	以专业眼光看待社会现象（4＝经常这样，3＝偶尔这样，2＝不清楚，1＝基本不，0＝一点都不）	2.921	3.156	0	4
	Out_sub2	运用专业知识、技能、方法开展社会服务活动（4＝非常愿意，3＝比较愿意，2＝一般，1＝比较不愿意，0＝非常不愿意）	2.104	1.351	0	4
	Out_sub3	运用知识服务于社会的自觉性（3＝有义务，1＝不清楚，0＝没有义务）	1.521	1.291	0	3
	Out_sub4	专业知识对服务社会能力的影响（4＝非常能胜任，3＝比较能胜任，2＝一般，1＝比较不能胜任，0＝非常不能胜任）	2.352	0.254	0	4
	Out_sub5	为社会发展做贡献依赖的主要方面（2＝所掌握的专业知识，5＝运用专业知识开展社会服务活动的能力，2＝专业自信，2＝关心、服务社会的自认意识，2＝社会、学校为学生提供的服务平台）	12.652	25.165	2	5
控制变量	Age	年级（1＝2017，2＝2018，3＝2019）	2.542	1.201	0	3
	Gender	性别（0＝男，1＝女）	0.721	3.021	0	1

（五）差异性分析

通过对学生调查问卷的单因素方差分析，对不同年级学生问卷得分的均值与标准误差比较，表 8 中的 M 为不同年级同学问卷得分的均值，用均值来代表该年级同学问卷得分的平均成绩。SD 为标准离差，又叫标准差，该数值反映数样本据空间分布情况，SD 越小，表明样本数据分布比较集中，接近平均值。反之，则表明样本数据分布比较分散，与平均值差异很大。

通过数据，我们可以较为清晰地得到，2017 级学生在知识、方法、价值、服务社会发展的能动性四方面得分的均值较低，而 2018 级、2019 级学生的得分均值比 2017 级学生高约 10 分，2019 级学生也较 2018 级学生得分均值更高，这也直接说明课程群建设理念与方法在培养学生的"四元"能力方面取得了显著的成就，而且在建设中，随着核心课程群建设和本科创新人才培养理念更加有机的实践性融合，核心课程群建设不断深化的过程，也呈现为学生的"四元"能力不断提升的过程。

我们在看到核心课程群建设对于本科创新人才的积极促进作用的同时，通过数据分析，我们也看到 SD 值也在不断增大，这说明在课程群的探索性建设中，学生"四元"能力方面的差距也被拉大，这直接说明了在课程群建设之于创新人才培养的作用仍然存在需要继续变革的问题，这是需要在建设中进一步注意并加以统筹解决的问题。

表 8　单因素方差分析 -ANOVA

年　级	n	M	SD
2017 级	58	71.86	17.00
2018 级	38	82.77	21.30
2019 级	40	83.82	22.70

表 9 是三个不同年级学生问卷综合得分的单因素方差分析的"续后分析"的生成结果：

表 9 "续后分析"生成结果

年级（i）	年级（j）	均值差（i−j）	Std.Error	.sig	95% 置信区间	
					区间下限	区间上限
2017	2018	-10.92113*	4.18116	.018	-18.2561	-.5826
	2019	-11.95372*	4.03443	.035	-20.3265	-1.3546
2018	2017	10.92113	4.18116	.018	.5826	18.2561
	2019	.84562	4.01202	.865	-10.6352	9.0534
2019	2017	11.95372*	4.03443	.035	1.3546	20.3265
	2018	.84562	4.01202	.865	-9.0534	-10.6352

根据续后分析表 9 中第一行、第二行、第四行所示，比较学生问卷测试的得分均值，可做出以下结论：① 2017 级学生和 2018 级学生之间存在着显著统计差异（Sig.= 0.018）。② 2017 级学生和 2019 级学生之间存在着显著统计差异（Sig. = 0.035）。③ 2018 级学生与 2019 级学生之间并不存在显著统计差异（Sig. = 0.865）。

由于上表含有重复比较，进一步的结论为：比较学生问卷得分综合均值，2017 级学生和 2018 级学生之间存在的均值差为 −10.92，2018 级学生的均值优于 2017 级学生。2017 级学生和 2019 级学生之间存在的均值差为 −11.95，2019 级学生的均值优于 2017 级学生。这就表明，2018 级和 2019 级学生的均值均优于 2017 级。

表 9 中的均值差（i−j）反映了三个不同年级均值之间的差值，我们用均值代表该年级问卷综合得分的情况，如果差值为正，则表明 i 年级的问卷综合得分优于 j 年级，若差值为负则表明 j 年级的问卷综合得分优于 i 年级。

表 9 右边两列为 95% 置信区间，95% 置信区间表明，如果同样的研究重复 100 次的话，其中 95 次的均值差 MD 将会落在置信区间象限之内。

在得到以上的统计结果之后，为了表明自变量与因变量关系的强弱程度，我们又进一步对每对具有显著差异的效应尺度进行了讨论，效应尺度的估算式为：

$$d = \frac{MD}{pooled\ SD}$$

式子中的 MD 为均值差，pooled SD 为标准偏差集合值（pooled SD=）。根据续后分析的结果，2018 级与 2017 级学生之间存在的均值差为 10.92，标准偏差集合值为（17.00+21.36）/2=19.18，因此 d = 10.92/19.18 = 0.56。根据科恩的定义该效应尺度为接近中等程度的效应尺度。同理，2019 级的学生和 2017 级的学生存在的均值差为 11.95，标准偏差集合值为（17.00+22.70）/2=19.85，因此 d = 11.95/19.85 = 0.60。根据科恩的定义，这是中等效应尺度。所以说这两者的差异显著性具有良好的效应尺度。根据研究预设，以核心课程群建设为自变量，学生"四元结构"发展为因变量，两者之间存在着较强的相关性。

通过内在"软"尺度"四元结构"调查问卷的数据分析，直接说明社会学核心课程群进行建设性改革后，2018 级、2019 级两个年级的学生，在专业知识学习、专业研究方法训练、专业价值观养成、服务于社会发展的能动性即行动等四个方面，均较 2017 级有了显著的变化或长足的进步。但另一方面，我们应当注意在课程群建设的过程中，学生的差距有逐渐离散的趋势，需要进一步研究和解决，尤其是需要着眼于未来学科发展的要求和课程群建设的关系，加以有效解决。我们的目的是通过探讨课程群建设和本科创新人才成长模式的微观性实验，做类似于解剖麻雀式的教育教学研究，以在提高学科整体发展质量的基础上，力争使每一个大学生能够成长为面向未来的专业化的优秀人才。

第三章 "四元结构"模式核心课程群的建设路径

社会学本科阶段核心课程群的课程内容,一方面被学科属性、研究对象、研究方法及其边界所规定,在核心课程群的意义上,往往可以涵盖该学科或专业所涉及的一般知识点、统摄的视域、可能运用的主要方法论及基本方法,将一个学科的基本理论面貌呈现出来;另一方面,由于任何学科专业都有相对地面向社会生活、社会实践的特殊领域,能为该领域的核心需求提供学理上的帮助与实践问题的手段性支持,社会学学科亦是如此,其理论知识、概念范畴等学科的基本构成要素,也会随着社会的发展变化而变化发展,增减内容等。具体地说,学科课程尤其是核心课程群中的每一门课程都会相应地满足现有职业或可见的未来职业中的某一知识或方法的要求。虽然不可能与现有职业或未来职业进行一一对应,但是,学科核心课程群会影响专业素养,甚至一门核心课程群中的课程就会影响其学科的关键技能。如社会学核心课程群中的社会调查方法,如果不能很好掌握,就会影响学生对社会现象的准确描述,进而会影响其基于此基础上的解释、分析、预测和问题解决。所以对课程知识的科学传授,并以此为原点,让学生获得方法,感知并认同专业价值或学科价值,进而形成具体有形的社会实践行动,是我们解决好课程群建设和本科创新人才培养的重中之重。

第一节　教学理念变革要适应时代变化的要求

理论知识是大学教育和人发展的媒介，在核心课程群课程设置上要兼顾学科知识结构和学生成人成才的规律。课程设置必须重视知识的结构，只有建立在知识体系的基础上，才便于学生最系统、最有效地掌握某一学科的专业知识与技能。由于学科知识自身内在的发展逻辑与人的发展性成长并不完全一致，如果仅仅根据学科知识结构组织课程，不兼顾大学生成才规律，容易造成忽视学生的需求、兴趣和内化等主体性要素，从而，既影响了学生对知识的习得效果，又难以满足知识对于学生精神世界、人格灵魂等的塑造。所以，在核心课程群建设中，一定要注意大学生群体所处生命阶段的身心结构特征，充分尊重并统筹好学生自身发展的逻辑，如大学生的发展目标与价值、兴趣与个性，潜能激发与动力催生等。

基于上述考量，结合我们主张的创新人才培养的"四元结构"模式的研究假设和已获得的极其微观的教学实践经验，我们从人才培养体系的逻辑出发，得出结论，解决好大学生对专业知识的掌握是本科段人才培养的基础性和首要性问题，而专业技术知识和能力的培养与提高，与高等院校学科专业的教育教学质量密切相关。所以，对社会学学科本科阶段创新人才的培养，必须首先从专业教学的核心课程群开始，从观念到方法进行全方位的创新性建设，构建有利于学生专业技能水平提高的课程教育教学体系。

一、思想观念转变的三个向度

现代社会是一个急剧变革的社会。随着知识经济和智能时代的来临，高等教育的人才培养理念、学科教学环节，课程内容等也必须改变，以适应时代发展的要求。

首先，作为教学主体的大学生必须转变自己接受知识的理念与态度，要从被动接受知识，或者说，被传授什么、怎么传授、什么时间、地点等被动学习转向自我主动的对专业知识的渴求和学习。

现代性社会发展到知识经济时代或所谓后现代社会的时代，知识及其知识的技术化、物化形态越来越成为社会的基本组织形式，日常社会领域也越来越成为知识化组织的世界，新知识不断涌现，知识的叠加、交叉、综合越来越成为日新月异的常态，"学历"已不再是保证一个人一生得心应手地适应社会的金字招牌。正是由于这个原因，学生在大学习得的以专业知识为依托的"学习能力"，成为大学生走向社会继续自主社会化的基础性要素。21世纪的大学生应该把自己定位为积极主动的"学习者"，因为我们每一个个体的社会生活越来越需要为自己的学习和结果负责。

美国著名的教育家詹姆斯·杜德斯达在《21世纪的大学》一书中认为，尽管美国大学尤其是公立大学在知识生产、育人方面取得了骄人的成绩，但美国的大学仍然很难适应快速变革的21世纪，因此，大学应该从教学、科研、社会服务、学术、资源、技术、学校管理等多方面进行彻底的改革，高等教育从形式到内容都需要革命，这样才能跟上飞速发展的世界，引导学生做好社会的主人。他说："受过教育的人和他们所创造的知识会逐渐成为一个国家财富的来源。知识本身的扩张是无限的。今天的社会要求其成员成为终身学习的人。"[①] 在此基础上，杜德斯达还进一步主张，新时期所需要的学习者和他们所接受的教学方式应是：从教书育人到学以致用；从被动学习到主动学习；从以教师为中心到以学生为中心；从独立学习到互动式学习和合作式学习；从以课堂学习为主转向情景学习；从以学校为中心转向以社会为中心的学习等。这是由于"知识与实践相互联系、相辅相

---

① [美] 詹姆斯·J·杜德斯达，《21世纪的大学》，徐素娟译，北京大学出版社，2020年，第7页。

成，二者之间的相互作用在迅速扩大"①，只有大学生的学习观念与学习态度、方式的变革性转变，将自己真正作为教育教学过程中不可或缺的主体，并切实认识到作为受教育者的权益，才能成为主动学习、善于学习的受教育者和终身学习能力的优秀获得者，这是适应时代的需要，也是大学生生命成长与自我实现的需要。

教育家，武汉大学原校长刘道玉甚至认为，善于自学，才是成才的关键，因为学生是否成才，除了与客观学习条件的外在因素相关外，还与自己的志趣、理想和执着精神等内在因素有关，甚至这些内在因素是更重要的无形的文化生产因素。

其次，作为教育教学活动的组织者、具体内容讲授的实施者的教师，也必须转变自身在教育活动中的角色，在一定意义上具有引导、开启等更具主体地位的人必须要从知识的先行掌握者、解释、教授者的职业角色，转化为引领学生逻辑地、科学地进行关于世界和生命知识学习的探讨者、互动分享者。也就是说，高等教育的教师要更具职业使命感，并且能够将职业使命感生成为有形的具体的知识生产的组织者和领导者。

在以往的大学教育中，以教师、教材、课堂为中心，以这"三个中心"为基本特征的学科教学，可以说是大多数普通高等院校日常教学活动的主要方式。在课堂教学中，教师作为绝对的主导者和教学活动的主要组织者，主要依据教学目标和教学大纲，以教材为基础，对学生进行单向的理论知识灌输和传授，教师控制教学进度、教学内容、教学目标、一堂课完成的授课量等，虽有一些课程的课堂实践中会掺杂一些问题的讨论，但相对而言学生对内容的吸收效果、这些知识的引用途径等由于受限于课堂时数、空间等条件的制约，往往会蜻蜓点水，一带而过，知识蕴含的实践价值、人文关怀意识等不能充分彰显，严重影响了学生对知识的接受兴趣，理论自身无限丰富的内容被遮蔽，其社会建设的生命力也就不能充分体现出来，所以，知识时代的教师必须主动承担责任，改

---

① [美]詹姆斯·J.杜德斯达，《21世纪的大学》，徐素娟译，北京大学出版社，2020年，第6页。

变自身对职责的内涵性理解，进而自觉主动地进行课程教学从形式到内容的建设性改革。

社会学学科是一门与当下的社会生活同频共振的学科，反映时代、预见未来的属性极强，因此，社会学学科的教师，必须清醒地站在世界未来的发展向度中，在教学过程中，根据学科与课程的主要任务和教学目标，制定好课程的整体教学计划和每一堂课具体教学计划，利用不同的教学工具，对教学内容反复筛选、优化、优化、再优化，之后再讲授给学生。

这样一来，在学生对自我身份的新认同中，即从知识的被动接受到主动学习、自主塑造中，教师身份的内在规定也自觉改变，由知识的掌控者转变为知识引领、分享、交流的促进者，教师与学生在教学活动中成为积极的双向促进者。老师不再是知识的垄断者和控制者，学生也不再是被动的接受者，而是通过积极主动的学习行为，以及对学习内容的吸收和建构，成为学习的主动者和传播者，而且，根据不同学生的个性发展、不同的生活经历和不同的文化背景，每一个学生都在进行着独特的知识建构和独特的学习意义形成过程，同时，也在进行着独特的知识创造。教师在教学过程中所扮演的角色是学生学习活动的促进者与组织协调者，教师是学生成才路上的点石成金的"神力"所在。

"在知识时代，受过教育的人和他们的思想已成为国家的财富。大学从没有像今天这样变得如此重要，大学教育的价值从没有像今天这样如此之高。大学提供了教育的机会，创造了知识。大学所提供的服务是当今社会取得领先优势的关键，它们包括个人生活的富足与安乐、经济的竞争、国家的安全、环境保护和文化繁荣"。[①] 而"现代社会最能预见到的特质就是它的不可预见性"，[②] 所以，今天的大学教师必须将自己的身份职能的内涵，由传授知识转向教育学生如何生产知识，或者说，帮助学生获得知识

---

① [美]詹姆斯·J. 杜德斯达，《21世纪的大学》，徐素娟译，北京大学出版社，2020年，第4页。

② 同①，第3页。

的生产逻辑、情景、手段、条件等，帮助学生有能力通过大学学习生产出影响未来的知识。当然，这需要作为大学教师的自己要做到知识的思想性智慧转化和知识的方法性智慧转化，即知识的实践化的智慧转化才能最终形成大学生——受教育者的知识生产力的普遍提高。这是变革的现代性社会对高等教育的要求，也是对高等教育教育工作者的要求。

最后，要转变对待课程的理念，由学科发展组织课程转向以创新人才成长所需的交叉性、综合性的课程理念，尤其要以未来可能的社会实践预见的问题，组织教学活动，新文科、新工科等建设只有真正落到人才培养的具体行动中，才能起到这些理念所固有的人才培养的功能的突破性实现。

回顾我国大学课程发展的历史，课程是以学科为中心的课程，强调了系统的理论知识和发展理论思维的重要性，在课程模式上，体现了按学科分类划分课程门类，让学生掌握系统、完整的学科知识体系；围绕学科开展教学，只有在必要时，才辅之以少量实践；在课程内容上，强调了以理论知识为主体，提倡通过大量的理论学习来充实学生头脑中已有的理论知识结构；在课程评价上，主要是采用书面形式的考核，检查学生对理论知识的识记程度，这些情况在人文学科，即便是社会科学领域表现的也较为明显，这种局面必须改变。

社会学核心课程群建设与本科创新人才培养必须在贴合时代实际情况、科学认识未来的基础上做出彻底变革，改变课程组织的理念，探求创新人才培养的可行路径和方法。其重点，笔者认为对社会学专业课程改革的内在逻辑在于对时代需要、社会实践的关切，课程建设理念应该紧紧围绕时代要求、甚至是引领时代发展来改变。

通过上面的分析，笔者认为在课程内容一定的前提下，课堂教学过程应该是教师与学生之间对话交流的问题分析与解决的过程，而不是教师个人的独舞。这样，课堂教学才能以精选内容为媒介，尊重每一个学生的个性发展，接纳学生的问题、冲突和矛盾，释放每一个学生的思想锋芒，在对知识的多元理解中，找到最优的答案，这个过程，既是百花齐放、百家争鸣的思想呈现的过程，又是思维、视野、方法等相互补充完善的知识进一步形成的过程，当然也是不同参与者之间的差异性理解被相互尊重、包容、合作的精神品格形成的过程。

如此一来，课程从组织到教学过程，教师与学生都是教育教学实践的真正参与性主体和建设性主体，教师与学生都可以在这种教学实践活动中，感知到建构世界与自我生命的意义，并通过实践行动获得新认识，课程中的实践问题成为知识学习的核心，理论知识又是实践知识的必要补充，课程教学成为教师、学生与社会关怀的一座创新知识的桥梁。

二、课程群建设要以创新人才培养为目标指向

我们知道，知识（Knowledge）是关于世界及人类是什么的理论体系，或者学问。从简单的字面意义上，我们可以看出，"知"是"识"的前提或者条件，人只有知晓、了解对象，才可能对对象做出辨识，进而发出行为。如此简单理解，就给我们提出了一个问题，即如何获得知，以有利于识的恰当性和合理性，也就是说，如果把知识理解为一个分解的人类意识活动的过程和能力，那么，无论是知，还是识，都包含着人类的实践可能性和实践方式。

知识是人类和自然界发生关系的中介，也是社会关系建构的媒介，"只是生产活动已从物质生产实践和精神生产领域中分离出来，并对物质生产实践和精神生产产生了重大影响。知识已成为人的生存活动方式，同时也成为社会进步的核心动力。"[①] 知识正在以一种现实的物质力量，以颇具主体性的自觉参与方式，建构着人类的历史。所以，让学生掌握牢固厚实的学科知识是各学科课程建设的核心任务和基础目标。

当前，我国普通高校的教育教学实践，较为常见的做法是学生先学习学科的基础知识和方法技能，然后将这些知识和技能运用到具体问题

---

① 李德顺等：《马克思主义哲学范畴研究》，中国社会科学出版社，2010年，第102页。

的解决过程中，表现为"基础—应用""一般—特殊""抽象—具体"的教学组织逻辑，以学科知识为中心，而不是以具体项目任务为中心构建课程体系。这一人才培养的教学逻辑或路径模式，学生所获得的知识，往往是理论知识与问题的实践解决所需知识、技能的分离、割裂。为了消解教学实践中存在的这一矛盾或问题，笔者认为，高等院校应改变这样一种育人理念下的路径依赖，即改变以纯逻辑知识体系为主的知识育人，转向以技术实践活动项目为主线，以学科知识为支撑，融合多学科知识与素质培养，以创新能力培养为目标的课程群建设体系。采用技术活动项目为主线的课程组织方式，不仅可以使学生在项目完成过程中获得知识的学习、素质的培养和能力的提高，而且可以使学生感受到知识关怀社会的价值和自我生命的意义。

笔者认为，以技术实践活动项目为主线的课程群建设，可以弱化本科人才培养阶段教育内容中存在着的较为严重的"二元分离"现象，即理论教育与实践教育的割裂，以及更大的教学实践范围内的从课程设置、教学时间安排、教学场所选择、教师配备、考核方式等方面的割裂和孤立。在教学过程中，专业课和实践课可以很好地结合，专业课教师可以有针对性地教授专业理论知识，实践课教师对实践知识和技能运用的指导也会更好地回应理论知识的抽象、学生未解的概念、范畴等知识形态，在问题的统摄下，两类教师的有机合作，实现了育人的知识与实践能力或行动力的同步。

大学本科教育的培养目标是培养全面发展的高素质的专业人才，因此，必须设计出一种全新的以实践活动为单元，以模拟活动为基础的课程结构体系。这种课程结构体系，需要将学科与实践活动采取模块化方式结合起来，形成自由、灵活的教学单元，综合使用课程模式、阶段课程模式和个性课程结构等模块化课程结构形式，以学生综合创新能力分析为基础，将知识、技能、能力有机结合在一起，形成一个完整的课程结构体。

这一课程结构体系中，理论教学与实践教学相结合是关键。一般而言，学生在面对具体的、不确定的、具有较高技术含量的新问题时，在解决问题的过程中，往往能够更好地促进理论知识和实践知识的有机结合。由于在问题解决的过程中，往往不能用原来的方法和操作技能去解决问题，而是要把原来的解决思路和方法进行改造或创新，使之能够解决实际问题，从而使学生从原来操作技能的惯用状态，升华为创造性、实践性思维，通过实际问题的解决，促使知识与能力的结合，能力与个性特征的结合。学生从实际操作过程中学到的知识更生动，更有建构意义，也有利于知识的储存和提取应用。

  如上是我们关于课程群建设围绕具体的项目任务来进行的主张，这并不是说课程内容的建构是单向的从实践到理论的线性模式，而是强调以实践为起点，在实践的基础上，促进理论知识与实践知识的积极互动，最后再回到实践层面，从而形成一种循环往复、互动式的课程模式，使学生能够对理论知识有足够深入的形象认识和生命化认知。笔者认为这样一种课程群建设的创新人才的培育模式，也是符合辩证唯物主义实践、认识、再实践、再认识，循环往复以至无穷的认识论规律的科学方法。毛泽东在《实践论》中，不仅引用列宁的话说"实践高于（理论的）认识，因为它不但有普遍性的品格，而且还有直接现实性的品格"。[①]"概念这种东西，已经不是事物的现象，不是事物的各个片面，不是它们的外部联系，而是抓住了事物的本质，事物的全体，事务的内部联系了"[②]，作为理论重要组成的概念，毫无疑问是我们从根本上解决问题所必须依据的知识，但只有真正掌握了的知识才可能具有这样的物质力量，毛泽东甚至讲，"你要有知识，你就的参加变革现实的实践"[③]，"改造客观世界，也改造自己的主观世界——改造自己的认识能力，改造主观世界与客观世界的关系"[④]。笔者认为，高等院校以培育创新人才为目标的课程群建设也必须坚持并贯彻唯物

[①] 毛泽东，《毛泽东选集》第一卷，人民出版社，2009年，第286页。
[②] 同[①]，第285页。
[③] 同[①]，第287页。
[④] 同[①]，第296页。

辩证法的知行统一观，在理论知识与解决问题的实践的有机结合中促进创新人才的成长。

第二节　掌握专业化科学方法是创新人才的基础

欧洲著名管理大师弗雷德蒙德·马利克在《转变——应对复杂世界的思维方式》中讲，"新世界的最大挑战是其不断增加的复杂性。复杂性是地区和全球危机的次数逐步增加的主要原因"，[①] 以至于他把该书的第五章命名为——复杂性：构建新世界[②]的基础，认为"21 世纪巨变的主要挑战在于复杂性激增，以及找到应对这种复杂性的正确方法"。在他的论述中，21 世纪是他认为的新世界，新世界的社会运行模式亦即新的社会革命，而要适应这个复杂性激增的社会革命与新世界，必须找到应对复杂性的正确方法，而他给出的正确方法就是变革管理的思维方式和解决问题的思维方式，其中一种系统控制论的思维方式是重要的基础性需求。如果我们认可弗雷德蒙德·马利克的分析，那么作为培养社会运行体系的重要参与者的高等院校，在对专业化高级人才的培育过程中，就必须更加主动地把基于课程知识的思维方式和导引的专业方法教给学生，这一点无论对于研究社会问题的社会学学科，还是研究社会良性运行的社会学学科的人才培养而言，似乎就更加突出地重要。

古语说，"授人以鱼不如授人以渔"。社会学专业本科生创新能力的培养，解决问题的"方法"既是其学科理论学习成效的外显，又是其学科化、专业性科学解决实际问题的行动力体现。对于提升学生有效解决实践问题

---

① ［奥］弗雷德蒙德·马利克，《转变——应对复杂世界的思维方式》，黄廷峰译，机械工业出版社，2017 年，第 3 页。

② 弗雷德蒙德·马利克在《转变——应对复杂世界的思维方式》的前言中说，新世界这个概念是作者在 1997 年创造的一个新词。作者认为新世界诞生于 21 世纪的巨变。

方法的获得而言，它贯穿于整个教育教学环节与大学人文历史环境等大育人系统中，其中教学过程的展开方式即教学方法和课程内容的组织设计则是重要的环节。

一、教学方式的转变

"方法：对于探究事物真理是（绝对）必要的"①，这是著名哲学家笛卡尔在《探究真理的指导原则》一书中给出的第四个原则。社会学本科阶段人才，要想做出对社会问题的真理性判断、对社会运行状况的合理性分析等，良好地掌握专业化的方法论原则和具体的展开分析研究的方法，如历史唯物主义的方法论、统计分析方法等，是必要的前提与基础性的人才素养。为此，学科教学就要做出深刻的变革，使学生的学习不是仅仅停留在静态的死的概念层面，而是通过教学内容的设计与教学方法的变革，将理论、概念所蕴含的丰富而鲜活的实践内容呈现出来，换句话说，就是要通过教师对学科理论的讲授，将知识背后的实践普遍性加以揭示，让这些已有的人类智慧照亮现实、看见未来。

一般而言，教学方法是各级各类教师在教学活动中所采用的各种方法和手段的总和。它是教师顺利完成教学任务的必要工具和重要载体。在一定意义上说，教学方法的作用就是在教学活动中，为师生之间架起一座基于知识、理论的沟通桥梁，学生能从中更好地获得各种知识和技能，完成各种学习任务的同时成人成才。

高等教育快速发展，大学本科越来越大众化，大学教育的专业化与职业化实践能力成为重要的相关要素，学科的专业化理论面向实际问题的能力生产与方法更加突出。"2022 年，我国高等教育毛入学率达到 59.6%，进入了普及化深入发展的阶段。随着我国高等教育普及化水平的不断提

---

① ［法］笛卡尔，《探求真理的指导原则》，管震湖译，商务印书馆，2019 年，第 16 页。

升，必须推动从规模增长向质量提升转变。"[①] 也就是说，对于大多数的本科生而言，理论的应用是走向社会、在社会生活中占据主动的首要需求，而基于理论进行的对未知世界的探求则是更高层面的精神需求。但是，在我们看来，无论是面向当下的实践应用，还是面向未来的理论创新，都需要专业理论与专业方法的统一性应用，因为实践是开放的、未来是不确定的，都是复杂的对象性活动，因此，都需要学生们具有创新能力的支持。故此，停留在理论导向的教学模式已不能适应高校本科层次复合型、应用型、创新型人才的培养需求。

在实际教学工作过程中，有许多问题的出现，是不能照搬原来固定的解决模式来解决的，只能是在原有知识和经验的基础上，进行尝试，创造性地解决。高等院校的学科课程的教学活动，更不能只是单纯的知识教化过程，也不能机械地模仿，而应该是教师和学生共同参与、积极建构的旨在为学生实践行动提供条件的教学，它能促进学生的自主行动学习，使学生解决问题、团队合作、交流等学科技能得到锻炼和提高。这也就是我们在研究起始阶段提出的创新人才培养的"四元结构"模式的落脚点——学生的实践行动力，所以，这里我们主张、强调的是以知识的生命化体悟生成的文化情怀意义上的，以学生的实践行动了为导向的教学方法。

行动教学注重学习的情境性，注重学生的参与性和协作性，强调反思性，将学习嵌入有意义的实际的对象化问题中，尽可能创造出与当前学习主题相关的、尽可能真实的学习情境，通过解决贴近生产实际的案例和问题进行学习。以行动为基础的学习环境，既容易调动学生学习的积极性，快速进入"角色"，又容易激活学生原有的知识与经验解决问题。行动教学方法主要包括创设问题情境、确定问题、解决问题和效果评估等几个环节。这包括基于实践问题的学习，基于项目的学习以及生命体验式学习。

基于实践问题的学习是学生综合使用各种学习资源的过程和能力塑造

---

① 教育部高等教育司负责人就《普通高等教育学科专业设置调整优化改革方案》答记者问，中华人民共和国教育部官网，http://www.moe.gov.cn/jyb_xwfb/s271/202304/t20230404_1054223.html，2023 年 4 月 4 日。

的方式。学习资源不仅包括客观的学科资源、认知工具、物理资源如师资质量、构成等，还包括课程教学中教师依据社会学核心课程群的具体课程内容，依据美国行为学家保罗·赫塞博士和肯尼思·布兰查德共同提出的情景领导理论主旨，将课程内容依据具体授课学生的认知成熟度和学习特征而演化为课堂学习的主题目标情景的方法。

课程内容主题情景化的这一教学方法，在社会学核心课程群课程的教学中，由于课程内容和社会生活、个体生命现状等关联性较强，可以说，应用前景较为广泛。从教学中的实际应用效果来看，学生在蕴含理论意义的情境脉络中建构的知识，能够更多感知并获得具有个性化的更多意义，其知识掌握的持久性和动态性辩证应用能力更强，内容主题为学生提供了虽然有限但可能的有意义情境。

课程教学方式的变革实践说明，在与课程内容延展的问题结合起来呈现的教学环境下，探究问题是促发并引导学生保持学习兴趣和动机的好方法之一。另外，在教学中充分发挥学生的学习主动性，采用课前、课后课程资料的布置、检查等方法，通过小组讨论，以个案问题为基础，对问题进行分析、解释和解决，从而培养学生的实际应用能力、自主学习的积极性与主动因实践需求而获得知识的能力。在这种引导学生自主学习的教学方法中，每一个环节都不可缺少、简化，这种教学方法引导学生遇到问题情况、分析困难所在、将困难表述为待解决问题、提出可能的解决办法、选择最优方案、着手解决问题，最后，教师和学生共同讨论分析，解决办法中需要改进与进一步优化的地方，或者在此基础上思考是否有更好的替代方法，并给出结合课程内容与方法应用的总结。

在课程教学方法变革的实践中，得益于师生共同参与度高的方法，问题的解决不仅让学生获得满足感、成就感，体验知识改造世界的力量，更重要的是激发了学生的求知的欲望。以解决问题为主的合作式探究型教学方法，教师在学生解决问题的过程中，并不直接给出解决问题的方案和途径，而是引导学生一步一步运用理论，适时提出建议，既培养了学生进行独立思考，使每一位学生都能根据自己对当前问题的认识，结合所理解掌握的课程理论知识和自己独特的实践意识，提出个性化解决问题的方案，为每一位学生的思考、探索、发现和创新提供一个广阔的想象力空间，又让学生在充满民主、个性和学理想象的教学过程中，学会基于理论的方法应用，检验自我课程掌握的质量，培育凭借专业方法解决实践问题的信心。

体验型教学是强调调动学生的生命参与，以学生的亲身实践与自我监测性的理性反思，实现知识、方法与态度、情怀的多维度综合发展的教学方式。这是一种预设学生的学习结果与对知识感悟、理解等学习过程的教学方法，突出的是学生作为生命整体的身心参与。因此，它既融合了学生过往的生命历程与知识结构等历史化因素，也融合了这些历史化因素与学生现实身份状况的有机统一。这种方法的效度，在一定程度上依赖于学生体验过程中的持续观察与思考，以及之后的整体性反思的自我评价，通过反思得到的知觉性抽象概括的结论，对后续的学习与理论运用行为产生无形影响。

各种类型的劳动教育可以说是体验型教学方式的具体化。首先，依据课程内容选择实践场地与具体的劳动类型。其次，开展有组织的劳动学习，在真实的时空环境条件下的劳动活动是直接的经验课程内容，劳动既可以获得直接经验，也可以通过分享其他同学的直接经验而获得间接经验。再次，基于劳动获得对学科理论、方法的经验基础上的反思和抽象，这个阶段，作为主体的学生要认真分析、观察、反思自己在劳动过程中的理论解释与行为方法的合理性，进而知晓自己在其中有什么真正的收获、掌握了什么方法或知识，在经验的过程中发现了什么、学会了什么、有哪些改变和新的想法。最后，概念或范畴化知识、方法的强化，甚至是新概念、新认识的逻辑抽象，亦即学科知识的自我拓展和创造尝试。这一阶段需要大学生能够运用已有知识、结合物理学第一性原理思维的逻辑推演，在观察与现象的本质化抽象中完成对学科知识、理论的再认识，甚至对课程知识的新发现、新观点。

最后这个阶段还是一个对所学课程知识进一步认同、确信的阶段，因而更能深刻领会课程知识具有的社会关怀价值和掌握学科专业方法的意义的阶段，因而也是为学生走出校门，从事职业化实践时更好地有所作为的行动力提升阶段，是学生对"知识、方法、情怀和行动"产生综合的生命体悟的阶段，也是帮助学生在学科的专业化课程学习过程中，形成良好的专业兴趣、社会关怀志向、解决问题能力、创新知识掌握和自我成长的良性互动互促的阶段。所以，笔者认为贯穿于体验型教学方法整体过程的实践性和反思性，是促使学生最有效掌握、运用学科专业方法的课程教学方式之一。

当然，随着各高等院校各学科专业对创新人才的重视，越来越多的教育主体的积极探索研究、更多的课程教学方法的改革将会应运而生。如，结合核心课程群或专业特色的项目研究教学方法等，使教师、学生在通过共同的项目设计、实施、结果评价等过程中，既培养学生的知识理解、团队合作、程序合理等意识和能力，又能促进师生基于学科理论与方法的共同创造中形成的教与学的相互成长。社会学由于自身的研究领域、对象与方法等客观性与现实性，决定了其，甚至每一门课程在教学过程中，都可以有丰富的课程项目，供老师和学生共同研究，基于核心课程群教学的学生的各种各样的技能、方法也会在教师课程教学方法的不断改进中，自然地得到锻炼和塑造。

二、优化课程群建设的路径

"学科专业是人才培养的基础平台，是开展有组织培养、构建高质量人才培养体系的四梁八柱。面向普及化背景下的多样化、个性化发展需求，需要进一步加强学科专业建设，完善质量保障机制，推进质量文化建设，全面提高人才自主培养质量，服务支撑中国式现代化建设。"[①] 优化核心课程群是建设好学科专业的基础，也是学科专业化人才培养的基础环节，我

---

① 教育部高等教育司负责人就《普通高等教育学科专业设置调整优化改革方案》答记者问，中华人民共和国教育部官网，http://www.moe.gov.cn/jyb_xwfb/s271/202304/t20230404_1054223.html，2023年4月4日。

们倡导社会学核心课程群的构建要以社会学专业创新人才目标为导向，具体来讲，就是要以知识、方法、情怀和行动作为课程教师组织教学的抓手，又要把以课程教学为媒介的创新人才培养目标的实现、检验的目标要求贯穿其中。此外，更好的课程设置与课程教学方法的改进同样重要，都是创新人才培养的内容、手段。

就社会学学科专业创新人才培养的核心课程群建设而言，笔者认为应该将知识、方法、情怀和行动"四位一体"的教学改革模式，贯穿、应用到育人实践的各个环节，从课上到课下，从校内到校外，重视课外科技活动的结合，加强实践基地的建设和维护，鼓励学生参与各种国家级、省级挑战杯与"互联网+"等社会调查研究类、创新创业大赛，也鼓励学生围绕核心课程建设进行经典著作的研读等。根据学生运用理论、方法等的实践效果，对核心课程授课内容的侧重点、教学方法等及时微调，尽量促进并保障学生对课程内容与方法、策略等的实践性转化成果的质量，以学科知识、方法与学生实践的融合效果作为检验课程教学设置与质量的重要维度。

笔者认为，加强课程建设、深化教学改革是提高教学质量的重要环节，更好地建设专业核心课程群，是优化专业、促进创新人才培育的首要任务。其中，方法论课程是社会学专业实证性、经验性和科学性学科特点的重要体现，把方法类课程融进核心课程群，突出以教学内容的特点为专业方法论、具体方法的学科主线，有针对性地结合每一个班级学生认知结构的概况，将相互关联的课程内容有机整合为相对而言的结构化秩序，这样就在课程建设的意义上，将理论知识与方法技能相结合，帮助学生建立起学科化的知识能力即学科专业化结局实践问题的可能程序与手段运用。

进行核心课程群建设是我们力图促进社会学学科专业本科生创新能力培养的初步尝试。以课程群为视角，从教师如何根据课程内容进行课程设置和课程实施为出发点，以学生历史化的知识结构为基础，引导学生获得理论和方法，以学科人才培养目标为导向，创造性完成教学的实践转化，从而积累体现学科课程相关性、整合性和开放性特点的社会学核心课程群优化的建设经验。

把握、提炼、定位社会学核心课程群的功能特色，是深化专业基础课和拓展专业技能课程，构成体现社会学专业人才培养特点，培养本专业学生创新能力、发挥专长、展现个性的重要环节。在体现专业培养目标的基础上，专业核心课应注重体现本专业的特点和本学校的办学特色与定位。我们知道，即便是同一个专业，不同的学校培养出来的学生，也会有不同的专业特点和岗位竞争优势的差异，而且这种竞争优势的差异，在一定的意义上，专业核心课程群课程起着主要的影响作用。

人才的优势往往体现在某一特定领域，创新也总是发生在某一时空点的具体对象化活动上，就是说，"创新"和"专业"并不矛盾。人的"创新"需要知识、技能、能力、性格等各方面的综合作用，但是创新的最终体现往往又指向某个特定领域的某一种革命性变化，或材料、方法、路径等。所以，学校的专业核心课程群会关联专业化活动可能的一般性领域，但不是绝对的领域，更不是绝对的界域。学科专业的选修课程或专业分支课程、专业方向课程模块等，既可以满足特定学校社会学学科专业人才培养目标和特色定位，又可以满足学生个性化的专业方向兴趣与创新驱动。另外，专业方向内还可开设与专业方向相关的前沿课程，此类前沿课程可是学科前沿知识的系列讲授，也可是行业前沿项目的参与、实践，通过接触和参与专业前沿知识，培养学生的应用创新能力。

课堂教学方法是优化课程群建设的基础和保障，它能发挥课程群建设的最大效益，因此，核心课程群的优化与课程群建设中的课程方法建设必须同步，这一点我们在前述中已有论述，这里不再细谈，总之，社会学创新人才的培养，必须奠基于、依赖于社会学聚焦社会事实、社会行为、社会生活、社会问题等专业化的分析与实践锻炼，使学生在关注社会、理解社会、研究社会的学科化专业化学习中成长为具有社会情怀和专业化实践行动力的优秀人才。

第三节　融情怀于专业使命

"我们现在正在进入到一个后工业时期，一个知本社会（knowledge-based society）。今天的工业生产正在由以物质生产和劳动力为主的产品，平稳地向以知识为主的产品与服务转移，新知识的创造与应用成为创造物质财富的最新形式。——智力资本与人力资本正在取代金融资本与物质资本，成为我们力量、繁荣与富裕的源泉。更确切地说，我们正在进入一个新的时代。知识本身也就是受教育的人和他们的思想，成为我们通向繁荣的关键"①。问题是鲜明的，可问题的问题是，拥有知识的、具有思想生成能力的人会生产什么样的知识，为谁生产，运用到哪里，才是更为重要的。所以，在学科教学过程中，通过课程教学将学科内容蕴含的价值、人文情怀传递给学生，并能够得到学生的认同性实践，是大学各个学科专业教育的应有任务，甚至是高等教育人才培养的核心任务。

一、因材施教的生命化实践

一般而言，大学各学科的教育教学，既要面向所有学生的全面发展，同时又要注重学生个体化的因材施教，是兼顾两者的系统性、复杂性和特殊性的教育的整体性实践，因而需要教育者拥有真知、真爱、真行的春风化雨般的教育，以学科科学理论对世界具有真理性解释为手段引导学生的知识建构，以言行一致的执着专注感召学生的行为风格，以对人类生命的无限大爱浸润学生的精神品格，以学生个性潜质循序渐进助力特色人才优

---

① ［美］詹姆斯·J.杜德斯达，《21世纪的大学》，徐素娟译，北京大学出版社，2020年，第12页。

势成长。一句话，大学的学科教育，需要因材施教与全面发展教育相结合，努力使每一位学生的个性特点能够成长为未来的优势，创造地培养每一位学生成为成长型人才。

大学生因其生理年龄和社会文化年龄都已不再处于儿童期，也不是少年，基本都进入了青年早期，世界观、人生观、价值观、生命观自身也都有了一些基于各自生命历程和中小学知识积累基础上的雏形，因此大学生的个体差异具有显在的客观性。在学科专业课程教学的基础上，能够辅之以因材施教的个性化成长型教育，对于帮助大学生塑形铸魂有着极其重要的意义。

众所周知，"因材施教"出自《论语·先进篇》。孔子针对冉和子路的个性特征，对他们两人提出的同一问题："我要是听到正确的主张应该立刻去做"，给出不同的回答，鼓励冉临事果断、劝子路遇到事多听取别人意见，三思而行。孔子根据学生不同的个性特点，采取不同的教学方法，帮助每一个学生找到自己个性充分发展的独特领域、生长点。因材施教也成为中国优秀传统教育理念传承至今，成为各级各类人才培育的重要理念与手段。

大学阶段的因材施教应该是在学科教学目标的前提下，结合学生德智体美劳全面发展目标，创造学生发展各自的兴趣、爱好、个性和特长的自主发展，创造宽松、和谐、适合学生发展的学习环境和氛围，使学生在这种环境中畅所欲言，保持思维的活跃性，敢于尝试各种新鲜的未知性领域的探索，不惧怕失败，而且善于从失败中总结反思，进行新的尝试和创造意志品质，以此，引导培养学生面对问题、甚至是风险的创造性解决问题的知识运用能力。

只有立足于因材施教的基础，才能促使大学生对专业知识、学科方法有一种来自心灵深处的认同，进而延伸为基础学科核心价值主张的专业"情怀"教育。此种专业情怀孕育于学科理论的普遍知识和一般方法的教学中，也孕育于因材施教的个性化生命关注中，是学科教学中普遍性和特殊性教育的有机统一。

大学生专业情怀的形成，一方面，来源于大学里教育者对学生基于专业知识的生命关爱；另一方面，得益于一所大学，尤其是其所在学科整体的文化环境，校园文化、学科文化以一种软实力的手段，通过空间这样一种看似物理属性的东西，无声无息地、不知不觉地塑造着学习、生活于其中的每一个人的精神世界。校园文化正是以这样一种独特的在场形式，经由时间的浸润，将学校文化的历史、现实的追求、未来的期盼植入了学生的生命，以使学生的学科课程知识的学习，更具主动性和自觉性，因而也就更加能够保障学生学科课程学习的效果和知识应用。

任何一所大学的文化都有着自己独特的历史基因，也都在新的鲜活的学科建设中不断地与时俱进、传承发展，以时代的问题和学科建设的贡献填写着自身文化的新内容、展现的新形式。但从大学产生之时，大学就是新知识的主要诞生地、新思想的策源地，现代化社会，大学的各类学科更是成为推动社会进步的重要动力，所以，不论一所大学的文化有怎样的独特性，继承和弘扬我国优秀传统文化学中的创新价值观念，借鉴新文化，突破僵化与保守观念的束缚，树立以创新为荣、创新为魂的价值观，尊重自由探索的首创精神，激励学生追求卓越，勇于挑战，善于挑战都应成为今日大学文化的必要因子。

就是说，大学的因材施教要强调更具学习主体性的学生自身的高度自觉下的个性化发展，学校的文化环境则是其实现这一发展不可或缺的环境因素，教师教学方式的变革是其实现这一目标的重要媒介，课程教学中的各种实践环节与社会服务则是助推器。把最优秀的自我投入到更广阔的学科专业化的社会实践中去，鼓励创新、追求卓越形成创新思维、创新实践的先导因素。

大学生在学科教育、学校文化等的系统化教育基础上，形成的对学科理论、社会关怀能力的积极肯定的情绪体验，会成为他们进一步追求这种学科化生命体验的动力，并在这个过程中将不断地随着学科专业化的学习与理论应用，逐渐将其内化为自身的价值信仰。学生学科自觉之上的价值情感认同，不仅有利于增进学生对专业的认同，而且有利于促进基于学科理论的对未知领域的拓展性探索行为。

二、通识课程的视域延展

人文通识课程是社会学专业创新人才实现自我成长的重要手段，全校性的通识课程对社会学创新人才培养拓展专业视域、融合交叉考虑问题的复杂思维方式的建立等起至关重要的作用。近年来，随着人们对高等教育专业化人才培养目标的不断优化、明晰，以综合性知识为基础的宽口径专业化人才成为较为一致的看法，人文主义知识、科学主义精神、文化理论、国际关系、艺术与传统文化、生命科学与人类、传统课程与时代化主题、学科理论与社会发展等紧密结合的专题性课程、交叉性课程越开越多，"以本为本"的教育主张正在成为各高等院校学科化人才培养的共识，高等教育中本科段人才在专业化高级人才队伍建设中的重要性转化为有效的学科课程建设和教师能力水平建设的实践，大学生的成人成才，正在越来越以一种科学辩证的培养方式进行，学生的自由、人格完善与生命和谐发展也越来越成为课程教学的着眼点和基本目标。

大学通识课程的开设，在一定的意义上，也是多年来在中小学实施的素质教育的提质升级。当然，我们知道，在素质教育的实施实践中，出现过一些偏差，认为素质教育就是非理论知识的技能教育，甚至就是形式化、技艺化的音体美，而忽略了素质教育的实质是人能够清晰合理地认识自我，并能在自由自觉地做出选择的基础上承担行动的责任的能力。当然，从哲学的角度，合理的形式从来都是内容的外显方式之一，但素质教育绝不能仅仅等同于音体美的形式或技能，至少应该是这些形式、技能与所承载的人们对生活、生命、世界的各种理解与情感的统一，如果只抽其形式而忽视内容，就会出现如孔子所说的"质胜文则野，文胜质则史"的质与文的割裂结果，要么粗野，要么浮夸虚伪，只有文与质相得益彰，才能展现文质彬彬的君子样。

笔者认为，大学在开设好、教授好学科核心课程群课程等的基础上，要对全校的通识课程精心设置，不能想当然开设，也不能能开什么开什么，而是要紧紧围绕高质量本科创新人才目标培养建设，为学生更好地发挥学科专业优势助力，为学生创新发展插上经得住风雨磨难的羽翼。首先，要注重通识课程建设的整体性。通识课程开设不能是理论知识的拼凑，应该在开设课程时解决好课程间的相互联系，形成像散文似的形散而神不散的课程功能。"从实践来看，各国高校课程改革的一个趋势是，尽量避免让学生学到一些不相关的零碎课程。这种趋势不仅体现在专业课程改革中，同样体现在普通教育课程和素质教育课程的改革中。当前世界各国高校中出现的核心课程、模块课程、集群课程等一些可以说是课程改革的高层次成果。"① 其次，要注重通识课程的综合性。这里的综合不单是指课程与课程之间的跨度与交叉，更主要的是指课程内容的综合性和丰富性。关于大学课程综合化的内涵，有观点认为，将学科要素单独地联系在一起，仅将文理互选课程作为大学课程综合化的主要手段，属于狭义理解。教学综合也就是教学理念、教学内容的综合。人的身心是一个有机统一的整体，过分强调学科知识的分科化会导致知识壁垒，而在知识壁垒的背后，则是会影响知识接受者即大学生在理解对象世界时的局限性的同时，也会导致知识传递对于学习者的身心建构的影响。最后，面对现实对人才的高质量多元需要，从学科教学目的出发，将各教育教学要素有机结合，推进育人元素的新的动态化整合，处理好人类知识的贯通性与学科知识的专业性的辩证关系，以通识课程补强学科知识界限的局限，这样，既有利于帮助学生们更加清楚地认识到世界、生命和科学的统一，而且也有利于在知识的层面为学生展现出走向社会过程中所要解决的许多具体问题的复杂性、全面性及其相互关联性。

总之，在学科交叉和学科融合的趋势越来越明显的知识生产的背景下，只有在这种整体和综合的视域下，不再将各门通识课程看作单一的、独立的教学单元，而是以核心通识课程为中心，统摄其他各门通识课程，以此建立社会学专业核心通识课程群，在人文知识的内在系统性和逻辑性

---

① 王伟廉：《高等学校本科课程编制模式探讨》，《高等教育研究》，2003年第2期。

之上，建构起学生全面发展的学科想象力，跨学科、跨专业知识是激发创新实践的有效途径。当然，在开设好通识课程的同时，也要开设好专业学修课程，加强本专业的自身特点、专业技能与方法和办学特色，力求在学科知识覆盖面广、整合性好、交叉性强的学科课程建设中助推学生的专业创新能力。

第四节　知识的实践行动智慧

解决问题的能力是主体在遇到问题时，可以及时科学地分析和有效地依据目的解决困难的综合能力。大学毕业生在工作过程中遇到的情况或承担任务时遇到的问题，往往不能用在校期间专业学习时，模拟或预设的问题情景及解决方式即以学科化专业学理化的程序性解决方式来解决，而是需要在原有知识和相关专业经验的基础上，结合经验事实加以尝试性地、创造性地解决。因此，对大学生来说，训练自我实践性解决问题的能力是很重要的，当然这也是本科生在校期间应该加以强化的能力。然而，过分注重课堂教学模式对提高学生问题解决能力的有效性培养，虽能帮助学生在理念层面的思想链接，但面对开放、复杂的实践现象时往往不能给学生以有效的实践自觉的引导，故此，我们主张通过结合专业核心课程建设的大量实践活动培养起学生具有实践意识价值的问题解决能力。

一、多途径累积直接经验

著名教育哲学家杜威指出，教育的本质体现为使个人特性与社会目的和价值有机协调起来的能力，可见，教育是使个体人和社会相适应的过程与手段，因而，教育是需要依据时代变化与个性差异而不断重新解决和重新处理这一问题。也正因为如此的教育理念主张，杜威提出了他非常著名的三个论断,"教育即生长""教育即生活"和"教育即经验的改造"。强调经验在个体教育中自我生命感悟与反思的重要性,亦即强调了作为主体的人,在教育过程中,对于经验的反思性自我教育的重要性。我国著名的人民教育家陶行知先生则说,"生活即教育","知行做统一",尽管他们二人的教育理念有很大的不同,但都强调了生活实践基础上的生命经验之于人的成长的教育价值及其重要性。笔者认为,对于大学生的专业知识的真正获得性与在此基础上的实践创造性能力的生成而言,应该更加重视多途径、多层面的实践教育手段的教学应用,这样才能促成大学生在真实的社会生活情境中思考、解决问题,并对起解决效果的理论依据、解决方法和实践目的进行连续性的经验反思,找到最优解决方案,并最终形成吉登斯理论视域下的实践意识,在实践的土壤中,体悟之于自我生命的获得感和专业情怀的愉悦感。

  扩展产学研实践平台,充分释放起学科专业化的实践教育功能,是高等教育学科人才培养中越来越受重视的基础手段之一。对普通高等院校来说,单纯依靠学校自身条件开展学科化的实践教学活动,不管是在专业设置、课程设置,还是条件设备、师资队伍等方面,都有严重的局限性,往往有些力不从心,因此,校企结合,建立产学合作实践教育模式,依靠地方和企业的合作与支持,学校在与企业、行业、社会的联合中,为学生成长成才搭建起诸多情境化育人环境,这样,学科的专业化人才培养既可以直接瞄准所在区域经济社会发展和产业结构调整的需要,也可以根据行业和社会各类组织对人才素质的要求而进行更具有实践指向的培养,为专业化、复合型、创造性人才的培养提供大量的教育资源和成长条件。

  产学合作实践教育模式将学校、企业、科研单位等多元教育资源与环境有机融合,充分发挥学校在传授理论知识方面的优势,将企业和科研单位在培养实践能力、获取实际经验方面的优势完美地结合在一起,共同作用于人才培养过程中,打造提高学生综合能力和综合素质的大熔炉。产学研实践教育模式应成为高等院校学科专业化人才培养体系中的重要一环,如果说学科核心课程群建设是本科人才培养的奠基环节，那么，产学研实践教育平台则应该成为本科创新人才成长的催化环节，学生所学习的学科理论、专业方法等在这一环节，都将在实践这一整体性的对象面前得以再组合、再认识、再应用、再检验，并使其综合素质、应用能力和创新能力等均得到不同程度的提高，从而促进自我教育的完成或实现。

在加大产学研平台化育人的同时，重视学科课程中的实操性环节和学生学科化的科学研究的实践训练也是重要的手段之一，尤其是学科化的科学研究训练是培养本科生着眼未来理性、关怀社会能力的重要的创造性实践教育活动。

学科知识以概念化形式传授，往往难以使概念背后蕴含的鲜活的人类关于社会生活的认知智慧完整地被学生所感知、接受，因此，在课程教学，尤其是学科核心课程群课程教学中，适时地辅之以恰当的教学实践环节，不仅可以使形式化的概念的实践生命力体现出来，而且可以让学生看到理论知识之于实践问题解决的贡献力，促使学生专业学习的热情和应用专业关怀现实的情怀形成，与此同时，学生还可以获得学科知识之外的其他隐性知识，如，一些非正式的、难以表达的技能、技巧、经验和诀窍等，以及一些非技能的隐性知识——洞察力、直觉、感悟、价值观念、思维模式、团队默契、组织文化等，都可以在课程设置的实践环节中得以发展。

课程实践环节是贯穿于各类课程中的一种重要的育人形式。这是树立学生创新意识，培养学生创新能力，提高学生综合素质的重要环节和手段，其设置的系统性、层次性、循序渐进性等应充分考虑到位，各种类型的课程实践训练之间的关系（包括一般实践训练、专业基础实践训练、综合创新实践训练、科学研究训练等）也要有机统一。将不同的能力要素分解成不同的实践环节，才能把本科人才培养成良好的综合能力、专业操作能力和专业创新能力的高级人才。

科学研究训练是培养学科了解学科理论前沿，运用学科理论，面向实践、着眼未来的视野和想象力的重要途径，在一定的意义上，甚至可以说，学科科学研究的训练是我们培养学科未来提高专业化队伍质量和理论水平高度的一种极其重要的手段。积极引导本科生参与各种科学研究、社会调查类等项目、竞赛是重要途径。如省级、国家级挑战杯、大学生创新竞赛等,让学生在竞赛中自觉、自主地学习、应用、检验、提升学科知识、方法,使学生逐渐明白各种方法虽是我们认识世界、改变事件的工具和手段,而但任何方法的选择实际上反映了自己内在的认同的理论和相对稳定的思维逻辑,实践的环节不过是自我认同理论的有形展开,换句话说,概念、理论从来都是实践必不可少的重要环节。因此,自我的实践创新能力,蕴含在对理论的掌握与理解性运用中,所以,培养学生的创新精神,必须重视学生在实践过程中的经验与思考,要点在于激活学生学科学习的主观能动性。

二、强化自主实践的科学反思

马克思认为:"人的思维是否具有客观真理性,这并不是一个理论的问题,而是一个实践的问题。人应该在实践中证明自己思维的真理性,即自己思维的现实性和力量,亦即自己思维的此岸性。"[1]这告诉我们,理论知识的掌握与获取是一个方面,而把理论与实际相联系、相对接,证明理论的正确性以及把理论转化为实践,则是更为重要的另一方面。培根讲的"知识就是力量",其关键也在运用知识、改变世界、为人服务。

学生在实践活动中可以学到书本以外的知识,运用自己的专业知识和技能,巩固和加深课堂上学到的知识,进一步深化专业知识。学生在实践中,直接与社会不同阶层、不同角色、不同性格的人进行接触、交流,这样既可了解到社会不同群体的生活现状和生存感知经验,又可以习得、积累到如何与别人进行有效的相互交流,共同合作,完成实践性问题的解决,增长自身的社会知识和生活知识,在获得关于生活和社会的知识基础上,又可以反过来进一步强化学科认知进而增进专业感情。学生的专业感情一旦培养起来,将会以一种无形无声的力量,演化为对

---

[1] 《马克思恩格斯文集》第1卷,人民出版社,2009年,第500页。

学科知识理论的主动探求与实践应用，这样一来，学生基于学科知识的探索性研究，既可以增强其专业化的批判性思维能力，又能在实践中积极勇敢地面对各种各样的复杂现实问题，锻炼自我观察问题、分析问题、解决问题的能力，并且逐渐地培养起在政治、经济、文化等交互作用的整体视域中，具有发展性解决问题的历史化方法与专业方法相统一的系统能力。

学生在学习实践活动中能够自觉将个人价值观念、情感意识对象化为客观的行为，将学科实践经验内化于自身，形成一定的意识习惯和相对稳定的专业价值态度，指挥调节行为活动，使得专业实践活动成为专业知识的升华与实践效果的优化，相互促进。在理论与实际的对接性转换中，尤其是在作为教学计划重要组成部分的专业见习和实习中，通过针对性和指导性更强的、以问题为导向不断探求的科学研究活动，培养本科人才的创新精神和创新能力，这亦如"科学知识就是在仔细思考、小心求证、大胆推测和果断放弃的缓慢过程中前进"[①]一样，本科创新人才的培养过程，是所有教育主体、教育要素合力作用的结果，其中，作为主体的受教育者面向实践经验的自身生命的反思能力则是不断生成新知识、建构新方法的重中之重。

学科"理论会对思维心智做出非常严格和苛刻的梳理，其关键是把文化生活的凌乱整理得井井有条，向文化解释文化生活外向表达的意义。因此，理论和他的注解赋予自身立法和控制的力量"[②]。当然，这里的学科理论，一定是经由学生主观认同了的理论，是一种被学生认为能够具有解释外部世界、变革社会生活力量的学科知识，因而是一种具有引领未来的理论确信，是可以助益于加深人与自然、人与社会、人与自我之间关系的和谐处理的理论力量，凭此，学生可以在用己所学服务于时代和国家事业发展的实践中，助益学生专业情感价值认同的实现。

"人类的创造性的实践活动是人们价值观念形成的客观基础，是一

---

① ［英］佛雷德·英格利斯：《文化》，韩启群等译，南京大学出版社，2008年，第8页。
② 同①，第39页。

切价值的源泉。正是人类实践的价值特性，决定了人的活动不仅要对事物的合乎规定性的认识为前提，而且要最终实现和满足人的自为性和目的性需要。"①通过实践活动的自觉反思，学生可以将蕴含在丰富的理论知识之中的内容和意义，承载着的特定价值取向，内化于心，外化于行，实现在生命存在意义上的理论自觉和实践自省，在人才创新培育的环节中更加自觉自主地实现成长的自我革命。总之，实践教育环节高度浓缩着理论与主体行为的统一，它让学生明白了自我基于学科专业的社会身份与可能的社会期待，因而，多途径的实践性育人模式，易使学生在全方位、全过程的全面育人体系中，从知识、方法、情怀与实践智慧即创新能力的结构性建构维度中，潜移默化地将自己的专业知识、方法，以及蕴含其中的价值情怀内化为自我的生命日常——生活形态。也就是说，知识不再仅仅是外在于主体生命的概念化、理论化的抽象形式，而是主体人习以为常的、具有文化意义的生活形态，是个体的生活常识，此种常识是"感情和认知的日常文化。——但常识并不是一成不变的，也不是僵化的，而是在不断地改变着自己，不断用科学的理想和融入日常生活的哲学思想丰富自己"，②所以，它在客观上具有使学生成为什么样的人的塑造者的物质力量。

小　结

本科阶段创新人才的培养，应该仅仅围绕学科核心课程群建设，以"知识、方法、情怀和行动四元结构"为实施路径和目标指向，大胆地在学科发展与专业化创新人才培养的理论层面和现实层面做出一些积极有益的尝试。

---

① 郭凤志：《价值观教育应把握好的三个问题》，《思想理论教育导刊》2004 年第 2 期。
② ［英］佛雷德·英格利斯：《文化》，韩启群等译，南京大学出版社，2008 年，第 42 页。

一、"知识、方法、情怀和行动四元结构"模式是历史与时代相统一的高等教育创新人才培育的要求

通过对课程群建设和本科人才创新能力培养相关文献综述进行梳理和简要总结，尝试在追溯我国高等教育课程体系政策和教材管理改革的历史维度中，阐明课程群改革之于学科发展和本科人才培养的有效性和科学性，突出创新人才培养的原则性和重要性，彰显出高等教育是以培养适应时代发展的高素质创新能力的人才为目的。

我们的个案研究以社会学核心课程群建设和创新人才培养成效的正相关为研究假设的视阈，借鉴现有研究，大胆提出并构建了社会学核心课程群建设和大学生创新能力培养的"四元结构"模式，对教学变革的实践，通过对学生成绩和相关专业学生的普遍性问卷获得的数据，进行了分析。通过分析，一方面，说明了核心课程群建设之于本科生创新人才培养贡献的合理性，即专业核心课程群与创新人才培养的相关性问题；另一方面，阐明了"知识、方法、情怀和行动四元结构"既是本科创新人才培养的主要维度，又是创新人才必须具备的核心要素。

以"四元结构"为目标的社会学课程群改革，立足于新时代高等教育人才培养目标，以社会学专业本科人才的知识、方法、情怀和创新能力为目标，面向未来、面向世界和面向区域社会发展实践与社会学学科特色的结合，把以核心课程群建设为基点的教学改革和社会学本科创新人才服务社会必需的具备专业知识、方法、情怀和创新能力作为一个完整的教学体系加以系统分析，主张课程教学走向社会生活，社会生活应融入课堂教学及育人环节，实现了理论知识和社会实践的相互关照与连接，突破了学科专业化人才成长中，理论与实践相分离的本科人才培养瓶颈，凸显了行动或者实践在知识演化为行动智慧中的贯通价值和大学生自身主体能动性的自觉反思价值。

总的来看，我们基于社会学专业核心课程群建设与本科创新人才培养

的"四元结构"模式的研究，教学实践的成效还是明显的，当然，也发现了研究中存在的一些问题，比如：虽然在研究过程中已经做了案例分析，但充分性不足；核心课程群建设和创新人才培养所涉内容的全面性还有待于进一步扩展；对"四元结构"与学生能力培养之间关系的认识与实践路径还需进一步深入。由于"知识、方法、情怀、行动"的"四元结构"模式，是我们首次尝试性作为核心课程群建设原则和创新人才培养标准，但由于其所涉内容的重要性和复杂性，还需要在理论建构的意义上深化对它的哲学研究，亦还需要在教育教学的实践中进一步在更大的范围内加以实践性检验。

《普通高等教育学科专业设置调整优化改革方案》中指出，"加强教育系统与行业部门联动，加强人才需求预测、预警、培养、评价等方面协同，实现学科专业与产业链、创新链、人才链相互匹配、相互促进"的工作原则，我们在研究中倡导的社会学本科创新人才培养要从理论知识宽厚、服务社会情怀、持引科学方法和敢于并乐于实践的四个维度要素，通过核心课程群建设，带动学科全面育人体系变革的策略，应该说是和教育部的工作原则相契合的创新人才培养路径。社会学核心课程群建设与本科创新人才培养的"四元结构"模式研究，将社会学专业知识的传授、知识的转化、方法的应用和区域发展实践的现实相结合，为其他人文社会科学专业的学科发展提供了具有一般意义的启示。

当然，我们深知，高等教育首先应该是思想理论的高地，应该承担起引领国家民族未来的知识生产和精神凝聚的使命，因此"学科专业的设置、调整和优化要基于中国原点、全球坐标和国际标准，探索形成学科专业设置的'中国模式'和'中国标准'，实现从国际规则参与者到主导者转变"[①]，这样，高等院校各学科专业培养的人才，才能够真正成为中国式现代化的生力军。

当今世界正经历不确定性因素激增的大变局，高等教育越来越成为为这个大变局的世界培育创新人才、提供智力贡献，以求为人类带来和平安

---

① 巩金龙：《调整优化学科专业，造就拔尖创新人才》，《瞭望》2023年第21期。

宁的重要地位。著名管理学大师彼得·德鲁克说，"正因为一切动荡不定，现在才是塑造未来的时候。到了行动起来的时候了。"这个时候，就是高等教育各学科大有作为的时代，是急需各类创新人才的时候，尤其是社会学及其各人文社会科学发挥其价值导引、知识力量的时候。介于"四元结构"模式在社会学本科创新人才培养的微观实践成效，我们有意识地将这一模式在哲学学科本科创新人才的培养中加以拓展性应用，教学实践证明其具有一般性的方法论价值。

二、"知识、方法、情怀和行动四元结构"模式之于哲学社会科学创新人才的培养具有一般属性的方法论启示

高等教育的目的是实现学生精神世界及其创新行动实践能力的全面发展。马克思主义哲学学科最基本的教学目的在于让学生在系统掌握马克思主义哲学基本原理的基础上，形成具有面对时代复杂乱象，把握时代发展规律和事物本质的独立的分析问题和解决问题的能力。针对马克思主义哲学教学中存在的影响学生学科核心素养和创新能力的问题，如课程模式僵化、学生的知识结构单一、教学方式与学生创新能力契合性不高等问题，我们更注重学生内涵式成长，以改变马克思主义哲学的传统教学方法，将社会学本科创新人才的"四元结构"模式引入哲学本科阶段人才培养实践。

在教学实践中，我们紧扣"为谁培养人、培养什么样的人、如何培养人"的教育主题，密切结合马克思主义哲学的精神品质和价值追求，积极探索教学、科研、社会实践一体化的全过程育人路径，经过多次反复的教学实践，逐渐形成了在社会学创新人才培养的"四元结构"模式——"知识、方法、情怀和行动"基础上的马克思主义哲学创新人才培养的新的"知识、实践、创新和审美四元结构"模式。这一新的"四元结构"模式仍然以马克思主义哲学核心课程群建设为创新人才培养的主要路径，倡导通过更加多元化的教学方法，强化对本科生创新能力的培养，以更好地服务于新时代国家高质量发展所需要的对人才创新能力培养目标的实现。

"知识、实践、创新和审美的四元结构"模式是马克思主义哲学人才精神建构的基础。马克思主义哲学核心课程体系建设的"四元结构"模式。知识,指的是本科生必须掌握的马克思主义哲学的基本原理和方法;实践,指的是本科生运用马克思主义哲学进行理性探索和实践改造的社会性活动,具体包括科学研究的训练和社会实践两个基本维度;创新,指的是本科生基于马克思主义哲学赋予的科学思维和实践锻炼所形成的破解社会问题、推动社会良性发展的积极而富有成效的创造能力,旨在让本科生超越既定思维模式提出创新见解;审美,指的是本科生将外部世界的改造与自身的成长性改造有机结合起来,强化学生对社会主义核心价值观的认同,塑造学生的理想人格,让学生在体验创新之美与追求卓越之美的内在统一中坚定马克思主义的理想信念。

从教学实践看,知识、实践、创新与审美"四元结构"模式功能的实现,基于马克思主义哲学本科生创新人才这一总目标实现的过程和机制的科学实施,它们在整个本科生教育教学体系中,既不能相互并列,也不能相互代替,而是体现为一个具有内在逻辑的系统化过程,即将客观知识通过实践内化于主体之中,并基于主体展现其改造世界的力量,进而达致主客体在更高层面上的和谐统一,依次上升的四个层次,它们内在统一地构成了"四元结构"模式的完备体系。这一有机的马克思主义哲学创新人才培养体系,从整体功能的实现上,依赖于马克思主义哲学核心课程群的建设性发展,内嵌于核心课程群的结构设置,是一种马克思主义哲学核心课程群建设与人才培养模式的创新探索。

"知识、实践、创新和审美的四元结构"模式是马克思主义哲学核心课程群建设的根本性要求。马克思主义哲学核心课程群的"四元结构"模式既重视基础知识理论的传授,又重视相关方法、思维能力的训练,还关注学生的行为实践能力培养,力求让每一名学生得到发展,让学生的每一个方面得到发展。众所周知,教育教学本身具有长效性特点,它的成效不可能立竿见影,这就要求我们要有未来眼光,基于长远目标思考如何培养学生,教育的战略性视野要转化为具体的人才培养内容、方法等教学实践。

所以，考查教育教学质量不能急功近利，而是要从人的可持续发展高度来看待这个问题，既要着眼于传授和训练专业知识、素养和技能，又要致力于培养学生的创新精神和创造能力，为学生终身学习、自我自主成长打下牢固的厚实基础。

"知识、实践、创新、审美的四元结构"模式遵循本科阶段学生的认知规律和身心发展特点，以课堂教学为主阵地，以关怀社会为主题的科研训练以及学生广泛的社会实践的参与服务为助力，通过各类型、各环节教学活动的精心设计和系统共相，形成师生之间的良性互动，有效地促进马克思主义哲学的教学质量和教学效果，同时，也收获了学生成长的全面性和自主性。

新的"四元结构"模式把马克思主义哲学课程知识体系精心设计成课题化、专题化等教学实践，配合教学课题设计了相应的课前热点话题的论点分享项目和课后知识巩固的专业训练项目，引导学生培养运用专业知识关怀社会的兴趣的同时，提高学生分析、应用马克思主义哲学的综合能力。通过课前预习、课中讨论与课后思考三位一体的大课堂，既保证了知识传递的有效性，又鼓励并引导学生发现、提出新问题、展示新思想，有利于学生突破已有思维定式，在交流中产生创新的思想火花。

在延展课堂教学的同时，我们积极倡导并践行师生在教学过程中的双向创造。教师用真心、真知、真情传授知识，学生真学、真用、真信掌握知识，师生围绕课堂内容积极互动，让学生通过展演、演讲、辩论、讨论等方式展示自己对知识的理解，掌握新时代马克思主义哲学的理论内涵与精神实质。鼓励学生进行发散性思维，巧妙运用展演式教学法和参与式教学法让老师走下讲台、学生走上讲台，在课程学习中，让学生组成学习小组发表自己的见解、模拟真实的社会问题进行表演，并利用PPT、情景剧等多形式、多手段展示学习成果，做到以研究带动思考、以问题带动探索的多主体积极、平等参与的兴趣化学习。

核心课程群建设本科生自主学习与意义探索的主要场域中教师是首要的引导主体。通过教学设计，充分激活学生自觉学习的主动性，把更多的时间和空间交给学生，让学生自己在接受知识的过程中，能够善于发现问题、提出问题和解决问题，以阶段性目标的实现激励学生自我成长、创新发展积极性和价值追求，通过对学生学习过程的全面监督、考核，力求能够真实、准确、全面、客观地反映学生的学习能力、自我管理能力和实践创新能力，课堂表现、提问讨论、平时作业、课下实践、项目研究与期末学习总结等都成为反映、观察学生成长的维度与细小观察点，这样不仅能够较为真实、准确、全面地反映学生的学习情况和专业能力，而且使学生能够在运用知识思考、探索解决现实问题的基础上，激发学生对马克思主义哲学的学习研究兴趣，从而大大地提高学生参与课程的积极性，充分发挥了自身的研究潜能，实现了教学过程化管理的整体性与学生创新能力的辩证统一。

三、"知识、实践、创新、审美的四元结构"模式是本科创新人才可共享的有效实践路径

马克思主义哲学本科创新人才培育的"知识、实践、创新、审美的四元结构"模式，立足马克思主义哲学学科核心课程群建设，以教师与学生之间的良性互动、协同合作和双向创造为育人方法的基本教学组织的理念，旨在培养在知识理论学习方面专业客观、在实践行动方面积极能动、在创新思维方面勇于开拓、在审美方面能够感悟生命之美的，具有思想创造能力、能够解决问题开创新局面、对社会发展可以做出创造性贡献的马克思主义哲学人才。

新时代的高等教育的教学研究肩负着"构建中国特色哲学社会科学，建构中国自主的知识体系，努力回答中国之问、世界之问、人民之问、时代之问，彰显中国之路、中国之治、中国之理"的使命[①]。所以，"深化文科专业课程体系和教学内容改革，做到价值塑造、知识传授、能力培养相

---

① 教育部《普通高等教育学科专业设置调整优化改革方案》，中华人民共和国教育部官网，http://www.moe.gov.cn/srcsite/A08/s7056/202304/t20230404_1054230.html，2023 年 3 月 2 日。

统一，打造文科专业教育的中国范式"①已经成为高等教育各学科的实践任务，尤其是马克思主义哲学的教学、研究、人才培养，更是这一使命践行的责无旁贷的担当者，因此，从马克思主义哲学教育，到哲学学科的发展，再到整个人文社会科学领域的进步，必须要有一场从形式到内容的与时俱进的革命。

我们知道，马克思主义哲学是关于人类社会的科学真理，其精神实质，不仅是解释世界，更重要的是改造世界。也就是说，建设一个属于人、人类的美好世界是马克思主义哲学的价值追求。因此，马克思主义哲学教育，必须在把基础知识精要准确传授给学生的同时，也要把勇于根据实践要求，勇于突破的创新思维意识和能力传授给学生，使学生在追求人与自然、人与社会、主体与客体的辩证统一的审美活动中，积极作为、有效作为。因此，紧紧抓住马克思主义哲学的特质，将知识、实践、创新和审美四元相融的本科创新人才培养理念与模式，积极地全方位地融入哲学本科切实的教育教学实践当中去，面向马克思主义哲学中国化时代化的进一步推进和发展，在马克思主义哲学教育的形态体系、授课结构、理念方法、评价标准、学生成长等诸多方面，进行探索性发展和教学变革的学科化发展中，塑造以"四元结构"为要素的马克思主义哲学创新人才。

"四元结构"模式是新时代马克思主义哲学创新型人才培养的有益途径。新时代高等教育的发展，正经历着前所未有的技术革命的新挑战，人工智能引发面向未来、面向世界的要求，着力于面向区域社会发展实践与马克思主义哲学时代特色，我们的微观实践经验提示我们，以建设马克思主义哲学核心课程群为教学改革的抓手，主张实践是马克思主义哲学固有的属性和价值所在，把核心课程群的课堂教学和本科人才培养必须具备的专业知识、实践能力、创新高度和审美能力作为一个完整的教学环节，从而使专业化的课程教学与社会生活实践，在创新人才培养问题上实现辩证统一，突破马克思主义哲学教学过程更多关注逻辑分析、学理说明的习惯

---

① 教育部《普通高等教育学科专业设置调整优化改革方案》，中华人民共和国教育部官网，http://www.moe.gov.cn/srcsite/A08/s7056/202304/t20230404_1054230.html，2023年3月2日。

性方法，使反映时代精神的马克思主义哲学，能够通过社会生活的实践土壤，让学生切身感知到其认识世界和改造世界的巨大生命力。这一做法在实践中收到了很好的创新育人的效果，累积了为社会培养适合时代发展需求的马克思主义哲学创新型人才的宝贵经验。

"知识、实践、创新和审美四元结构"模式，缘起于社会学本科创新人才的"知识、方法、情怀和行动四元结构"模式的教学改革实践的延展性应用与进一步的提升发展。事实证明，本科生的创新意识和创新能力都有较为理想的提高。从学生角度看，学生参与具体社会实践，运用专业知识和方法，对社会现象进行独立观察，形成理论成果，参加大学生创新创业项目、省级挑战杯竞赛、以及国家五部委组织的有大学生的"奥林匹克"之称的挑战杯竞赛等，不仅参与的人数普遍性在增长，而且取得了较好的成绩，先后有多人多次取得全国的一、二、三等奖的好成绩。除此之外，更多的学生参与其他社会实践形式或实践类型的意愿、能力也均有提高，大学生的社会责任感和为社会服务的意识与能力都有过程性的提高。在自办学术刊物《猫头鹰》及公开期刊上，本科生独立撰写研究性论文的人数、热情逐年增加，科学研究的深度和论文写作的规范性明显增强，充分体现了马克思主义哲学的批判性思维能力和社会建设性能力。

从"知识、方法、情怀和行动"的社会学本科创新人才培养模式研究的教师维度看，这一研究具有较好的示范辐射作用，如上所述，首先在哲学尤其是马克思主义哲学核心课程群建设和人才培养方面，不仅认同度较高，对教师创新教学方式和手段的理念变革有很好的促进作用，助力了教学的育人效果，使得教学与科学研究相互促进、互为转化，如教学改革与科学研究相结合的研究论文：《社会体验：马克思主义哲学创新的可行方法》和相关著作《文化认同的哲学论纲》，真正实现了教研相长。

总之，从人文社会科学具有的共有价值视角上来说，"四元结构"模式是培养适应时代需求的中国特色社会主义事业所需创新人才的一个可资借鉴的路径。当马克思主义哲学的精神品质、核心价值等，通过人才培养的各环节、各手段的协调作用，将以"知识、实践、创新、审美"为基本元素的创新人才的四元要素，内化为大学生的内生意识、自主经验和行为自觉的结构化、动态化知识生产的时候，就是马克思主义哲学人才以及人文社会科学人才，从成长走向优秀、走向卓越的时候，所以，笔者认为，把"知识、实践、创新、审美四元结构"模式变成马克思主义哲学、人文社会科学教学实践育人的内生意识、行为自觉，从整体上确保马克思主义哲学精神品质和价值内涵，能够贯穿于不同学科，保障教学内容的科学性，教学实践活动的规范性、教学方法的创新包容性，教学目的的能动实践性，那么，人文社会科学学科的本科创新人才的培养，也许会取得较好的理想性目标。

中篇　情感认同与文化塑造

我们的目标，应该是让人们既拥有文化素养，也拥有某方面的专业知识。如此一来，他们便能以专业作为自我发展的基础，在文化素养的引领下，达到哲学的深度和艺术的高度。

——阿尔弗雷德·诺思·怀特海[①]

爱是一门艺术吗？回答是肯定的。因此，它需要知识和努力。

——埃利希·弗洛姆[②]

[①] ［英］阿尔弗雷德·诺思·怀特海：《教育的本质》，刘玥译，北京航空航天大学出版社，2021年，第139页。

[②] ［美］埃利希·弗洛姆：《爱的艺术》，刘福堂译，上海译文出版社，2018年，第3页。

识与行的辩证法

伟大的科学家爱因斯坦说,"最重要的教育手段一直是鼓励学生采取行动。这适用于学生最初学写字,也适用于大学毕业生写博士论文,或者是记一首诗,写一篇论文,口译或笔译一篇文章,解决一道数学题目,或是进行体育运动。但是在每项成就背后都是这种成就所依赖的情感动机,它反过来又被事业上取得的成功所强化和滋养。"[1] 这里,爱因斯坦几乎是以具在的列举方式,说明了情感因素在各项人类行为及其成就中的重要地位。笔者认为,对于高等教育硕士研究生阶段的学生来讲,其学术自觉对其科学研究素养与创新能力形成而言,极具核心作用,而其学术自觉又以其对所学专业的认同及其奠基于此之上的专业情感的认同度直接相关。这里,我们所言的情感,并非一般日常生活话语系统中,更具感性特质的习惯性情绪行为,而是特指基于文化认同之上的一种内在感受,是影响研究生行为选择和行为稳定性的重要影响因素。

人类对于人的存在及其情感关系的研究自始自终都没有中断过,从古希腊时期的柏拉图、亚里士多德的"激情是改变人们判断的起点"开始,[2] 经由莎夫茨伯利和哈奇森的发展,到休谟这里逐渐形成了关于情感的较为完善与系统研究。在休谟看来,情绪是作为一种原始的存在构成了行为的原初动力,虽然情绪不完全等同于情感,但是情绪在一定程度上能够表现出一种情感倾向,它代表着主体的一种情感表达。由此确立了情感在行为判断和选择之中的地位,使得我们进行行为判断和选择的时候,不仅仅是基于理性选择,在更多意义上是基于情感的认同。因此,我们所要谈的研究生的情感并不是指和理性相对立的完全抛弃理性的情感,而是作为理性的一种非理性表达,是一种基于文化价值认同基础上建构起来的习惯性、本能化的行为表达。所以,从这个意义上说,情感作为一种表达是立足于身心的交互影响,也是对社会与文化环境氛围的有效的表达。

---

[1] 《爱因斯坦文集》(第三卷),第172页,商务印书馆,2010年。

[2] 谢延龙等:《论教师的说服素养——基于亚里士多德修辞学的思考》,《现代教育论丛》2015年10月。

我们对于研究生群体学术自觉的情感认同维度的研究，重在分析研究生的情感在身心之间、学生个体之间、学生与学校与社会之间的调节作用，从而激发学生们在情感认同之上，产生的创造性力量，并由此增加其彼此之间的专业化情感认同。因为情感认同可以带给主体以行为活动的快乐，"在学校里和生活中，工作最重要的动机是工作中的乐趣、工作所得到的成果的乐趣，以及对该成果的社会价值的感知。我认为学校教育最重要的任务是唤醒和加强年轻人的这些精神力量。只有这样的心理基础才会导致对人类最高品质的快乐追求，即从事知识和艺术的创造活动。"① 可见，情感认同又和主体的身份认同等密切相关。

当前国内外学术界对认同问题关注度相对较高。著名的心理分析大师弗洛伊德对认同，尤其是身份认同非常重视。他认为身份认同是对个人和群体的价值观、规范和外表进行模仿、内化和形成自己的行为模式的过程。② 弗洛伊德这里的认同实质上是指向人的一种存在方式的获得与呈现，是人的自我确证以及在社会交往中普遍形成的一种机制。

对于认同的概念界定，不同的学者，从自我研究的视角出发，提出了不同的，甚至差异性很大的观点，如马正清教授认为认同反映了主体的认知、情感、信念、行为等心理因素的统一，③ 表现为在实践意义上认识主体在社会实践过程中形成的一种情感或意识上的归属、接纳、认可和服从。秦向荣教授将认同分为认知、情感评价和行为承诺等。这些学者关于认同的不同理解，对于我们研究情感认同在培养研究生学术自觉中的地位发挥有重要的帮助。

从广义上来看，可以说，认同涉及了作为主体的人的一切方面，包括心理、精神、行为属性及其具体的行为实践过程，如被我们越来越关注和重视的国家认同、政治认同、社会认同、民族认同、种族认同、个人认同、文化认同等。文化及其文化认同（culture identity）是它们之中

---

① 爱因斯坦：《爱因斯坦文集》（第三卷），第172页，商务印书馆，2010年。
② 陈齐：《高校梅花拳社会动员研究》，上海体育学院硕士论文，2020年5月。
③ 周娜：《当代大学生中国共产党革命精神认同研究》，河北师范大学博士论文，2016年5月。

所包含着的共有要素，然而把情感作为一个组成要素单独的进行研究的不是很多。我们的研究基于文化认同的跨学科研究，将文化认同理解为一种理性认知、价值选择基础上的自觉的行为实践。而情感认同则是文化认同的一种延展与升华，是影响主体思维方式和行为方式的一种重要研究要素。情感认同作为一种文化认同的非理性表达，是作为主体的研究生进行自我确证、自我认同的一个重要标识，不仅具有理论意义而且具有实践意义。因此，通过分析研究生的情感认同的理论机制，可以揭示出情感认同在充分发挥研究生群体在受教育过程中的主体性作用，进而探求培养研究生学术自觉性的路径，希望以此来进一步提高高等院校研究生的学术创造力和生命实践的创新能力。

第一章　情感认同的思想内涵及其功能特征

　　情感与情感认同是影响主体的行为选择与行为稳定性的重要研究要素，在一定程度上能够影响主体的思维方式和行为选择。随着现代社会的发展，情感与情感认同不仅被越来越赋予新的认识，增添了新的内涵，而且也越来越成为人作为人的全面发展的重要内容。在马克思主义哲学的视野下，情感及其情感认同不仅源于实践，而且反作用于人的实践。尽管情感首先具有主体的一种心理意义的态度倾向，对于现实的人而言，先在地蕴含了理性认知判断和价值选择的可能属性及其表达风格。所以，情感认同是一种情感共享与心灵同意的自觉的实践行为。在这里我们强调，情感是心理认同基础上做事的热情、激情和持续投入的前提，而实践性的行动状态及其结果能折射出研究生主体的情感取向及其情感强度，二者是作为一个辩证的整体而存在的。这是我们为什么以情感及情感认同为切入点，来探析影响学术主体学术自觉的原因所在。

|识与行的辩证法

第一节　情感的学理化理解

　　一般认为，作为哲学范畴的认同概念始于弗洛伊德。①弗洛伊德认为，"认同是个人与他人、群体或模仿人物在情感上、心理上趋同的过程。"在心理学中对认同的关注，主要体现为两个议题，这两个议题分别是关于个人心理状态的描绘和关于群体心理机制的揭示。②在社会群体意义上来看，认同是指把群体中所有成员联系在一起的纽带，它们构成了所有社会成员共有的社会行为的价值观、价值取向或行为规范的基础之上的集体意识。③在社会个体意义上来看，认同是指一个人对行为、态度、价值观等进行模仿和内化的心理过程。④这种解读也可以理解为认同的过程就是情感、态度乃至认识的移入的过程，包含着自己被别人同化以及使别人被自己同化两个方面。⑤

一、情感理解的不同维度

　　认同总是与个体的精神、心理、情感等密切相关的认识活动和在此基础上的主体性生活实践行为。著名学者德朗蒂在"经典的"社会学和哲学推理中，指认认同与自我身份具有内在同一性。⑥他认为，认同也关联着

---

　　① 蒋睿夫：《大学生党员社会主义核心价值观培育研究》，扬州大学硕士论文，2016年。
　　② 姚德薇：《论社会认同研究的多学科流变及其启示》，《学术界》2010年8月。
　　③ 陈庆德：《资源博弈过程中的民族性要素》，《北方民族大学学报（哲学社会科学版）》2010年1月。
　　④ 杨素萍等：《广西汉、壮族大学生文化认同调查研究》，《广西师范学院学报（哲学社会科学版）》2011年7月。
　　⑤ 王斌：《新型城镇化进程中的空间改造与认同变迁》，华中师范大学博士论文，2016年6月。
　　⑥ Butler, J. Gender Trouble: Feminism and the Subversion of Identity, London.Routledge, 1988. p16.

政治秩序（共同体或国家）的基础，涉及它的连续性、统合度与边界，政治表征、普遍性和道德与价值观念秩序。①因此在我们的研究中，我们将主要参照德朗蒂对认同的某些指认来进一步理解情感认同。在我们看来，认同就是通过诉求族群、文化或宗教等方面的同一性，在"我们"与"他们"之间，"内部"与"外部"之间，建构起同质性和不可变易的边界。②不论学者们如何界定认同，有一点是非常明晰的，那就是认同是关于自我、我们的同一性获得或体认，是自我与他者的区别，无论这种区别是表现在表征系统，抑或是心理、精神等文化层面。笔者认为，主体情感既是文化认同必要的要素构成，也是主体认同了的文化的一种非理性表达的独特生命存在，因此，情感体现了主体对特定对象稳定的价值判断，甚至审美取向，对主体的存在形式起着不自觉的规约。

个体情感从人与人的特殊性上来讲，有其不同，但如若从人的社会存在的普遍性上来讲，个体情感的形成与民族国家历史的形成具有一致性，因而，具体集中在个体身上的情感体现出一定的历史形式，人类对于情感及其情感认同的历史也是不断地历史化的过程。最初的情感是有灵物的标识，真正的灵魂的本质是不可缺少情感的注入。之后情感作为调节心灵活动的一种观念，在道德领域中成为善恶判别的标准，最终成为具有普遍必然性的理性法则的辅助。

情感是有灵物的标识。从古希腊文明起始，就对人及其人的情感开始研究，直到今天从未中断过，情感研究是关涉伦理学、美学、教育学、心理学、社会学、哲学等众多学科与领域的人类话题。③柏拉图在《理想国》中，通过阐述人类心灵的知情意的区分，明确了情感是不同于知的一种存在。亚里士多德在他的《论灵魂》《修辞术》之中，表述了他关于情感的一种认识，将情感看作是有灵物的一种标识。亚里士多德同柏拉图一样试

---

① [英]吉拉德·德朗蒂：《当代欧洲社会理论指南》，李康译，上海人民出版社，2009年，第369页。

② 同①，第377页。

③ 赵捷：《意义构造与生活世界》，西北师范大学硕士论文，2011年5月。

图寻找一个道德基础来建立一个最理想的国家，他找寻的这一基础也关注情感和美德。

亚里士多德的灵魂学说是核心也是基础，其中他着重论述了身体与灵魂的关系，"有灵魂物所区别于无灵魂物者，就在于生命。但生命这字具有多方面涵义，凡具备下述各式之一的我们就说它是一个有生命物：意识、感觉、运动或在空间中占据一席之地的静止。"①在亚里士多德看来，身体是潜在的具有生命，灵魂则是潜在的具有生命的身体的形式，它是实现了的生命，是生命的本源和原因。灵魂情感同生物的自然质料不可分，这样的情感存在于质料之中。亚里士多德将情感上升到灵魂的高度，认为情感是区别有灵物与无灵物的一个重要标识。同时他指出了一系列具体的情感感受，比如：愤怒、欲望、恐惧、羞耻、爱意等，这些情感感受虽然是基于信念而建立起来的，但并非独立于信念而存在。在亚里士多德看来，情感感受连同其行为都构成了品德和德性的根源。笔者认为，亚里士多德关于情感与生命存在关系的理解，提示我们，在人的认知过程之中，情感认同不仅具有合理性而且是人自我确证的一种方式。

情感具有调节心灵活力的功能。中世纪之后，经验论与唯理论斗争，使关于人类情感的理论研究得到了进一步发展，其中比较重要的是斯宾诺莎的情感观，他将情感看作是调节心灵活动的一种观念。斯宾诺莎对情感的论述主要集中在他的著名著作《伦理学》之中，他作为唯理论的一位重要代表人物，其逻辑前提依然是强调知识来源于理性，他也关注对感性生活的追求。②斯宾诺莎将情感界定为身体的感触即获得其自我保存的努力，从这个意义上说，他把情感观念看作是增强或减弱其心灵活力的一种观念。

在斯宾诺莎看来，人的情感本身作为一种力量，具有善和恶两种性质，它将其成为思想的样式。斯宾诺莎还提出了他的"心物平行论"，即人是由身体与心灵两部分共同发挥作用的存在，但是人的心灵只有运用理性做

---

① 左稀：《论亚里士多德情感观的认知性》，《兰州学刊》2013年12月。
② 徐瑞康：《斯宾诺莎情感学说研究——读〈伦理学〉》，《伦理学研究》2009年1月。

出的判断才是正确的、可信赖的依据。当然，斯宾诺莎指出要关注情绪，并且力求对每一种情绪尽可能地了解清楚，进而使心灵能够从那种情绪中引导出来，去使它能够清楚地、充分地满足心灵的东西，努力使这种情绪可以脱离外因的思想而与真思想合一。如此一来，在斯宾诺莎的理解视域中，不但爱恨之类的情绪可以消除，而且习惯于从这些情绪中产生的欲望或要求也不会过度。① 由此，我们首先需要承认情感及其功能，继而遵循理性的指导引导情感，最后通过情感来调节心灵的活力，从而达到理性与情感的真正的统一即最高的善，一种亚里士多德似的圆善。

情感是判别道德善恶的标准。在休谟看来，情感是判别道德善恶的一个标准。他对于情感的研究侧重于对人性的伦理学分析，他的思想的形成是经历了莎夫茨伯利、哈奇森与巴特勒才逐步完成的。休谟为同情心留了很大的空间，他认为情感就是同情，他说同情就是当我们对他人的不幸遭遇产生身临其境的感情。② 即同情在一定程度上发挥着作用，将我们的道德判断从自己推演到了他人身上。关于情感，休谟具体列举出了很多形态，如悲伤、喜悦、骄傲、谦卑、爱、恨、嫉妒、慷慨等，其中他着重讨论了爱与恨两种最基本的人类情感类型。在休谟看来，爱与恨是一切情感的基础，爱伴随着某种我所希望的快乐的愿望，恨则始终伴随着某种我们所厌恶的不快乐的愿望。③ 爱与恨，两者不仅仅体现着一种指向他者的意向，而且在不同的情况之下，会产生其他不同的情感感受。休谟关于爱与恨等人类情感及其情感感受的理解，说明他的同情、爱恨等情感观点关注并强调的是人的社会属性。

在休谟看来，情感不仅具有社会属性，而且还具有道德判断的作用。情感是一种对客体的感知，是当任何不幸出现时，在人的头脑中出现的一种强烈而明显的情绪。休谟认为，人做出道德判断的标准就是依靠这些情

---

① 吕振涛：《自由与受制》，江西师范大学硕士论文，2009 年。
② 岳雯：《人的状况、限度与可能——读邓一光的〈人，或所有的士兵〉》，《南方文坛》2020 年 1 月。
③ 关巍：《休谟的情感主义伦理学思想探析》，吉林大学博士论文，2010 年。

感。在他看来，一个动作、一种情绪、一个品格之所以被认为是善或恶，是因为人们看到它们时会感到幸福或不幸福等具有情绪特征的情感体验。因此，休谟说，我们通过简单地陈述快乐或不快乐的原因，就可以充分解释恶与德。①

情感是理性法则的一个辅助。休谟将感情看作是最原初的动因，看作是判断自己和他人行为的唯一标准。由此休谟认为理性是并且也应该是情感的奴隶，除了服从和服务于它之外别无他法。②基于此，休谟在道德伦理体系中，用以情感为主、理性为辅的原则，代替先前以理性为主情感为辅的原则，着重凸显了情感在道德哲学之中的作用。休谟主张，理性帮助人们发现真与假、联结因与果，因此为人们正确地运用感情提供衡量标准的重要因素，它在人类动机中扮演着十分重要的角色。③与休谟不同，著名学者亚当·斯密则把同情情感与理性视为相互补充、相互支持的一对要素。

亚当·斯密希望从情感出发，可以弥补人类理性之有限性产生的缺陷。他指出，正是因为情感是正常人都具备的、都能够感受到的自然因素，因此，作为情感的同情就是一种符合自然正义的原则。在这种原则的指引下，即使是受到理性主导的自私自利动机的驱使、努力使自身利益最大化的人们，也会将增加的利益部分以特定的方式分配给社会上有需要的人。著名哲学家康德着重在《实践理性批判》中，探讨了他对于情感的认识，旨在寻找一个关于道德的最高原则，并且他最终确立了具有普遍必然性的最高法则，即通过自由，人们将自己从自然情感欲望和其他经验因素的干扰中解放出来，将自己置身于理智世界，从而彻底实现自由的普遍必然性。④当然，康德将情感也看作是理性法则的一个辅助。

---

① 强以华：《道德：理性与情感——兼论应用伦理学中理性与情感的地位》，《哲学动态》2010年7月。
② 丁雪枫：《道德正义论》，东南大学博士论文，2005年。
③ Mikael, M. Karlsson, "Reason, Passion, and the Influencing Motives of the Will", Saul Traiger (ed.), The Blackwell Guide to Hume'ss Treatise, Blackwell Publishing Ltd. 2006, p. 236.
④ 宫维明：《情感与法则——康德道德哲学研究》，中共中央党校博士论文，2010年。

康德将情感区分为积极的情感和消极的情感。在他看来，道德情感是一种智性的情感，扮演着积极主动的角色，是理性行为和智性判断的结果。但是人作为一种同时属于感性世界也属于智性世界的存在，总有其局限性，因此人类作为有限的存在，总是受到身体所赋予的感知维度的限制和阻碍。康德所指的限制是感性对认知和实践的构成性和肯定性功能，障碍是感性的破坏性和消极性功能。① 由此可知人具有二重性，他的行为总是需要被激发出来，即人类作为有限的存在者，总是需要道德情感来激励我们心中的信念将理性法则在实践中实践出来。对于一个最高的，乃至摆脱了一切感性，因而感性永远不会成为其实践理性的障碍，我们不能给予他们对法则的敬重的。②

通过上述的概略性分析，我们已然明白，尽管关于情感及其与人的关系的理解，有着不同层面和意义上的差异、分歧，但其研究均显示出情感之于人的存在而言，都占据着重要的地位，甚至一个人的情感结构决定了一个人的存在范畴。英国新马克思主义者、著名的文化唯物主义理论家威廉斯通过创造"情感结构"（structures of feeling）来解释人们理解文化——这一人的总体生活方式的途径。他说"情感因素掌握着经验主体，如果情绪发生变化，经验的重要性也将随之变化，这是经常发生的事情。文化引导我们的情感，也是我们获得经验的唯一源泉。抓住经验与在文化中保持充分积极活跃是同一件事。个人拥有完全洞察力的唯一机会就是包容情感：个人的认识建立在他所拥有的最好的情感和态度之上，与手头讨论的主题息息相关"。③

从威廉斯的情感结构思想出发，我们更多地聚焦于情感对于个体选择、行为等的影响力上，"情感指人对待事物的肯定与否定、满意与不满意、享受与厌恶等态度的内心体验。"④ 而另外一些学者，则在宏观层次上，

---

① 周黄正蜜：《智性的情感——康德道德感问题辨析》，《哲学研究》2015 年 6 月。
② 王建军：《康德对近代情感理论的变革》，《哲学研究》2010 年 6 月。
③ ［英］佛雷德·英格利斯：《文化》，韩启群等译，南京大学出版社，2008 年，第 96 页。
④ 叶奕乾：《普通心理学》，华东师范大学出版社，2004 年，第 241 页。

从正反两个维度,既把情感看作是一种内在动力推动着社会结构变化,同时情感又可能成为破坏社会稳定的不确定因素。①作为人的一种基本意识形式,正面的情感会激发人内在的精神动力,专注于某一项活动之中;而负面的情感则会损害人的积极性,抑制和阻碍人的活动。情感是人类活动不可缺少的内在动力。②

由于情感是人类活动的重要影响因素,所以,情感认同的重要性就更加凸显。情感认同建立在深刻的文化认同基础上,表现为情感上的同意、肯定、热爱追求的强烈态度。主体的行为规范在很大程度上并不是由于外在力量,而是内在因素的作用,情感是主体性转化为外在的显在行为的极其重要的因子。虽然情感认同的生成前提条件,需要依靠理论的科学性和彻底性说服人,使真理的力量转化为主体内生的精神品质,进而使科学理论的真理性文化演化为与之适配的价值情感的充分肯定即情感认同。通过情感认同,会使主体产生巨大而持续的意志力。所以,笔者认为,通过增强研究生群体对于社会主义核心价值观的理论认同和实践认同,并使其能够进一步生成为对所学专业的情感认同,是关乎能否充分发挥研究群体自身的主观能动性和积极性,使研究生的学术活动更加自觉,进而进行更富有创造性学术创新实践的关键内因。

二、情感认同的核心内涵

情感及情感认同是影响人的存在整体性的重要因素。虽然有学者强调,情感认同是一个复杂的心理过程,是特定的心理结构和心理定式下形成的一种情感上的评价。③但这种对于情感认同的理解,是建立在心理学意义基础之上的解释,尽管这一理解,揭示了关于情感认同重要的心理属性,但未能充分体现情感认同的社会性、文化性,甚至历史性等属人的整

---

① 聂文娟:《群体情感与集体身份认同的建构》,《外交评论(外交学院学报)》2011年9月。
② 李淮春:《马克思主义哲学全书》,中国人民大学出版社,1996年,第503页。
③ 叶宗波:《高校理论武装工作新向度:从认同到自觉》,《广西社会科学》2010年1月。

体品质特征。笔者认为情感具有社会普遍性,是与人们的社会性交往实践、身份结构等密切相关的文化凝聚,因此,情感认同始终是奠基于人在社会交往过程中,对感知对象的文化认同,继而逐渐形成的具有价值倾向特征,并渐趋稳定的心理、态度等非理性化、本能化的表达习惯,其中,情绪是情感简单而直接的呈现形式。

我们对于研究生群体学术自觉性的研究,选择从研究生群体对于专业的情感认同视角切入,重在强调人的存在的实践整体性、开放性与人的情感认同的社会文化属性的实践价值之间的有机关联,认为研究生群体学术自觉程度与其专业化情感认同强度高度正相关,研究生群体专业情感认同体现他们对于专业的一种认知选择、态度倾向,因而是他们基于情感共享与心灵同意的自觉的实践行为。当然,情感认同是研究生对专业——这一学术化客观对象满足自身需求的满意、爱和积极的态度和情感。所以,当研究生专业情感认同一旦形成,无论正反,都将对研究生作为学术创造行为主体的理性认知和行为实践产生巨大的强化作用。①

研究生对其专业学术的情感主要包括对学术的信任感、责任感和崇尚感。这些情感因素是学术情感认同的主观意识基础。研究生情感认同研究正是立足于对这些情感要素的一般理解,进而培养其对学术的忠诚以及学术的创造力热情和活力。情感认同是研究生自我认同实现的一种自觉的认知选择与实践行为,是体现其主体性专业创造程度的一个重要的精神文化标识。

我们知道,认同在英语中表达为identity,通常被译为同一性、统一性或者身份,②同一性是其首要含义。究其同一性的含义而言,既包含作为主体的人的历史性规定的一致,也就是说,作为独立个体的人的连续性、稳定性和特殊性,又包含人作为世界组成分子,与外部世界的统一,人与外部世界的统一,也可以说是人作为系统性结构身份扮演者与其身份职责

---

① 邓山:《新时代对高校思想政治工作者提出新要求》,《继续教育研究》2018年7月。
② 陈新汉:《认同、共识及其相互转化——关于社会价值观念与国民结合的哲学思考》,《江西社会科学》2014年7月。

的同一，因此，我们通过认同这个概念内涵的简单分析可知，认同主要指涉的是具有主体特征的人的理性反思，正是这种认同意义上的反思力，人既获得了自我意义上的独特性规定，又获得了社会意义上的实践统一，二者既相互关联，彼此塑造，又相互区别，各具不同的运行机制。人的自我属性和社会属性既相互蕴含，又相互生成，不可分割。

认同是主体人的社会实践行为，极具文化属性，尤其彰显人的价值追求和精神品质，它是主体人从自我出发，通过寻求共同性的过程和结果，来完善自我的特殊性和社会性的一种具有鲜明的意义指向的行为。因此，认同是维系人格与社会及文化之间互动的内在力量，是维系人格统一性和连贯性的内在力量。①

情感认同是在自我认同这一极具文化属性、社会属性和历史属性基础之上生成的一种相对稳定的态度倾向与心理意义倾向的文化本能，是自我认同的进一步发展。基于此，笔者认为，研究生的专业化情感认同度体现着研究生主体的自我确证，表征着研究生自我与他人、专业化学术活动及其外部关系的和谐程度，构成了研究生自觉进行专业创造能力的重要方式。

在马克思主义哲学的视域下，情感认同是基于物质生活实践而发出的一种信号表达，是对人与自然与他人与自身关系和谐与否的一种映射。因此，情感认同首先是文化、价值层面的认知认同；其次是在意义、心理、审美等精神活动的影响下，研究生个体突破意识层面跨入实践层面选择主动接受专业知识的各种理论观点和社会化学术规范，并通过实际行动有意识的使自己积极主动地参与到各种专业研究的活动中，在研究中获得进一步的对自我学术身份和社会身份的理解、定位，开展极富创造性的学术研究。通过认同，自我将情感、态度乃至认识倾向，移入对象性活动过程，促使研究生在继续社会化过程中，能够自觉地进行自我人格的完善而进行向他人的开放性、发展性学习，②在学习过程中，参照群体

---

① 齐丹：《教师角色认同的内隐加工机制研究》，西南大学硕士论文，2011年。
② 齐丹：《教师角色认同的内隐加工机制研究》，西南大学硕士论文，2011年。

日渐成为他们的专业理想目标，并能因此培育出牢固的专业情感志向，通过克服自身一些偏见，最终更好地提升他们的自我职业发展，为学科、专业发展贡献力量。

情感认同是研究生追求自我实现的一种内生力量，不仅代表着他们关于自我存在与发展的合理定位，而且是将这种理解性定位延展到个体与群体关系之中，主动展开的具体实践行动。情感认同使价值观念在个体认识中发挥作用，从而使得个体价值观念与社会群体价值观念达到一致吻合。在这一过程之中，使得自我关于个体自身的角色认同、价值情感与身体自觉地结合起来，形成与他人和社会的一系列关系整体。

著名学者乔恩·埃尔斯特在他的《心灵的炼金术：理性与情感》一书中，通过对情感与理性的分析，指出如果我们不透过情感的棱镜窥探人类行为的种种形式，其中很多就无法得到理解。[①] 的确，情感作为一种社会性影响力量，是我们研究研究生学术行为自觉程度时，相较于理性认知来说，主要考量的一个重要因素。

我们以马克思主义哲学为基本立足点，将情感认同看作是与研究生的学术活动紧密相关的实践问题，是其关系存在的具有内在规定性的因素。作为以专业化学习研究为职责的研究生，总是生活在具体的社会历史环境之中，也需要不断地通过社会关系性活动来确定自身的存在，发展完善自我。就人的社会本质而言，无论是研究生群体，还是其他任何个体，在理解把握自我与他人关系时，必须能够清醒地认识到，每一个人不仅仅是一种为我的存在，同时也是一种为他的存在，因此不能为了达到自己的目的而将他人仅当作一种手段，只有在个人与他人的统一中，才能实现、满足自我需要，为此，就需要依靠个体自觉地进行认同实践，在人与人、人与社会的和谐关系中发展自我。

人与社会辩证统一的关系，说明社会发展是个体人发展的前提，人的自由全面发展则是社会发展的目的，而人的发展与社会的发展达到统

---

① ［美］乔恩·埃尔斯特：《心灵的炼金术：理性与情感》，郭忠华译，中国人民大学出版社，2009年，第457页。

一，仍然需要依靠认同的力量而整合实现。^① 总之，情感认同是研究生主体在社会交往实践过程之中逐步达成的，是同社会历史发展具有一致性的文化认同的延展性结果。因此，从这个意义向度上说，情感认同作为文化认同的一种理性本能，能够影响研究生的行为选择、态度倾向、心理意志的稳定性等，它构成其快乐学习、激情研究的行为基础。所以，我们说，情感认同具有很强的实践属性，会以一种无形的精神力量，浸润并转化为研究生专业研究活动中的认知选择、态度倾向和价值审美的趋向，是研究生专业化学术热情、投入程度的一种文化情感的共享与心灵同意的自觉实践行为。

第二节　专业情感认同的实践可能

认同问题是伴随人的自我意识获得而不断进行的生命实践，它关涉人的本体性安全，也关涉民族国家的文化共识和精神凝聚，所以认同问题，在人类历史上始终被人们以不同的视角、从不同的学科领域、运用不同的方法加以研究。这些研究，一方面，增加了我们对于自我、民族国家特色、社会文化精神本质等的合理认识；另一方面，也为我们如何实现更好的自我认同、社会认同、文化认同、民族国家认同等提供了实践的方法或路径启益。

从最被人们熟悉的弗洛伊德心理分析视角，将认同看作是人与他人心理上的趋同的过程即社会群体成员在认识上的同化^②认识，到著名的社会学家安东尼·吉登斯将认同看作是自我在社会连续发展中的历史性产物，突出关注自我认同的生命历程与社会身份的结构情境对主体人的反射性影

---

① 李鹏：《试论马克思主义哲学的辩证本体论》，《山西农业大学学报（社会科学版）》2003年1月。

② 周德刚：《经济交往中的文化认同》，复旦大学博士论文，2004年。

响，在生命的社会时间系列的连续性与自我对社会行为的自觉反思活动之中的连贯性创造和同一性维护。① 吉登斯在社会哲学层面上，将认同的主体性、社会性、历史性、实践性、反思性等统一起来来分析认同，使认同与生命的实践形式有机统一，认同具有的文化属性，也越来越以更加直观的人的整体生活方式呈现被世人理解、接受，正因如此，我们才可以得出，随着人的文化认同实践的持续展开，与此相一致的情感认同将会以一种文化本能的方式影响人的选择方向、思维方式、行动样态等，使情感认同成为人极具存在意义的关键内因。

一、信任感是情感认同机制重要的基础性内在要素

马克思主义哲学告诉我们，内因是变化的根据，外因是变化的条件，人是一种极富社会性的存在物，其本质规定在于社会性。主体对自身的认同，很大程度上来自于对群体成员身份的认同，对自我认同的增强也来自对社会身份的积极肯定态度。② 也就是说，个体与社会群体存在着共享关系。个体认识到自己属于特定的社会群体，同时也认识到作为群体成员带给他的身份意义。群体是个人的集合体，是通过社会共识共同定义群体和群体成员关系，在这种共同界定中，彼此共享一些情感卷入，以及对有关其群体和群体成员身份的评价。③ 具体到研究生的专业情感认同问题，笔者认为，专业情感认同，一方面，在于研究生主体与主体之间的相互交往的关系及其强度和主体互动时遵循的模式；另一方面，一定的社会秩序、评价准则为研究生的专业化研究生活提供了可能的认同空间，情感认同实现于一种研究生主体所处的社会情境及其运行机制。

专业情感认同的实现既有外部社会机制的作用，也有来自主体自身的

---

① 王前军等：《社会发展评价对思想政治理论课认同的影响分析》，《思想政治课研究》2018年6月。
② 聂文娟：《群体情感与集体身份认同的建构》，《外交评论（外交学院学报）》2011年9月。
③ 姜涛：《情感认同与社会主义法治文化培育》，《理论探索》2018年1月。

内在机制，是内外认同机制相互作用的结果。仅从情感认同的内在机制来看，它主要包括了三个方面的要素——信任感、责任感和崇高感及相互的关系性影响。

实现情感认同依赖于稳固的信任感。稳固的信任感包括对信任对象的信任和具有信任氛围的社会环境。[①]就研究生情感认同来讲，与他对专业知识及其所处学习环境的情感体验密切关联，其信任感来自研究生对其专业知识，及其周围社会关系的信任。信任中的情感成分虽然会以简化论证的过程，甚至无意识的习惯性知觉形式出现，但它不是绝对盲目、幼稚的信任，恰恰相反，信任包容着理性。[②]不过这种包容着理性的信任，可能更多的是基于过往经验与已有知识而产生的。这是因为，在今天这样高度现代性的社会中，任何人的基本信任，首先来自对社会中抽象系统的信任，如专业知识、专家系统等，这种"对抽象系统的信任态度通常都总是与日常行动的延续性相关联，并且在很大程度上被日常生活自身的环境所强化"，[③]而对"特定抽象体系的信任或不信任的态度，很容易受到在抽象体系入口处的经验的强烈影响；当然，同样容易受到知识更新的影响"。[④]这种信任产生的机理，在研究生这一知识的专业性程度相对更高的群体而言，更加凸显。

主体"信任不仅意味着'一个人必须学会怎样依赖外在供养者所具有的同一性和连续性'，而且也意味着'人可以相信自己'。对他人的信任与内在地构成可信任性交互培育，这又奠定了自我认同的稳定基础。"[⑤]可见，信任发生作用的前提是人的理性能力，只有主体意识到自身利益所在，及其利益获得的利他性、社会性条件，人们的理性才能使自己在

---

① 姜涛：《情感认同与社会主义法治文化培育》，《理论探索》2018年1月。
② 同①。
③ 安东尼·吉登斯：《现代性的后果》，田禾译，译林出版社，2011年，第79页。
④ 同③。
⑤ 同③，第82页。

追求利益的同时，考虑和尊重公共利益，①并以此获得自身利益。研究生对自身专业身份利益的科学认知，既影响其专业情感认同产生、培育，又影响其参与个人专业研究或团队合作研究的投入，最终影响自身研究生阶段的最大利益的实现，即在专业研究能力与素养、研究创新成果的大小等的获得性成就。一句话，研究生对自我专业知识的信念、对学术研究的社会条件的信任，通过影响其对专业研究的参与程度和评价，对自身研究生阶段的自我超越性成长，起着重大影响，甚至是决定性的内因规定作用。

建构主义教育理论对于学习中的主体参与有很好的分析。认知建构主义以皮亚杰的教育哲学思想为基础，非常重视个体的认知经验和情感经验在学习中的重要性。其中，认知经验主要包含有主体对知识的理解、认知的策略等，情感经验则主要包含有主体对所学知识的信念、自我的概念等。认为人的学习过程就是一个关于意义的建构过程，在这个过程中，主体的新旧经验相互作用、不断地丰富和生成新的认知，新旧经验的交互作用是主体主动学习、建构新知识的过程，而且这样组织建构起来的新知识是基于理解，真正被主体掌握、信任的知识。

二、责任感、崇高感是专业情感认同生成的延展要素

研究生主体的专业信任和社会信任对于研究生自主性学习知识，并在此基础上生产出新的知识，具有非常重要的内因作用。但这种基于信任的学术自觉，并不能够催生更为积极的学术创造，它只是起到了一个基础性作用的条件性内因，或者说，是前提性的内因，促成研究生更加积极主动的学术创作活动，还需要研究生对自我利益充分认知基础上的责任感和进行学术研究活动的崇高感的生成与满足。

任何一个社会人，随着自己社会性生产活动的开展，总是在各种角色

---

① 郭春镇：《从"神话"到"鸡汤"——论转型期中国法律信任的建构》，《法律科学》2014年3期。

的不同情境中，依据自己对这一特定情境即特定时空条件规定的结构化职责、义务的履行中，呈现并实现自我，体验作为人的社会成就感和荣耀感。基此，笔者认为，研究生的专业情感认同引导下的学术自觉，既建立在对自身专业知识信任的基础之上，更建立在对自身研究生身份职责的科学合理定位之上，只有充分地履行了自己研究生的身份职责，即筑牢专业知识、专业性学术活动的基本素养和进行知识生产活动的创造能力等，才可以说是一个基本合格的研究生，也就是说，研究生自己才可以说自己尽了自己的责任，没有浪费国家在自己身上的各种投入与培养。

身份认同是充分尽责、有效履职的理性自觉。责任感是做好各种角色，并因此而获得社会良好认同的重要环节。著名学者马斯洛的需要理论告诉我们，每一个人都有多种需求，包括参与集体活动、归属于某一特定群体的需求、获得尊重、信任的需求，人本主义哲学家弗洛姆则认为爱与被爱是人类最基本的需求，无论是马斯洛还是弗洛姆，其实都强调了情感在人的需要中的地位，只是表达的方式不同、视角不同而已。颇有影响力的教育学理论学者乔纳森则较为明了地表达了这一思想，他认为，人们需要感觉到自己是社会交往的一部分，情感是促进人与人交往的力量之一。

情感不仅影响个体行为的对象性活动，而且影响个体与群体、他者的关系建构与维护。由于情感因素的存在，在认同的过程中，主体会产生更高程度的自我投入，尤其是在群体中，当作为主体的个体对群体有强烈的认同感时，这种情感会逐渐稳定，甚至固化，而即便是认为目前的群际关系不公平，不稳定，他们则更有可能参与旨在改变群体现状的集体行动。①"乐观是疏离的信念，悲观是疏离的绝望。如果我们真正地对人类及其前途既关心又充满责任感，我们则不是有信念便是有绝望，而不可能是超然的乐观或悲观。"② 也就是说，责任感是一种基于身份职责和专业知识

---

① 薛婷等：《社会认同对集体行动的作用：群体情绪与效能路径》，《心理学报》2013 年 8 期。
② 姜涛：《情感认同与社会主义法治文化培育》，《理论探索》2018 年 1 月。

认同的统一与延伸,基于认同的责任感使得疏离感减少,让个人或群体不再只是站在旁观者的角度做出乐观或悲观的评价,而是使主体以自家人的心理更大程度地融入其中,成为群体的一部分或参与者,形成患难与共的希望,积极行动的信念和动力。①

研究生专业认同和身份责任的认同,强化了对专业知识的理性信仰和使命担当意义上的态度等情感认同,进而使研究生个体或群体不再是从外在于专业发展、学术创造的旁观者的角度,来审视自己的日常学习,更不仅仅是进行形式化的乐观或悲观的评价,而是使研究生主体能以主人翁的精神,更大程度地融入所在学科专业的发展整体和自我生命创造性成长的其中,变成被认同了专业学术共同体的一部分,变成这一共同体的参与者和建设者,形成自身学术创造力与共同体发展荣辱与共的信念和积极创造的驱动力。因此,我们这里主张的责任感,应该理解为一种人的本体性存在与某种特定情境之中的非抽象存在感。②

心理学研究成果告诉我们,对于消极情感体验的人来说,很难改变他们的态度,相反地对于积极情感体验的人来说,则较为容易改变他们的态度。③责任感在研究生专业情感认同中是相较于信任感的更深一层次的情感,直接与其学术实践行为相关联。弗洛伊德说,人的本质不是一种特殊的存在,而是具有普遍性,它存在于对人的生存矛盾的解决之中。我们所理解的责任不仅是简单字面意义上的善恶、是非的标准,更重要的是指主体做出某种行为的内在动机和心理意识准备状态,④并能够将这种精神准备转化为现实具体的身份行动,它是专业信念认同下的责任担当和心理满足感的活动,因此,责任感的强弱构成了研究生不断奔向理想化学术研究未来的动力。

如果我们把研究生身份的责任感看作是如上分析的社会角色定位与充

---

① 姜涛:《情感认同与社会主义法治文化培育》,《理论探索》2018 年 1 月。
② 况志华等:《责任心理学》,上海教育出版社,2008 年,第 110 页。
③ 同①。
④ 同②,第 20 页。

分履职的理想自觉和行为担当，那么，基此社会角色的充分履职，一方面，会由于自身的专业活动而更好地获得知识、提升自己；另一方面，也会因为此实践活动的社会价值的被认同而获得更进一步的自我实现，社会化的自我实现则又会极大地带给自己作为社会群体成员的精神满足的成就感、荣耀感。

研究生对自己专业研究的信任、责任、荣耀等心理性、精神化的情感获得与满足，我们可以用一个更为简单但很神圣的词——崇高感加以概括。研究生对于自己专业学习研究的崇高感是其专业化情感认同的更高一级的情感，这是研究生主体以非常肯定的态度对自己专业的一种理性化精神信仰。研究生专业身份崇高感和建立在专业知识基础上，解决人类问题的知识贡献率以及运用知识实际解决社会问题的成就能力密切关联，因此，专业的崇高感，其实是建立在不断地运用专业进行创造性实践、克服困难、突破瓶颈之上的心理满足度，是一种经由磨难、艰辛后，由知识的力量演化为自我超越、服务他人的愉悦感、幸福感，是一种纯粹而美好的体验性的情感。①

事实上，感性不是崇高感的源头，崇高是基于感性、经验性的力量，但属于理性、道德性的力量。也就是说，人的崇高感是需要感性经验的支持与维护的，但崇高感真正是根源于理性，是从感性基础上间接获得的，是人类精神上的胜利和主体意志的升华。②

情感及情感体验是人类自然的精神现象，本身无所谓善恶、好坏，但经过人的文化选择、理性积淀而形成的情感、人们感知情感的能力，则应该成为我们的关注点。在这里我们所主张的研究生专业情感认同内在机制要素的崇高感，不仅伴随着人的认知理性和实践理性发挥作用，而且它能够形成一种文化认同意义上的伦理共相。

具有伦理共相价值与功能的崇高感，不可能自然而然地生成，需要经由知识的教化、文化认同的引领和社会时间意义上的经验累积与自觉反思

---

① 陈炎等：《六大情感范畴的历史发展与逻辑关系》，《文艺理论研究》2011 年 9 月。
② 同①。

的主动建构。我们也可以理解为,基于专业知识的理性认识是我们进一步认识感性世界的前提和手段,实践中形成的关于世界、人与人等关系的价值秩序,在很大程度上能够发挥伦理共相的作用,把研究生学术的情感认同转化为日常的生活实践样态。所以,正是从这个意义上,我们可以把崇高感看作是一种文化自觉向度上的理性本能的习惯性表达。

总之,信任感、责任感和崇高感,不仅彼此关联,而且具有生成的实践逻辑,它们作为一个整体,承担着特定的固有功能。充分理解这一情感认同的内生机制,可以为我们进一步促进研究的专业情感认同,提高其学术自觉性提供可资操作的可能性前提。具体而言,研究生专业情感认同,对其起着引导、激活、规范等作用,是研究生能否成为优秀的未来高级专业化人才的重要精神力量。

概括而言,专业情感认同在研究生学习研究中的作用主要体现为如下几个方面:

情感认同具有鲜明的价值选择的倾向作用。人作为主体在做出价值判断和价值选择的时候,会加入自己主观的情感认识、情感体验或感受。每个人都有自己的情感参照,因此我们可以说情感是影响主体价值判断的重要因素。一般来说,当某种对象符合或是能够满足主体的某种需要时,主体就会产生积极肯定的情感体验,引发强烈的追求意愿,乐于接受,并将其作为活动的客体。当某个对象不满足或不能满足主体的需要时,主体就会产生消极的情绪体验,从而导致疏远、回避甚至拒绝。[1]

情感认同具有相对稳定的内驱作用。作为主体的研究生,总是在一定的情感意志的影响下,发起学术实践和认识活动的。正如马克思所说:"激情热情是人强烈追求自己的对象的本质力量。"[2] 研究生的情感能够激发并巩固自身的行为,研究生主体的行为会因为受到积极的情感体验而得以巩固,即正强化功能;同时,研究生主体的行为也会因为受到消极的情感体

---

[1] 任志芬:《情感认同:思政课教学中不可忽视的因素》,《绍兴文理学院学报(教育教学研究版)》2008年5月。

[2] 《马克思恩格斯全集》第42卷,人民出版社,1979年,第169页。

验而发生变化，即负强化功能。研究生在日常行为中总是趋向积极情感，避免消极情感，不断地在实践活动中积累情感体验，从而对其行为会产生某一种特定的倾向，激发并巩固其行为。

情感认同具有实践调节作用。学术研究是一个动态的过程，研究生在学习生活中会遇到各种问题，在一定程度上可以通过情感调节自身，创造条件解决问题。主体需要调整自己的态度，执行自己的意志以达到既定的目的。通过对主体进行情感调节，更加坚定他们的意志，使研究生主体在学术实践中始终能够保持稳定的心态，全身心地投入实践活动之中。①研究生主体需要激发学术热情，保持向上的活力，才能够发挥情感的调节作用。②

情感认同具有无形的规范作用。情感总是会表现为人的自然倾向，或习惯性方式，它在伦理行为中是不可或缺的，③品德修养赋予了情感自由和伦理主体。情感认同会产生人品德的善，同时也会产生研究生主体行为的善。康德认为，履行义务的行为是对纯粹先验道德法则的服从。"你应该只按照道德法则行事，也就是说，当你这样做时，你希望它成为一般法则。"④一个具有道德德行的人在表现有德行为时，并不是一时的表现，而是经常如此，他们能够在情欲与行动之间展现出一定的乐而行之的境界。

总之，研究生是需要建构起以学术自觉为基础的综合创新能力的群体，其综合创新能力的批判性思维、复杂性思维、实践性问题解决的能力等，都需要建立在以其对专业情感认同的学术自觉之上的自主自觉的学术发展，持久地激发学生自我发展的能力。

---

① 任志芬：《情感认同：思政课教学中不可忽视的因素》，《绍兴文理学院学报（教育教学研究版）》2008年5月。
② 胡梅花：《论政治情感的培育与马克思主义大众化的实现》，《思想理论教育》2010年8月。
③ 黄超：《论托马斯阿奎那理性化的激情思想》，武汉大学博士论文，2005年4月。
④ 同③。

第二章　研究生专业情感认同的实证分析

马克思主义哲学最基本也是最基础的观点之一就是，内因是事物变化发展的动因，外因只是发展变化的条件。人作为主体，是一切人类社会行为的决定者、参与者和推动者。作为高等院校正在培养的高级人才队伍的硕士研究生群体，是我们国家各领域未来创新人才的资源库，也是未来社会创新发展的生力军，因此，充分调动他们的学术自觉性，使其能够热爱学术、专研学科前沿问题、立志专业服务社会，是其研究生阶段着力应该解决的关键内因。对于任何一个个体而言，尽管理性在人们的智识活动中，起着非常重要的影响作用，但以文化认同为基础的情感认同，往往以一种更加无形的、无意识的习惯性倾向，干预、影响人们的选择、行为方式以及行为的愉悦程度，乃至行为的可持续性和效度，因此，仔细分析研究生群体专业情感的认同现状，科学诊疗其消极因子，使他们建立稳定的专业情感，自觉地进行科学研究的本职创造，对于研究生的专业教育，具有显见的意义。

第一节 研究生学术情感认同现状

探究研究生学术自觉程度，其中最重要的指标之一是研究生对其专业的情感认同程度。研究生的专业情感建立在其对所学知识充分信任的基础之上，有着对所研究学习专业的挚爱情感，这种内生情感之于其精神、心灵上的愉悦与满足，会引导他们更加深入的研究投入和积极的学术创造行动，从而更进一步强化了研究生对其专业的文化认同。我们关于研究生群体专业情感认同状况下的学术自觉性分析，来自我们基于对研究生群体学术自觉性与专业情感认同相关关系的实证研究。

一、专业情感认同在研究生学术研究中的呈现

通过对情感认同的概念界定，我们把握了情感认同是具有实践倾向的致知要素，它与理性认知共同构成研究生的主体认知性实践能力。如前所述，情感认同是在理性认知的基础上，基于文化认同逐渐形成的一种本能化的理性表达，体现着研究生主体更真实自觉的行为判断和选择，影响并规约着其日常生活的实践活动中的自制力和创造力，所以，情感认同是提高研究生的主体性、高等院校的知识创造性以及学生的创新能力的着力点。故此，我们通过调查，认真分析研究生的专业情感认同在日常学术研究中的表现特点、影响方式等，力求将学术自觉性与专业情感认同间的相关性能够描述精准在描述、解释精准的前提下，找到两者间正相关的作用途径，进而为培养更富有专业志向的研究生，提供可能的育人启益性经验。

我们的这项研究，始于2019年秋季学期，由于研究开始不久，就进入了一个非常特殊的新型冠状病毒的疫情期，我们的实证研究限于客观条件的制约，只能依托各种现代调查研究的途径，以网络技术为支撑，进行

随机性的抽样调查,以此为基础,结合已开展的社会观察和典型个案等方法进行分析。其中抽样调查主要采取的形式是腾讯问卷平台,以电子问卷的方式,主要以ＱＱ、微博、微信、高校论坛作为发布平台进行调研。我们在先前对样本单位研究生群体普遍调查的基础上,重点调查了研究者所在大学各文理科两大类学科的研究生,发放了 100 份问卷,但问卷回收率不高,只有 60 份,其中有效问卷 57 份,占比 57%,这也是令我们非常遗憾的事情。但从回收回来的问卷分析来看,客观性较好,尚能说明研究生群体对专业学术认同的基本现状。为了弥补问卷调查的不足,我们之后,进行了具有人类学意义的观察分析方法和典型个案分析,以增加研究的合理性和客观真实性。

研究问卷的设计,我们在主题一定、研究假设一定的前提下,专门请社会学专业的老师和同学介入,保证了问卷的逻辑性和科学性,以零结合情感认同的体验方式设问。随机的问卷调查,我们依托现代高科技的网络平台,对所在区域最具有代表性的高校研究生群体进行了抽样调查,研究者的主观干预几乎为零,保证了被调查者可以更加客观真实地回答问题,因此也增加了所获数据的真实有效性和解释的可靠性,发挥了电子数据统计的优势,凸显了它的公开性、公平性及学科覆盖面,对研究的信度与效度起到了很好的奠基作用。

通过对样本问卷的描述性问题的统计分析,得出其男女两性的性别比例的扇形图示和其他客观信息的柱形图如下:

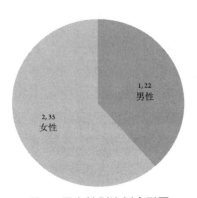

图1　男女性别比例扇形图

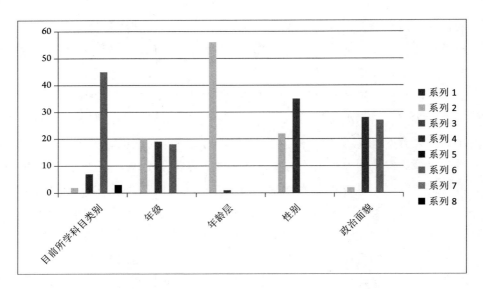

图 2　其他客观信息柱形图

扇形图和柱形图蕴含的样本具体统计信息如下：

表 1　样本基本情况统计结果

背景变量	类别	人数
性别	男生	22
	女生	35
年龄层	22 岁以下	1
	22 岁到 24 岁	56
	24 岁以上	0
政治面貌	中共党员	27
	共青团员	28
	民主党派人士	2
	群众	0

（续表）

背景变量	类别	人数
年级	一年级研究生	18
	二年级研究生	20
	三年级研究生	19
目前所学科目类别	理工类	7
	文史哲类	45
	经管类	3
	教育与法学类	2

本次问卷调查的有效问卷共涉及 57 位在读硕士研究生，其中女性占比 60%，男性占比 40%，女生比例高于男生三分之一；年龄层在 22—24 岁之间，这一年龄阶段的学生个性更加鲜明独立，有自己的独特的思维特质，同时具备了一定的学习和模仿能力，即至识能力；中共党员和共青团员占主体且比例相当，说明研究生群体具有共同的政治态度和价值情感；一、二、三年级的研究生，占比较为均衡，都约为 30%；专业选择上文史哲占比 78%，其他为理工类、经管类和法学类，这一数据说明，人文社科类的研究生对于调研类活动的参与度高于理工类。

在这些基础性、描述性数据事实的基础上，我们依据问卷的认知、喜好和投入三个维度获取的样本信息，进行了数据的深入分析。

表 2　依据认知与喜好维度的数据分析

背景变量	类别	人数
了解本专业渠道	家长老师朋友介绍	10
	自己喜欢并查阅相关信息	24
	不太了解，随便报的	14
	其他方式	9

(续表)

背景变量	类别	人数
对自己专业的熟悉程度	非常熟悉	6
	熟悉	29
	一般	21
	不熟悉	1
所学专业是否为第一志愿	是	41
	不是	16
通过了解有多喜欢自己专业	非常喜欢	13
	喜欢	26
	一般	15
	不喜欢	3
是否有本专业继续深造愿望	是	30
	否	37
继续深造原因	为了以后找工作	17
	符合自己兴趣	11
	为了暂时过渡	1
	其他	1
不想继续深造本专业原因	有更好的就业机会	6
	不感兴趣	5
	读博难度大	13
	其他	3

从统计结果可以看到，研究生在学习了解其专业知识的各种渠道中，按照自己兴趣占比42%，朋友老师介绍占大于17%，其他的占比15%左右，不喜欢的占比大于24%。可见，兴趣对研究生专业的行为选择和专业知识的进一步研读的影响占据了比较大的地位。当然，我们从中也看到，存在一大部分人并没有真正明白专业学习与自我发展的统一关系，因而并未能够在专业化学习研究中，从主客观两个层面很好地做到自我确证；按自己意愿报考研究专业的学生占比大于80%，其中，在研专业为所报第一专业志向的比例占比71%左右。这也从一个结果的角度，反映出研究生兴趣、心理、意志等精神情感性因素对选择行为的干预度和后续行为的持续投入，这一点正好也解释了在专业熟悉程度一栏中，熟悉且非常熟悉人数过半，而在是否喜欢本专业中喜欢与非常喜欢占比68%，从研究生专业课堂表现一栏中，认真听讲占比77%。相反对于调研样本的在读研究生的如上三项基本考查指标，所呈现出的对所学专业不熟悉占比大于36%、不喜欢所学专业的研究生占比不到40%、上课边听边玩占比21%。这些数据，让我们看到，大多数研究生可以在日常的研究生研读中，能够较为自觉地完成各项学业任务，这也基本可以保证研究生阶段的顺利完成。

我们通过问卷提供的其他指标，看到几乎一半、甚至是超过多数的在读研究生，对自己专业知识的信任，更多的是建立在现实的就业功能或者说就业价值的理解之上，而不是对于所学专业知识至于人类认识外部世界的科学性、对于人的精神世界的丰满性，以及专业知识和人类进步的关系等的价值理解，因而在是否选择本专业继续深造时，选择继续深造与不继续深造的研究生所占的比例基本相当，继续深究其深造的原因中，为了找到工作的动因占比56%，尊重兴趣和专业志向所占比例为36%；选择不继续深造的原因中认为考博难度大占比48%，认为硕士生有就业机会的占比22%，不感兴趣的占比18%。

在对研究生群体进行认知与喜好维度分析的同时，我们也对其专业学习的时间投入情况进行了问卷调查。

表3 依据投入维度的数据统计分析

背景变量	类别	人数
老师布置作业完成情况	认真完成	43
	应付过关	13
每天花在专业学习上的时间	基本不做	1
	8小时以上	6
	4—小时	23
	1—4小时	24
	除上课外基本不花任何时间	4
读研期间已开展科研项目数	经常	11
	3—5次	10
	1—2次	23
	基本没有	13
完成的除学校规定论文数	5篇以上	3
	3—5篇	8
	1—2篇	25
	基本没有	21
专业学习效果评价	非常好	4
	好	23
	一般	30
	不太理想	0

从统计结果的分析，我们可以看出，老师推荐书目与作业完成态度一栏中，认真完成占比大于75%，应付的占比22%；专业课学习时间，1—4小时与4—8小时占比相当为约40%，8小时以上的仅仅占比10%，基本不投入时间占7%；读研期间开展科学研究的频次，1—2次占40%，基本没有

开展的占22%，3—5次和经常性参与的占比相当，占比约20%；论文完成数量中1—2篇占43%，基本没有占36%，3—5篇占比14%，5篇以上占比5%；自我对其学习效果的评价，一般的占比大于52%，感觉好的占比40%，感觉非常好的仅占比7%。

从这些指标所显示的信息分析来看，在读研究生存在两个比较突出的问题，亟待解决。一是对研究生身份的正确理解和定位，因而未能把握其身份蕴含的职责与履行的能力要求；二是未能在社会发展的未来向度和民族发展的战略高度上，理解自己所学专业发展的使命和担当。这两个问题，相互交织，使得其虽对专业有较好的理解和学习态度等，但其自主自觉进行专业研读基础上的学术自觉性难以持续，也难以在专业知识的深层意义上理解、热爱专业，进而影响其专业情感的培养化生成，因而，由理性认知基础上形成的专业认同情感不牢固、不稳定，自觉的专业化学术创造，也难以可持续地指向前沿和面向学术难题，更多地停留、聚焦于当下的现实功利。而这是与高等院校研究生培养目标严重不符的，所以我们需要在实践中，有针对性地尽快地加以解决。

首先，从宏观层面来看，情感认同的第一个特点是情感认同具有社会实践性，与生命体验直接相关的情感是社会和文化的行为表达，不过此种行为表达具有社会历史文化的共有性和个体生命的特殊性双重属性，因而，情感认同承载的文化品质在社会生活的实践中会表达出具有共相价值的社会意义。专业情感属于现实而具体的研究生主体，因此，我们讨论研究生专业情感认同时，绝不能将其做任何抽象意义上的理解，必须立足于现实的人，即在社会关系总体中具体的结构身份、甚至特殊的社会情境去理解其情感的发生、表达极其稳定的认同。我们只有一方面通过有形的实践行为探究清楚其背后蕴含的人与人的关系，才能理解人们具体的实践活动行为及其与之相随的精神活动和情感体认。

从对问卷中认知、喜好、投入三类指标的分析中，我们可以看到，学生完成除学校规定之外的论文数量的多少，与专业学习效果评价以及读研期间开展科研频次有很强的相关性；学习效果评价，与通过学习和了解之后，是否喜欢其专业以及读研期间开展科研频次有很强的相关性；对其自身专业程度的熟悉，与通过学习是否喜欢其专业以及学习效果评价有很强的相关性；每天花在专业学习上的时间与通过学习、了解是否喜欢其专业以及学习效果评价有很强的相关性。从前面的按投入维度统计的结果也能够看到，研究生的情感认同对于其学习的自觉性有很大影响，而且更多地反映在具体的日常化的研读行为中，比如每天花在专业学习的时间、除学习规定的论文的完成数量、开展科学研究的频次、老师布置作业的完成情况以及自我的拓展性研究等。具体的相关性分析见下表：

表 4 研究生学术活动的相关性分析

研究生自主研学维度变量	行为相关性	专业学习效果评价	
目前为止完成除学校规定的论文数量	Pearson 相关性	0.381**	
	显著性（双侧）	0.001	
		通过学习是否喜欢本专业	
学习效果评价	Pearson 相关性	0.301*	
	显著性（双侧）	0.013	
		目前为止完成的论文数量	学习效果评价
读研期间开展科学研究的频次	Pearson 相关性	0.522**	0.477**
	显著性（双侧）	0.000	0.000
		通过学习是否喜欢本专业	学习效果评价
对自身专业的熟悉程度	Pearson 相关性	0.545**	0.375**
	显著性（双侧）	0.000	0.002
		通过学习是否喜欢本专业	学习效果评价
每天花在专业学习上的时间	Pearson 相关性	0.367**	0.344**
	显著性（双侧）	0.002	0.006

其次，从宏观层面分析，情感认同的第二个特点是情感认同蕴含着特定的文化价值，情感认同提供了主体趋近自我价值追求的满足和在价值实现过程中的心灵、精神与对象性活动统一的快乐，甚至幸福感，所以，情感认同的实现易于持续产生自我价值感的获得性体验。所谓价值感，是人们能够发现心灵、美德、理念等的内在感觉的能力。笔者认为，价值感既不完全源自理智，更不是先天反映，而是与人的整体生命相关的情感性的、直觉性的精神愉悦的体验。因此，价值感具有情感体验性，而情感认同在一定程度上就是价值认同，具有内在的态度倾向和外显的情绪呈现等复杂整体性。

作为主体的研究生，通过专业化学习和系统的学科教育，逐渐将一定的价值观念、价值体系和价值规范内化为自己的信念、理想和善恶、对错、美丑等道德伦理追求，这些颇具精神文化的价值属性渐渐融入并外化为具体的学术化行为实践的强度、频次、向度等。研究生群体在理想认知基础上产生并形成的这种专业情感认同，始终闪烁着作为主体的研究生各自的价值观、人生观，因而，专业情感认同会以一种无形无声的力量影响着他们对研究生阶段的各种学术实践、日常生活的组织等价值判断与价值评价。也就是说，研究生能够在自己的研读、学术活动之中，以一种实践意识的方式将自己的专业情感与普遍共有的价值观念博弈融合，进而自觉吸收并调整、巩固自己已有的价值情感，凭此按照一定的行为规范进行自我的学术等行为活动。

研究生专业情感认同是研究生个体与群体的价值取向具有同一的趋向性心理历程，表现为作为价值主体的研究生进行学术等主要身份性活动总是以一定的目的作为出发点的。这一研究生专业情感认同的价值性特点，在我们的抽样性实证研究中，也能够从相关指标因子的数据分析中得到论证。研究生通过学习、了解喜欢其专业的程度，与对于其专业是否有继续深造的意愿有很强的正相关性；研究生通过学习了解喜欢其专业的程度，与选择继续深造的原因有很强的负相关性；研究生对于其专业的熟悉程度，与是否有其专业继续深造的意愿有很强的相关性；研究生对其专业熟悉程度与继续深造的原因，有很强的负相关性。研究生继续深造的原因，与是否对其专业继续深造有很强的负相关性；研究生是否有其专业继续深造意愿，与上专业课的表现有很强的相关性。由此可见，研究生比较关注自己所学专业能否实现自身的价值、能否实现自己的理想、能否提升自身的能力等。从这个意义上说研究生的专业情感认同体现出他们特定的主体价值倾向。具体信息见下表：

表5 价值倾向性行为的相关性分析

研究生自主研学维度变量	行为相关性	通过学习喜欢本专业的程度
是否有本专业继续深造意愿	Pearson 相关性	0.429**
	显著性（双侧）	0.000
		通过学习喜欢本专业的程度
继续深造出于哪些原因	Pearson 相关性	−0.441**
	显著性（双侧）	0.000
		是否有本专业继续深造意愿
对其专业的熟悉程度	Pearson 相关性	0.556**
	显著性（双侧）	0.000
		对其专业熟悉程度
继续深造出于哪些原因	Pearson 相关性	−0.527*
	显著性（双侧）	0.000
		是否有本专业继续深造意愿
继续深造出于哪些原因	Pearson 相关性	−0.977*
	显著性（双侧）	0.000
		是否有本专业继续深造意愿
上专业课的表现	Pearson 相关性	0.735*
	显著性（双侧）	0.000

最后，从微观上来看，研究生专业情感认同呈现出矛盾性、片面性、一致性与不一致性等。我们通过对研究生专业情感认同三个维度数据分析发现，在具体的研究生阶段的研读行为实践之中，作为行为主体的他们，其专业情感认同的表现具有多面性，因此，既需要我们具体问题具体分析，又需要我们加以系统化、整体性加以分析研究、合理把握、审慎判断。

第一，专业化认知是研究生对本专业主要的、最基本的了解渠道。通过问卷调查我们可以了解到，占42.1%的研究生是凭借自己喜欢本专业，进而通过查找相关资料来进一步认知自己所选择的专业的；另外有24.5%的大学生是不喜欢本专业而随便填报的；其余有17.5%的人是通过父母老师决定而非自己喜欢填报的。问卷调查数据还显示，有80%多的研究生是自己选择的专业，只有小部分学生是由其他人来决定自己的专业的，选择有一定的盲目性和非自住性。问卷的这些因子数据呈现出一个悖论，就是有占很高比例的研究生是自己选择专业，但是只有不到50%的人喜欢自己的专业，甚至有些研究生所学专业是自己不喜欢的专业。因此，样本数据使我们看到了，在读研究生群体中，破解研究生学术自觉的第一个困境就是要着力解决所学与所爱的一致，或者说理性与情感的和谐。

第二，从研究生对自身专业的熟悉程度看，有大于60%的研究生对其专业熟悉或非常熟悉，占到了一半多的比例，但是还有约40%的研究生，对自身专业还不是很了解，甚至都没有去主动了解自己所学习专业的意愿。笔者认为，这说明研究生虽然是高等院校培养未来更高级专业化人才（博士）主要人力资源储备库，但其中，相当多的研究生对自身专业还缺乏科学的认识和整体的理解性信任，只停留于表面上，或随大流的从众。这一点对于研究生这样一个承担知识生产、思想理念创新的青年群体而言，是不应该出现的，因此，更需进一步加强对研究生入学时的专业教育，使其能够从人类知识整体的结构关系中，认识到所学专业之于人类文明的价值，明白作为一名研究生的使命与责任，坚定专业信任，这样，才有可能培养起理性认知基础之上的专业情感，保障有质量的专业认同实践效果。

第三，问卷调查中研究生喜欢其专业的程度指标显示，喜欢以及非常喜欢的占比约68%，态度一般的占比大于26%，不喜欢的仅仅占比大于5%。由此可见，研究生整体上对其专业是呈现认可偏喜欢的，亦即认同度较好。从上课听课的态度和作业完成的态度看，上课认真听讲的占比77%，不听讲边听边玩的占比大于22%；认真完成作业的占比大于75%，敷衍不认真完成的占比大于24%。两者几乎一致，上课认真听讲研究生，其作业完成的态度也很认真，这体现出专业情感认同的一致性，研究生作为活动主体，其精神、心理倾向对具体行为的影响性，主体的认同取向规约着其实践的方向与可能方式。

第四，问卷调查中研究生专业化行为投入情况的数据显示，每一天学习专业课的时间，主体学习4—8小时和1—4小时总体上占比大于80%，花费8小时以上时间学习专业课的学生仅仅占比大于10%。由此可见，在研究生主体的学术研读行为的践行过程中更多地表现为中等程度，真正对所喜爱的课业花费更多时间的学生比较少。从开展科学研究项目的次数看，调查显示大部分学生是1—2次，基本没有开展科学研究的占到63%，真正参与科学研究频率较多的研究生，仅仅占比不足20%；从完成、发表的论文数量看，1—2篇或基本没有的占比大于80%，完成数量在5篇以上的研究生，仅仅占比大于5%。由此可见，研究生专业认同中呈现出了不完全一致的特点，或者说较为矛盾的特点，专业认同度高、学术自觉性不强、研读创新成效不明显等，一句话，研究生的专业情感认同与其学术行为践行不一致。

总体来看，研究生群体对自我研究生学术身份的实践认同度或说满意度并不理想。研究生专业情感认同与其自觉地从事学习研究活动的频次、质量极其相关。我们的实证研究中，研究生对其所学专业知识的认知途径和情感倾向影响因素等因子的数据分析提示我们，促进研究生的学术自觉，必须真正从马克思主义哲学的世界观、方法论层面抓起，强化研究生对于学科价值、专业知识的文化情感，消解理性认知与实践行为的不一致和矛盾性，真正在文化认同的意义上培育起研究生的专业情感认同，使自觉的学术实践成为其作为一个学术人的生命状态。

二、研究生专业情感认同存在的问题

从研究生专业情感认同切入，分析思考研究生学术自觉性的调查统计结果，我们基本可以得出如下结论：总体来看，研究生对其专业的情感认同状况良好，专业研读态度坚定，多数同学保有积极、上进的治学行为；大部分同学对专业知识以及学科方法比较熟悉，也善于将理论知识与专业实践联系起来，就此来讲，研究生的学术自觉性应该具有一个基本保障。但是，当我们把研究生的学术行为稍加细化，从认知、喜好、投入三个维度进行专业情感认同的相关量化因子分析时发现，其专业情感认同呈现出理性认知上的高认同性和具体化为学术自觉行为的低认同度，本应知行合一的理性实践，却表现为认识与实践的分裂，甚至相悖。研究生专业情感认同的矛盾性、片面性、非一致性等，导致本应积极自觉开展学术实践性创造训练与创新成长的研究生，并未能充分履行其学术职责。故此，我们在随机抽样调查数据分析的基础上，结合随机访谈、观察，尤其是结合自身和身边同事，关于研究生学术状况的分析讨论，认为从研究生主体的视域看，其原因主要有如下几个方面：

研究生对自身身份理解与角色定位的模糊。研究生对其自身身份的理解不仅影响着他们对这一阶段学习研究任务的表浅理解，而且如何进行自身在专业研究生群体中的定位，更是会影响着他们承担身份职责的充分性和完成任务的物质与精神投入，进而影响了其是一个基本合格的研究生，还是优秀甚至卓越的研究生，对自身主要社会身份角色的理解、领悟，直接关系到实践的力度、强度和效度。当然，对自身社会身份的理解、定位也关涉到自我认同及其自我认同的能力。

自我认同只有在社会交往实践中，才能不断地经由他人的社会性认同而逐渐完成，并且自我认同能力也是在此连续性的社会实践的反思基础上，才能得以增长。为此，著名的社会理论学者吉登斯在其《现代性与自我认同》中指出，自我是由现代性社会塑造的，个体与社会的双向建构是现代性社会的基本特征之一。所以，笔者认为，研究生专业情感认同也只有在其具体的专业性学术活动或实践中得以培养、建立，并进而影响其自我身份的理解性定位。

基于上述分析，我们分析研究生自身对其专业化学术活动兴趣偏低的原因时，就不能脱离研究生所处的环境性影响，尤其是对于一些研究生而言，社会生存的压力直接与其所学专业的社会认可度、市场接受度相关。由于受到社会环境以及市场环境的影响，研究生对与市场相关的专业极具追崇，比较青睐容易找工作的专业，一旦他们在专业的学习过程之中，发现该专业实际上并不适合他们就业需要或自我认同时，由此会不同程度地产生一定专业期待的落差或专业认同的危机。从调查、观察中发现，就业率越高的专业，就越能够获得高校学生的认同，反之，就业率低的专业，其认同程度明显要低很多。由此可见，社会对专业的需要程度影响着研究生的专业认同度，而自身对所学专业的独立思考、判断未能有充分的体现，不得不说，本应是具有独立精神、批判思维的研究生，却不能在社会发展的未来向度上、在专业知识改造世界的实践维度上、在自我生命价值与过程性目标的统一上，思考、认识、定位自我，着实是一件不仅让人遗憾，更令高等教育高级专业人才培养可能失效的现状。所以，高等教育研究生培养阶段，一定要看到这一问题，引导研究生正视自身问题，做好自我认同，首先做到对其专业的认同，缺乏对所学专业的认同就无法在社会中很好地发挥自身的作用。

研究生对其专业的理性认知浅表化、功利化者居多。研究生对其专业的理性认知的是影响研究生专业情感认同的一个重要的因素。让研究生对其专业形成一定的认知认同，准确把握所学专业的特点，这是其进行价值判断、行为选择和生命形态的前提条件。在专业认知上，研究生对所学专业认识了解不足，既缺乏对专业历史维度的深入理解，又缺乏对其专业前沿的追踪认识，更多地满足于研究生主干课程的课堂学习，所以，对做好研究生生活没有足够的心理准备，对于相当一部分非本专业的入学研究生来讲，这一点表现得更加明显。故此，专业理想的建立失去了理性认识的基础，我们的调查问卷的数据告诉我们，对本专业熟悉的人数占到60%，这也就是说，有弱一半的人并不熟悉其所学专业，对所学专业内容只具有碎片化的识忆，缺乏结构化的理解。如果没有在专业发展历史、现在与未来的连续性中，掌握学科专业理论，没有在理论与实践关照的统一中发现专业知识的对世界的解释和建设价值，那么一个必然的逻辑结果，就是这样的研究生一定不会看到专业研读的前景，也必然难以享受到专业学习中的精神愉悦。

　　研究生对其学科理论、专业知识了解、认识的不充分，带来其对专业前景的种种顾虑，加之相当一部分研究生对自我身份定位的不明确，出现了学习上的盲目期、短视性、功利性等影响自觉钻研学术、克服专业难题的现象，因而降低了研究生对其专业的认同程度；此外，由于研究生阶段是继本科教育阶段之上的更高一级的专业化人才培养，各高等院校在为研究生排设专业课程时，既重视学科的专业性基础，又会考虑其专业化研究的历史传承的特色积淀，还会兼顾学科前沿知识的引入，所以，课程内容既丰富，又因其专业深度而有一定的难度，加之，课时的制约，如果研究生不能自主自觉地进行专业知识的课外研读，那么，对于课程内容的接受难度必然会增加，这一点如果不能克服，也可能出现恶性循环，直接导致其对专业的排斥，甚至厌恶，从而走向了专业认同的方面，研究生的专业化学习就会演化为敷衍塞责、得过且过的和尚撞钟，研究生专业情感认同也就无法谈及。我们从调查问卷报告可以看到，研究生对其专业熟悉程度中，非常熟悉的仅仅占1%，不熟悉甚至厌恶的占比将近40%。

　　这些数据显示，一方面在整体性上对于其专业的认知以及在具体内容的深入的掌握上，研究生的认知度还是偏低的；另一方面，研究生的认知程度与认同程度存在差异，研究生对其专业的认知程度越高，相应的认同程度也越高，而研究生对其专业的认知程度越低，相应的认同程度也越底。

理性认知作为实现客体主体化的基础和前提，是研究生主体意识向更高级别发展的起始点。[①] 所以，我们必须从这种警示中，找到狠抓研究生专业认知提升的方法路径，使研究生的专业学习更加自觉，能够在自我发展与社会发展的辩证维度中，实现研究生的专业认同，进而促进其自我认同的不断实现。

研究生专业情感认同度的不足。研究生对其专业的情感认同程度不高是影响研究生学术自觉的又一个重要因素。情感作为理性认知基础上的非理性、习惯性、本能化行为贯穿于自我存在的各个环节，它以无意识的方式，对研究生进一步的价值选择与调整，起着导向和动力作用，因而对其信息选择起到了过滤作用。因此深厚的专业情感，能够巩固理性认知之上的专业认同，使其学术活动的每一个环节更加自觉主动，由于专业情感认同对注意、理解、接受等价值形成的很多环节都会产生导向和推动作用，经常体现在对专业知识接受选择和对认同活动产生的激励作用之中。[②]

在我们看来，情感认同不同于理性认知，但与理性认知密切关联，情感认同对人的存在性影响具有全面性、无意识性和深刻性。通过问卷调查可以看到，总体上研究生对其专业是持肯定态度，但依然存在约 30% 的学生不喜欢其专业，相当一部分研究生对自己的专业兴趣不浓、投入不够。从上课听讲与完成作业的态度来讲，边听边玩的占比大于 22%，应付性完成作业的占比约 23%。另外，调查显示，自主选择专业的研究生的认同程度明显高于非自主选择专业的学生。因为自主选择专业的研究生，通常会依据自我兴趣，喜欢且愿意花时间和精力去从事自我的专业研读活动，体现出较高的专业认同度。而那些遵循父母安排或他人意愿等非自主选择专业的研究生，由于对专业的兴趣较弱或根本不了解，更多考虑的是就业前景等现实功利目的，由此也影响了其积极参与专业学习的过程投入，进而造成专业认同偏弱，未能在研究生的学术研究实践过程中提供克服其惰性与困难的精神、心理支持，因此，也需要通过强化研究生专业的情感认同

---

① 周娜：《当代大学生中国共产党革命精神认同研究》，河北师范大学博士论文，2016 年。
② 同①。

培养并巩固其学术创造的自觉性。

研究生的专业信念有待坚定。我们知道，人的情感不仅有价值向度上的分歧，而且即便是同一质性的情感也会有程度上的梯阶性，在马克思主义实践美学的视域下，主客体相统一的审美活动是一种理想的美好情感，其中，蕴含着具有信仰属性的最高价值，是在专业信任基础之上的高度认同。专业信念和专业认同，共同作用于研究生的专业情感认同，并构成其专业情感认同的两个方面，二者相互促进，相互依存。在专业信念的持续引导下，研究生的专业投入将会提高，在其学术活动中的专业认识也将更加自觉，其专业情感也将随之越来越深，进而演进为这些准新生代学者汲取力量的源泉。在我们的调查中，调查对象在是否愿意继续在专业继续深造这一问题的考查上，有47.3%的研究生选择不愿意，有52.6%的人选择愿意继续深造。但是，当我们进一步追问选择深造的原因时，为了以后便于找工作的同学占到56.6%，超过了继续深造人数的一半；有36.6%的学生因其对专业的喜欢继续深造。仔细分析其原因，尽管原因众多，但笔者认为研究生对所学专业的信念是由对专业知识的解释、改造世界的价值、未来前景等构成的，信任是其中一个极具主体性的因素，所以，在研究生教育中，我们需要集专业的认知、情感和意志教育为一体，使研究生不断提高自我专业理想的追求，并将之转化为有意义的知识创造活动。

研究生学术实践的积极性不高，学术能力呈现不充分。研究生专业情感认同状况严重地影响着他们的学术参与和学术实践力的培养。行为是认同最好的外显，也是培养并实现认同的有效的途径。人文社会科学的研究生，由于其学科专业的属性，并不需要进行具体实验室的实践学习，因此，将所学专业知识运用于社会历史的解释、说明，分析其原因、机制、作用、影响，就成为其专业研究重要的实践形式，只有在这一过程中，研究生才能自主检验所掌握知识的程度、运用知识的能力、面对问题的方法、思维等，也才能在这样的过程中，表现出传承知识基础上，结合新实践，生产新知识、新方法的能力。然而，由于上述各种原因，相当大的一部分研究生并没有充分地将其所学专业知识外化为自觉的行动。

研究显示，研究生的专业认同，从数据的直观上看，似乎是高的，但还没有达到以一种具有文化认同特质的情感认同的高度，并将这一认同外化为贯穿在自身的学习、生活和实践的过程始终，体现为研究生充分的学术自觉。从投入维度的数据分析来看，参与调查的研究生中，开展科研的次数、完成论文的数量、课业完成情况和每天花在专业课程学习中的时间等变量显示，开展科研次数1—2次或基本没有的占比大于60%，完成的论文数量也主要集中于1—2篇或基本没有，课业完成状况中应付完成以及基本不做的占到33%，每天花在专业课程的时间1—4小时占比大于40%、4—8小时占比大于40%、8小时以上的仅仅占不到10%。由此可见，研究生的学术研究的自觉性非常不理想，其学术性实践能力表现也很不理想，甚至不强，研究生的专业认知、情感认同与行为实践脱节现象严重，急需在研究生主干课程教育的基础上，促进其更加多元、更加具体地参与到专业学术活动中，使研究生能够在学术实践中，逐渐感知、体验专业力量，最终生成一种来自生命内部的专业情感认同，保障这一群体知识创造力的基本水平，实现高等教育研究生培养的目标。

综上所述，在接受我们问卷调查的研究生中，他们对其专业知识的认知、情感体验还较多停留在表面，未能在我们主张的文化认同意义上，实现其对专业的情感认同，严重影响了这一本应极具理想、富有创造活力的青年知识群体，使他们在研究生阶段不能高度自觉地进行专业研读和知识生产实践，所以，对研究生专业情感认同是需要在研究生培养实践中高度重视的一项重要课题，这对于我们能够培养出什么样的高水平创新人才意义重大。

第二节　研究生专业情感认同的影响因素

我们微观的实证研究数据说明，研究生的学术自觉、专业创造力与其专业情感认同度的关联性很高。对调查样本的数据分析表明，研究生学术自觉性与创造积极性不充分，专业投入等不足，产生这些问题的原因很多，但根本性的问题在于研究生专业情感认同度的问题。在我们看来，研究生专业情感认同是其专业信念的生命转化，呈现出研究生对专业、学术、甚至自我的价值选择、伦理倾向、审美追求，催生着特定身份——研究生的情感共享与心灵统一的自觉实践行为。依据这样的思路，我们主要从生命历程、社会实践体验、生活习惯与价值倾向和情感感受等维度进行探究，以期提高作为学术活动主体的研究生能够通过直接的身体感受、道德感受和审美感受等，生成基于专业研读的自我生命文化，演化为学术研究的主动性与自觉性，以此促进研究生的知识生产能力和思想创新。

一、生命历程中重大事件的因素分析

生命历程理论是研究个人与社会关系的一种重要方法。这一方法，将个人的生命历程置于社会结构之中，看作是社会发展的力量和社会结构的产物，特别重视在个体生命成长中，尤其是早期生命历程中，出现在个体生命视域中对其存在状况有重大影响的事件，发生时间和生命成长间的顺序。生命历程理论不仅为我们提供了通过在社会普遍性和实证研究的框架内，考查个体生命活动的生命轨迹的社会形式，而且侧重于分析影响这些事件和轨迹的社会过程，以及这一社会过程与个体存在的关系。[①] 研究生作为一个个体在其生命历程之中发生的轨迹的变化，不仅取决于个体性因素，也取决于可供选择的社会生活内容的差异和个体所处的时期之中社会期望的差异。[②]

从生命历程理论来看，首先，研究生是生活在一定的时空范围之中的。每个人所处的时代背景不同，所能够支配、使用的存在发展资源存在差异，

[①] 李振锋：《生命历程视角下的失能老人研究》，中共北京市委党校硕士论文，2014年。
[②] 温小郑：《需要层次四维度的经济分析模型》，《经济管理》，2005年。

即个体所拥有的社会机会和个体所感受到的社会限制也是不一样的。①研究生作为特定阶段的身份主体,同样离不开社会大环境来自处,其生命历程通过与社会的相互作用形式得以表现,也因此生成着动态化的、不断演进的特定社会环境之中的特定社会关系。只有充分清晰明了地认识到这种社会关系,并自觉地加以适应,人才能承担起不断转换的身份角色赋予的职责,协调好生活于其中的社会关系,在社会认同与身份认同的条件下实现自我认同,研究生需要站在整体性的高度把握自我的认同。

研究生较之于本科生是更具主体能动性的知识群体,主体意志更加鲜明,更追求精神独立和思想丰富,因而他们应该拥有按照自己的意愿塑造不同生活的能力。每一个人总是在一定的社会发展之中有选择的推进自己的生命历程,研究生也不例外,只是更具能动性的研究生,在其生活学习实践的特定情景之中,可以凭借自我专业知识的优势,能够通过其个体特定的行为表现,对社会机会和自我潜能进行优化,形成适度匹配,在自我反思的基础上,更好地调适目标,通过自我理解与自我确证,能够在属于自己的这一独特生命历程之中得到更多的满足感和精神愉悦。

从生命历程理论看研究生这一特定的生命阶段的自我,其对专业的认知、环境的关系互动、身份的履职等引发的自我认同和自我满足的愉悦情感、精神获得情感的强度会因人而异。在这里,我们想说的是,不仅宏观的社会历史条件会对其生命存在发展有作用,研究生具体生活于其中的院校文化、学科专业状况等具体的情境,也会对其产生影响,而且这种直接感受到的环境情境可能对其影响更大。所在学校的文化品质、学术氛围、所在专业的教学研究条件、从业人员的职业状态、教学模式、教学内容的组织等,都以看不见的方式,潜移默化地影响着研究生的专业态度与对专业知识的情感认同度。

高等院校的文化传统与精神风貌体现着其固有并坚守的价值观念、道德伦理和审美情趣等,甚至学校的空间景观、道路绿植、卫生清洁等细微

---

① 王文华:《我国 DV 现象研究及对高校 DV 创作倾向的探究》,上海师范大学硕士论文,2005 年。

的环境要素，都会使研究生的价值认同、文化品位等在日常研读生活的浸染中产生程度不同的变化，学校文化、价值导向等因素会因每一个研究生过往生命历程等的差异性而影响其对专业学习的态度和情感体验，加之，每一个研究生对专业的知识信任度等理性参与，使得由此产生的专业情感认同度也不同。

在研究生生命历程中，处于生命早期的家庭对其的影响既是基础性的又是长期性的，其中，父母对待社会、他人、事件的态度、思维方式、处理问题的手段、情感表达等对其人生观、价值观的形成也写下了无形而有力的第一笔，家庭成员在长期的共同生活中创造的生活方式，潜移默化地互相影响，耳濡目染地彼此教化，研究生阶段的继续社会化也会受其影响。累积于心灵深处的价值取向、态度倾向等，无意识地以惯有的想当然的方式，经由与渐趋成熟的理性，不断博弈后，逐渐以实践经验的方式保存在其精神世界中，并对新接触的事物、需要选择的行为等发生影响，研究生的专业信念、人生理想等正是在其生命历程的不断发展中积淀而成的。我们的问卷调查和随机访谈信息表明，很多研究生提到父母在他们专业选择等方面影响较大，甚至专业的选择更多地听从于父母家人，而不是作为具有自主独立意识的成年人的自己的选择。所以，当我们分析研究生专业情感认同度时，需要在生命历程的历史性与研究生所处生命阶段的具体现实的有机统一中，在社会与个体的相互关系中，找对导致症状的原初，从而可以有针对性地解决。

二、生活方式的价值侵袭

生活方式就是人的存在样式。人的存在样式，既包含具体的支撑人存在发展的物质生产活动的样式，也包含每天维持其生命存续的具体的日常生活的组织、呈现样式等，暗含于其中的价值倾向，帮助我们和什么样的对象发生关系、何时如何发生关系，还帮助我们选择日常生活的呈现与呈现中的精神体验，亦即怎样的日常生命活动是好的、美的，是自己所向往的理想形式。可以这样讲，我们之所以认为家庭对人的影响具有基础性、持久性和重要性，就在于每一家庭的生活方式，对生活于其中的每一个人的价值侵袭长期干预，以至于我们形成了独特的蕴含价值倾向、伦理道德意识和审美情趣的生命习惯。

皮埃尔·布迪尔厄说，习惯是人的第二本能。之所以是第二本能，是较之于人的自然本能，即先天的生物本能，它不是与生俱来的，而是经由后天的社会生活教化获得的，因此，习惯是历史的产物，是人们在后天获得的一种无意识、想当然的生产、生活图式，在潜意识中往往具有更大的合理性，对习惯的遵从与打破也经常会引发情绪、情感的变化。也就是说，习惯作为一种生成性的社会本能，具有一种主观心智的社会结构的特质[①]，常常成为影响人情感体验的深层因子，因而习惯可以促使人高度的情感认同，产生理性的实际行为。[②]

作为规范的习惯，其作用的发挥总是与特定的情境和具体的场域相关联，在这些具体情境和场域中，习惯为主体提供被认为是合理的和有效的处理主体与客体关系的方式。如果说，场域为主体行为划定了客观的外部结构界限，而习惯则为主体提供了行为主体在此特定结构情境下应该如何的价值判断，是对主体自身行为的界限划定。[③]

在高度分化的现代社会，具有内在逻辑性和规律性的情境结构，它们规定着由这些情境结构界定的行为主体的场域规范，具体个体在同一情境结构下的行为差异，又体现着不同个体对这一情景结构下，自我解构位置的理解性定位与在这些场域中的心理和生理模式。它既是一种个体现象，又是一种群体现象。[④] 而且个体研究生的专业研读习惯也深受本校、本学

[①] 杨发祥：《乡村场域、惯习与农民消费结构的转型——以河北定州为例》，《甘肃社会科学》2007年5月。

[②] 马维娜：《惯习：对教育行为的另一种解释路径》，《江苏教育学院学报（社会科学版）》2003年10月。

[③] 赵娜：《马克思政治文化思想研究》，山西大学硕士论文，2019年6月。

[④] 皮埃尔·布迪厄：《实践与反思——反思社会导引》，华康德译，中央编译出版社，1998年，第17—19页。

科、本专业研究生群体性习惯的影响。在个体研读习惯与群体研读习惯氛围的博弈、斗争中,研究生的个人习惯,一经形成就会具有相对的稳定性与长久性,不仅仅对自身学术行为具有影响,而且对其周围的同学也会产生群体暗示性的影响。所以,具有专业使命追求的群体习惯,才是有利于研究生通过创新性学习,逐渐地将专业知识内化为其持有的价值认同的心理机制,进而能在情感上得到一种持续满足,最终外化为其学术活动的主动性与自觉性。

经过漫长的多方所制约的过程之后,研究生所面对的各种日常研读情境与其个人的日常生活的持续交织,这些客观情境的规定性已经逐渐内化为了自身的生命规定,至少是其日常的行为规定。[①] 也就是说研究生主体进行的日常生活活动与学术活动,已经变成了一种自然而然、习以为常的过程或形式,活动主体与活动客体的融合一致,也使其生命体验更加满足愉悦,研究生进行学术研究的实践活动也就越自主,自觉性越高,在研读场域中的身份履职就越充分,创新研究也就会表现得越好。

学习场域之中学习习惯的养成同时伴随着一定的价值倾向的巩固,而一定的价值观总是会对行为主体产生不同程度的约束与引导,不健康的行为惯习,由于其价取向的隐形引导,极易导致行为越轨的现象出现,社会上的一些权力至上、拜金主义、功利主义等价值异化现象,在研究生的研读生活、学术活动中,往往以多样化的、表象化形式影响其健康习惯的习得、巩固,并在其日常生活中呈现出来,个人主义思想倾向明显、急功近利目的较重,重就业轻事业,把专业化的志向追求与生命意义的实现的人生观的统一性,不能理想地转化为当下的专业化知识研读,通过专业知识、理论丰盈生命、服务社会、贡献人类的精神需求难以成为他们做出具体学术活动选择的普遍性行为的动力和价值判断衡量的标准,主体的价值倾向越来越被其工具性淹没。[②] 因此,研究生对于贴近自己生活实践的价值观

---

① 马维娜:《惯习:对教育行为的另一种解释路径》,《江苏教育学院学报(社会科学版)》2003 年 10 月。

② 张曙光:《价值论研究:问题与出路》,《华中科技大学学报(人文社会科学版)》2002 年 8 月。

念比较容易接受，认同程度相对较高，而对于远离自身的现实生活，与其个人利益关系没有直接显在的价值观念就比较难接受，同样认同程度相对低一些。由此可见，研究生在学习的情境结构中形成的习惯与价值倾向对研究生的专业情感认同程度的高低发挥重要的影响作用。所以，研究生的专业化教育，一定要重视"化理论为方法，化理论为德行"价值生成过程，推进把知识转化为实践智慧的学术能力。

三、社会实践因素

社会实践是人们能动地改造自然和改造社会、创建属于人的价值追求向度与目的指向的活动。作为一种广义的社会实践，研究生社会实践活动具有自己鲜明的专业和身份特征，[①]其宗旨在于引导研究生通过专业知识更好地服务于社会。这一社会实践活动是以学生为主体，以学校为依托，以社会为舞台，既包括教学计划以外的各种实践活动，又包括相对于理论教学以外的各种社会实践环节。所以我们这里讲的研究生社会实践活动是既包括与生产劳动相结合的社会实践，又包括与课堂学习相结合的教学实践，[②]是贯穿于研究生研读期间所有的将所学习的专业知识进行可见的、有形的、具体的行为活动。这些社会实践活动，是研究生更好地理解专业知识及其专业价值、自我的手段、方式与过程，也是研究生更好地掌握知识、服务社会、淬炼能力的生命成长方式。马克思说过，生产劳动同智育和体育相结合，它不仅是提高社会生产的一种方法，而且是造就全面发展的人的唯一方法。[③]

在社会实践活动中培育起来的专业认同，以及奠基于此的文化认同和情感认同，由于其与特定阶段的存在方式、生命体验、生活感知贯通，因

---

① 李少兵：《从实证理性认识论到情感生存论——价值哲学研究范式之思考》，《学术研究》2011年5月。
② 金忠明：《论德育、智育和美育的一体化》，《上海师范大学学报（哲学社会科学版）》1980年12月。
③ 赵娜：《马克思政治文化思想研究》，山西大学硕士论文，2019年6月。

此，由此延伸的专业情感认同更加具有价值的恒定性、持久性，情感认同与行为认同的实践一致性，即知行合一更加自为，也更加本能化，情与行的双向认同，使研究生对专业的内在认同强度更加强化，蕴含于研究生自我存在与发展中的价值倾向，在其具体的社会和历史中、在其的生命和实践活动中才能引导好、规约好研究生的专业志向和理想追求。我们只有把价值的载体（客体）和价值的实现（主体）及其相互关系还原为生活和过程才能描述价值，在价值的生成和流动性演化中，才能把握好研究生的专业教育。对于研究生而言，他总是要追问自己"应当做什么"以及为什么"应当做什么"。这也就是一个人对生存的自觉意识，而生存意识是人的自为的意识，是对自己所以为人及其特有的存在方式的某种觉悟。①

价值认同根植于人的现实存在，又超越了人性的现实存在，具有理想的未来属性。在这一阶段，研究生会按照已有的理论知识提供的合理性的理由来进行实践活动，为行动提供证明性的正当解释，但这种解释是一种整体性的解释，既是理性的解释，也是文化情感的解释，只不过作为人来讲，研究生的文化情感意义上的解释，来的更加无意识和习惯化而已。所以，从这个意义上说，研究生进行学术活动的深层缘由是其专业化的情感感受，包括身体的直接感知和专业带来的伦理感受和审美愉悦。

社会实践是培养研究生专业情感认同实现的重要途径，对其学术自觉性的影响，体现为价值方向和研读投入的主动性、精神愉悦等多方面。如果我们把研究生的专业情感问题，放到情感注意的道德理论的视野中加以思考，我们就会发现，专业情感的问题，不仅是其专业化学术自觉性的基础，而且是其思想品德的重要组成部分，对研究生的健康成长具有重要作用，因此社会实践是既是培养研究生专业情感的手段，又是培养其学术情感的重要途径。社会实践活动在帮助研究生将理论与实践很好地联系起来的同时，使其在实践参与中获得道德情感，进而深化其学术情感和责任

---

① 李少兵：《从实证理性认识论到情感生存论——价值哲学研究范式之思考》，《学术研究》2011年5月。

感，①为研究生的专业创造提供精神支撑。

四、审美获得及其共享

情感认同不同于一般的认知机制和认同机制。它以个体生命直接感知到的精神愉悦为基础，关注人的精神世界和心灵质量，具有伦理道德追求的美好性，因而是超越了具体现实规定的升华，寻求自我与环境同一性获得后的自由审美感受，表征着自我境界的高度和自我认同的实现，因此，研究生专业情感认同才构成了其持续性自觉行为的恒定理由。

身体感受是情感认同的物质基础，其逻辑前提是客体化的行为基础，体现着情感认同内含的实践倾向。著名哲学家舍勒认为，在实践过程中，情感活动不仅具有意向性，而且还具有认知功能。研究生主体首先具有自然属性，因此离不开与周围自然或社会环境的互动，在互动中生成作为整体的人，人的情感及其情感感知能力、特质等亦包括其中。

具体、开放、能动的生命，兼具知情意的统一，有形的身体就是具在生命的感知载体和行为媒介，所以，有学者曾试图用"物理知识"来扩展它，认为"物理知识"不仅包括"知道什么"，还包括了"知道怎么做"，是体之于身的过程。②因此，笔者认为，身体是自我认知、心灵感受、情感认同的载体与机制发生的场域。故此，笔者认为，研究生专业活动的情境性结构、环境质量等是影响其专业认同与专业情感认同的重要的因素。

通过问卷调查报告，我们看到研究生选择专业深受家长、同学等的影响，这些在研究生个体生活中出现的人及其这些人的建议、分析、选择等，构成了日常生活中研究生生活的微观环境，但又是最亲近、最直接也最持久无形的影响，甚至，可以不夸张地说，构成了具有约瑟夫奈所讲的"软

---

① 张玲：《大学生社会实践活动中道德情感的培养》，河北师范大学硕士论文，2002年5月。
② 景怀斌：《德性认知的心理机制与启示》，《中国社会科学》2015年9月。

实力"①意义。

研究生对于学术自觉性的培养累积于这些身处其中的日常生活构成的现实情境及其承载的文化价值观而增加或弱化的,具体来讲,与研究生普遍低参与、开展学术实践活动的动机、热情等学术土壤或者说环境有关,比如开展科研的次数,用于学习专业知识的时间、独立思考完成论文的数量等。研究生在这些过程中获得相应的感受性体验,是形成相应的专业情感认同条件和基础。如果离开了这些基础,其学术自觉性,高度的专业情感的认同,就如同无源之水、无本之木,一句话,就失去了在学术活动中感知专业知识魅力、体验专业价值方向、享受知识之于自己的自由带来的自我超越感和幸福感。

专业情感认同需要厚实的专业情感的体验,是价值判断的延展与升华。如果我们把专业认同理解为是文化认同的核心部分——理念文化的认同,那么,专业情感认同就是此种理念认同的情感强化,因此,专业情感认同不仅具有很强的理性意识的属性,而且,具有情感获得性的伦理道德属性,是一种促使其在专业化学术研究中,追求美好尚善的生命自觉,对于研究生的行为选择和行为稳定性产生着非常积极、快乐的自我满足、自我认同的重要作用,我们或许可以说,研究生的专业情感认同是其对所学专业理性认同基础上的一种生命习惯,因而具有本能化表达的非理性特质。

研究生专业情感认同之所以具有能够发现、享受专业研究带来的心

---

① 约瑟夫奈在《软实力》一书中讲,软实力依靠的是一种塑造人们喜好的能力。它通常与某些无形资产联系在一起,在行为术语中,软实力是一种吸引人的力量;从资源的角度来看,软实力来自能产生吸引力的资产。软实力更多的是依赖于这些无限资产同化他人的能力,这种同化力就是影响、塑造他人意愿的能力,依赖的是文化和价值的吸引力,或者通过操纵议程令人知难而退的能力。他讲美国的软实力归功于其散步全球的影视形象。一个国家的软实力主要由文化、政治价值观和外交政策。其中,文化是为社会创造意义的一整套价值观和实践的总和。"美国文化,无论雅俗,其对外传播的力度是自罗马帝国以来从未有过的,况且其中还颇有新意。罗马和苏联的文化影响止于军事边界,而美国软实力统治着整个世界。"参见约瑟夫·奈在《软实力》,马娟娟译,中信出版社,2013年,第9—16页。

灵美德、理念透视等的内感觉能力，源自人的特殊属性同人的本质具有的内在一致性。他们基于专业的情感感受对其行为选择产生的影响往往胜于基于理性而做出选择的影响更大，因为具有道德向度的情感做出的行为选择，往往被认为是更加正确、更符合人作为人的优越性的优势需要的选择，因而也就是更符合他们自己发展需要的选择，而这是人的一种责任担当和体现，所以，艾耶尔说，规范的伦理判断不过是人们情感的表达。虽然，情感的表达方式是多种多样的，可能是道德的、审美的或纯粹的感官（例如，味觉）。①

我们知道，情感表达着爱恨情仇，但情感同样有着知识为基础的理性认知，就研究生专业情感来说，它首先是具有一定的客观性和普遍性，是在理性认知的基础上延伸出来的。如果架空其基本的学科知识和理性判断能力，其专业情感是不可能培育起来的，基于专业情感认同的学术自觉也就难以为继。反之，如果没有一定的情感认同做支撑，单凭理性认知的力量，可持续的创造性专业化学术活动也难以实现有效自律、自觉。亚里士多德认为，人超越其他物种的特征是"理性"，美德是人的理性功能的行使。②人不仅是一个活的生命有机体，而且应该是最高的有灵魂和精神的有机体。

人的"应该"状态或良好状态是人的灵魂主宰肉体，"德是使人成为好人，使人善用其功能的品质"，是人避免堕落为最坏动物的自备武器。③情感是人格三要素知情意中非常重要的要素，具有德性的自我确证性，是自我主动使自己摆脱"是什么"的存在状态，努力上升为"人应当是什么"的高度的自我超越。研究生高度的专业情感认同，凸显其作为学术主体的责任感，促进了情感意识与理性认知共同作用下，其学术创造的身份自觉，是见之于高度自觉的个性化学术实践活动中的自我完善。

---

① 陈真：《艾耶尔的情感主义与非认知主义》，《江苏社会科学》2009 年 11 期。
② 王淑芹：《诚信道德正当性的理论辩护——从德性论、义务论、功利论的诚信伦理思想谈起》，《哲学研究》，2015 年 12 月。
③ 同②。

笔者认为,研究生的学术自觉性培养,对专业知识的理性认同是基础,情感认同是保障,审美获得才是畅游于专业化学术活动中的自由自觉。在这一理解的视域,笔者认为,席勒的审美性格思想很有启迪。席勒在他的美育思想中提出了不同于自然性格和伦理性格的第三种性格,即审美性格。在席勒看来,人的存在方式有两种,一种是个性被共性所否定的存在方式;另一种是由个人将个性和共性统一起来,实现自身价值的存在方式。所以,人不仅仅需要理性原则,同样需要情感原则。

席勒在阐述国家行为时,分析说,人之所以记得理性法则,是因为他们有一种不被诱惑的感觉,而人们之所以记得自然法则,是因为他们有不可磨灭的情感。[①] 因此,如果伦理品格只靠牺牲自然品格来维持其地位,那就是缺乏教育。国家既要尊重个人的客观性和普遍性,又要尊重个人的主观性和特殊性;国家在拓展无形的伦理境界的同时,不应该剥夺自然境界。[②] 席勒将他的第三种性格看作是通过审美教育养成的完美的性格,完美性格的核心就在于审美感受的获得。可见,席勒的思想中,审美感受是以个人的自由个性的发展为归宿,只有具有审美体验的人是最自由最完全的人。

关于审美感受与人的自由关系的理解,另一位东欧马克思主义学者阿格尼丝·赫勒与席勒有着相似的理解。赫勒认为,行为主体人是个性和特性的综合,所谓个性是指人的自我生成性,它代表人在异质环境中的自由程度。主体获得自由的标准不仅仅是身体的自由,更重要的是心灵的自由,具体的表现形式就是审美体验。这也体现了主体价值的一种超越性,这种价值的终极超越体现在:人们既有追求和创造符合实际需要的非道德价值,也有内在的向往和追求最终的道德和精神价值;人们服从自然的必然性,建立超然的价值观;人类生活在一个人的局限和不完美中,同时又生

---

① 宋宁刚等:《美:作为实现至善的环节与作为知的形态——席勒与康德审美思想的差异》,《求索》2013 年 5 月。

② 赵彦芳:《作为伦理学的美学:从康德到福柯》,中国社会科学院研究生院博士论文,2003 年 5 月。

活在代代相传的永恒信念中；人被局限在自我存在的存在中，却同情他人和万物，同情人类的"共同体"和"本性"；人类被放逐在无尽的道路上，但始终寻找内心的目的和归宿；人在确认自我的过程中，受制于现实的层层桎梏，同时也在感受自由的意义。①

总之，如果我们把研究生对专业知识的理性认同理解为他们感受知识具有的真的向度，具有道德伦理属性的情感认同代表他们对专业知识价值感受的善的向度，而其审美获得更多地指向研究生在专业实践中所能感受到的马克思主义实践美学的自由向度，那么，审美获得就不仅仅是包含着专业美的存在的经验，而是基于专业而获得的对周围事物和世界的自由把握，它是对功利性、实用性的超越。

人在现实的日常生活中需要超越单纯的使用关系，人只有把自己提高到审美境界，达到物我一体，才能回到本真状态。而只有在这样的本真状态之中，人才能够把握方向，做出正确的行为选择。在这个意义上，审美获得能力又反作用于情感认同，干扰其专业情感的稳定和学术自觉。我们的实证研究，也以数据告诉我们，研究生对自己学习效果的评价中感到一般的学生人数占比大于52%，有近一半的学生没有获得对其专业的情感认同，这就谈不上其专业化的审美获得。此外，从研究生是否想要继续深造的调研也能够体现出这一点，因为有52%的学生选择继续深造，其中，目的是为了方便找工作的研究生占到56%，仅仅有36%的是出于兴趣，想要在本专业继续发展自己。可见，研究生专业情感认同的培养急需强化，需要找到有效的路径、辅之以可见可感受的专业审美体验以实现，让专业不仅是研究生生存的技法，而且是自我实现的载体；自觉的学术实践不仅是其创造性身份的职责，而且是自我自由幸福的通道。

---

① 李少兵：《从实证理性认识论到情感生存论——价值哲学研究范式之思考》，《学术研究》2011年5月。

第三章　研究生学术自觉性的培养

提升研究生学术自觉的理念、路径等有许多，我们的分析主要是依据研究生对自我所学专业的理性认知为基础的文化认同升华为专业情感认同展开的。之所以提出这样的研究前提，是因为笔者认为，在文明社会中，"人类栖息于语言所承载的意义之中，这些意义与我们的实践行动密切相连。可以说，人类本身就是一种文化生物。对于生活于特定文化之中的人类而言，他们对于文化的认知将指导他们的实践行动、解释行为，以及对于传统的看法。而所谓理解文化或理解生活形式，实际上就是一种应用认知性资源的过程。"① 毫无疑问，研究生群体，无论其是学术型还是专硕型，都是具备高等教育本科阶段的系统教育，能够拥有运用逻辑思维对行为对象，或者说对外部世界进行有效认知的知识群体。研究生不仅是拥有较高的系统知识的青年群体，而且他们能够基于自己所掌握的知识，对世界进行合理性的分析解释，并据此进行行动的人群，所以，在研究研究生学术自觉性时，我们除了增加其对于专业知识、相关理论、方法论及其方法的理解、认同，还必须引导其形成建基于此基础上的专业情感认同。因为只有当情感超越本能成为一种美德，它才能成为研究生学术的道德基础；当专业情感成为一种学术美德时才可能规则化，逐渐成为研究生日常学术的

---

① ［英］彼得·华莱士·普雷斯顿：《发展理论导论》，李晓云等译，社会科学出版社，2011年，英文版序言，第4页。

自觉规范。①

研究生日常学术活动中的专业情感，不仅蕴含了引导其学术自觉的情感规则，而且还内涵了其对专业的信任感、身份的责任感与实践行为的崇高感。专业情感作为理性基础上的习惯性表达，既成长于实践中又呈现于实践之中，因此，我们基于研究生教学实践与微观的实证分析，分别从研究生专业情感认同的内生机制和影响其专业情感认同形成的外部形式两个大的维度，尝试从内外因相结合的整体教育要素中，找到措施，用对方法，探究研究生学术自觉的培养路径，促进研究生群体以知识为基础的思想创新和以专业技能为基础的技术变革。

第一节　研究生专业情感认同的建构原则

我们知道，由于社会分工，尤其是由于现代科学技术的高速发展，社会分工越来越精细，人类组织也越来越多样化，生存于其中的每一个人，要知道自我是谁、我应该怎么做、做什么、能做什么等，就必须要理解这些分离的生活形态，就需要有对现实世界进行感知、诠释、解释等一系列行为。②感知、诠释、解释是我们理解所处社会、时代及其文化的基础一步，也是首要一步，因为"任何社会都有一套共识或规则，以展示整个社会形态，并为其居民提供内在一致、合理明确的历史方向，换而言之，即'意识形态'。"③如果说普雷斯顿从社会建构论的角度，讲出了专业知识之于人的实践行为的指导、规约作用，那么，另一位英国学者英格利斯则从文化的角度，分析了理论知识之于思想感情的框架性建构作用，他说"文化基

---

① 王承盛：《卢梭"道德政治"的人类学辩护》，黑龙江大学硕士论文，2018年3月。
② [英]彼得·华莱士·普雷斯顿：《发展理论导论》，李晓云等译，社会科学出版社，2011年，英文版序言，第4页。
③ 同②，第10页。

础提供了构想思想感情基本框架的符号、暗语和想象模型。我们通过思想感情归纳经验，赋予意义，从所有的思想感情中可以塑造出意识形态"①，所以，我们可以这样理解研究生的专业情感认同具有的实践倾向，它是一种情感共享与心灵同意的自觉实践行为。专业情感认同首先会影响研究生的行为选择，专业情感认同程度的不同也会影响其学术的自觉性程度。正是在这个意义上，我们主张培养学生的学术自觉，需要增强其专业情感认同的程度。其中，很关键的一个前提是对研究生情感认同的建构原则的理解和遵循。

一、情感与美德相统一

专业情感认同提供具有道德属性的善的价值。在研究生学术生活中培养专业情感的首要意义在于，情感不仅有助于深化基于专业知识的文化认同在研究生教学实践过程中的运用，而且能够通过保存善的伦理价值来为学术生活提供道德基础。由于情感本身能体现一定的道德化取向，研究生的情感因素在其道德判断的认知、道德品质的形成以及道德行为的践行方面都发挥着基础性作用。情感的生成与变化直接影响对道德相关范畴的认知。美德的塑造基础是道德情感，情感目标的理想追求之一是美德的实现。

美德是基于情感的一种塑造性提升。情感与美德是相互依存的，不能脱离对方单独存在。研究生因其拥有的专业知识而获得了其专业赋予的独特的认识事物的视角、能力、解决问题的方法，但任何一种专业、任何一种理论、任何一个个体其认识事物都有其倾向性和局限性，蕴藏在其知识之中的思想感情是诱导或引导其实践行动的媒介。

专业情感是研究生在学术生活中的一种道德情感的内在需要，内在蕴含着作为主体的研究生的归属欲望和促进自我向善要求得到满足的情感体验。当他们的归属欲望和向善愿望得到满足就会随之产生愉悦感和自豪

---

① ［英］佛雷德·英格利斯：《文化》，韩启群等译，南京大学出版社，2008年，第144页。

感，①而这种愉悦感和自豪感又进一步激励他们更好地做出道德判断，升华专业的道德情感，使其专业化的道德情感不断跃升。反之，如果归属感和向善要求没有及时得到满足就会产生内疚感。②内疚这一不愉悦的情感体验，会直接影响他们基于专业理论知识的道德判断，让作为行为主体的研究生不愿意去进一步获得专业知识，依道德而尚善行动。我们想表达的意思是，道德情感对于研究生美德的塑造有着非常重要的促进作用，对于研究生的学术实践能够发挥积极作用，因此，我们需要通过研究生道德情感的培育，积极促进其美德实践，使研究生在理想人格建构和学术职责的有效互动中，相互建构、相互生发。

苏联的人民教育家苏霍林姆斯基在《培养全面发展的个性问题》一书中讲，情感是道德的血和肉，如果情感被去除，再好的道德教育也会萎缩。③也就是说，如果一个人没有了情感，或者说缺乏了情感体认的能力，也就意味着他会缺乏对自我行为系统的积极调节。在道德信念的建立过程中忽视了情感的原始基础，个体道德人格的建设就无法立足。④因此，研究生只有积极主动地从知识的海洋中，从人类智慧的土壤中，从自我解放的实践中，主动培育自己的德行，才可能在高度自律的基础上，肩负起富有责任感的身份使命，以主人翁的建设意识进行专业创造。

专业情感与生命美德的统一，应该成为高等院校学科建设中创新人才培养坚守的重要原则，尤其是对于硕士研究生等高级专业化人才的培养中，突出专业知识生产能力之于人类福祉的贡献与自己应该担当的使命认同，使以美德伦理为价值取向的成人成才理念成为学术活动的日常规则，在充分调动研究生的道德积极性与专业践行的责任感中，让他们成为学术

---

① 俞晓歆：《暴力攻击型未成年犯高级情感培养的团体训练研究》，华东师范大学硕士论文，2005年5月。
② 傅莉莉等：《情感德育理论视域中的高校贫困生教育》，《高教发展与评估》2007年5月。
③ 渠淑坤：《国外学校道德教育的模式与方法论述》，《首都师范大学学报（社会科学版）》，1994年6月。
④ 姚孟春：《社会实践对大学生思想政治教育的必要性》，《中山大学学报（哲学社会科学版）》1990年4期。

活动的快乐者、享受者，能够充分认识到，作为研究生，自己不仅应该是系统性先进知识的掌握者，更应该是优秀品质的拥有者，先进知识与优秀品质相得益彰，是人类文明史不断重复的经验证明，那些拥有人文胸怀、美好情感的人，才可能承载起社会的期盼和祖国的未来，才可能把掌握的知识最终转化为有益于社会的实际行动。

二、情感与规则相统一

专业情感是一种特定的规则。作为一项规则，它不仅有明确的一般意义上的价值指向，而且具有在专业学术研究中有效规范其行为的特殊性专业化技术程序或方法论要求。关于这一点，也就是我们为什么一再强调，在研究生学术自觉性培养中，其对于专业的理性认同是基础的基础的原因。事实上，人类的智性认识能力也一直是被理论研究、实践行动高度重视，一些文化学者说，"人们对理性原则的重视远远超过历史、习俗和经验。理性通过客观观察决定事实，决定自然世界的外部过程，也通过意志力决定人类本性的内心世界过程"①。就是说，知识提供的理性原则、方法路径，是我们过往和世界发生关系的成功经验，这些成功经验，不仅助长了人类智性，而且影响、引导了人类喜怒等情感感受，一句话，就人的整体性存在而形成的人类知识，本质上具有关涉人的整体性，尽管现在的知识越来越分化、越来越高度专业化。

专业情感认同之于研究生学术规范的作用是无形的，但却是有力的，它不是依靠暴力的强制刚性来实现。由于任何情感，都是社会化普遍性与个体化特殊性的统一，其情感载体只有人这一具有主体性的生命，所以，情感又总是具体的、个体的。研究生专业情感所集结的规范性约束力量，来自以个人为单位集合起来的群体力量，来自每一个研究生个体成员相互之间的共同的情感体验，因此，专业情感认同的实现是在研究生主体与他人产生互动、尤其是频繁的学术实践活动的公共环境之中。当然我们可以

---

① ［英］佛雷德·英格利斯：《文化》，韩启群等译，南京大学出版社，2008年，第51页。

说，情感作为一种感受，是极具个性化的、独有的、自有体验，但是情感的社会性、时代性特质，又赋予情感蕴含的规则的公共性，这种情感规则的公共性体现在它是衡量公共领域中私人体验之集合体的公共规范。其中单独的个体并不是失去其独特性，事实上，情感规则的公共特质更加有力地凸显了情感规则内在固有的、能够公平对待其规范对象的一种正义立场和美德荣耀。在研究生学术实践活动中，我们发现，专业情感规则的公共性能够反映并强化研究生对其所学知识以及学术研究的普遍认同。

情感规则的核心指向是美德。以美德为核心的情感规则要求研究生在学术研究中对自己、对他人、对群体做出判断时，应该能够尽可能地在自我与学科、自我与社会发展等的社会性关系的辩证统一中，依靠专业知识，合理合法合规地做出道德、情感、德行的判断，在自我完善的追求中，不断获得理想人格的建构，在客观、现实的研读环境中，享受生命幸福时刻的高峰体验。

研究生教学实践中，我们观察发现，研究生在深思熟虑的专业理性基础上凝练的专业兴趣和专业热情，可以使其在学术研究中做出更清晰、前瞻的思考和行动，有利于真正实现对其专业的更高程度的认同。专业情感对研究生发挥的规范作用源自内在限制，它能够对研究生在学术研究中的意图做出限定，为在这一领域的行动提供规范框架，甚至具体路径。研究生在持续性的专业反思与实践思考中，一旦获得了对专业的情感性认同，其学术行为便具有了专业活动的唯美感、愉悦感，也就是马斯洛说的一种属于人的本性的人人都具有的、与生俱来的创造潜力的实现，此时，专业情感是作为一种具有善的导向的情感规则对研究生学术研究发挥规范作用。

黄宗智在《实践社会科学研究指南》一书中说，"回顾自己过去五十多年的学术生涯，我自己都感到比较惊讶的是，感情，作为自己学术研究的问题意识的来源和动力，其实比理性的认识起到更根本的作用。我们习惯认为'问题意识'主要来自一个学者的学术或理论修养，而在我的人生经历之中，它其实更来自感情。而且，感情的驱动，区别于纯粹的思考，也许更强有力、更可能成为个人长期的激励"①。情感具有的此种实践美德，是真正符合人的情感规律的，理性则为情感规则提供了内在限制的基础。②情感孕育于主体理性指引的方向、提供的知识、判断的逻辑等伴生的心灵快感和精神愉悦。

理性认同是形成健康情感必不可少的条件，而且它可以帮助人更好地在个人与他人之间相互作用的社会联系中建构、培育情感，形成情感与理性融合一致的自我意志。理性认同使得最基础的情感体验，能够上升为一种"取决于我们自己"的意志和服从以公共意志为核心的情感规则，并在相互作用中使这一情感规则得到巩固。从这个意义上来说，只有合乎理智的情感才能够成为一个美德，一种规范。在研究生专业情感的认同培育中，作为情感主体的研究生，只有将对专业知识的理解、诠释与自我专业能力将要承担的公共意志，辩证统一、高度融合，其对研究生这一学术创造身份的认同，才能真正成为研究生实现其目标追求的日常生命实践。

情感与规则的统一，体现着情感不仅是一种人类的本能，而且它是以理性为牵引、以良知为动力的道德情感，所以，特定的情感规则对人的规范作用比逻辑规则、行为规范等更加自发，更具有精神本能，因而，研究生专业情感认同对其学术活动的自觉性影响，也将极大地凸现，从广义的文化认同上看，它是研究生文化认同在其学术实践过程中的深化结果与主体化呈现，是人作为理性化精神主体必然和必要元素，是人的自我实现的一环，马斯洛在对自我实现的人总结的十三个特征中说，自我实现的人的特质包括：对自我和他人又更大的接受能力、自主性、自发性、敏感的审美情趣、高峰体验、热心于非利己的事业和使命等③。笔者认为马斯洛所列举的这些特质，几乎都可以规约为人的健康情感。情感

---

① 黄宗智：《问题意识与学术研究：五十年的回顾》，《实践社会科学研究指南》，广西师范大学出版社，2022年．
② 赵娜：《马克思政治文化思想研究》，山西大学硕士论文，2019年6月．
③ [美]爱德华·霍夫曼：《马斯洛传——人的权利的沉思》，许金声译，华夏出版社，2003年，第165页。

对人具有规范作用，同理，研究生的专业情感认同对其专业行为具有第二本能意义上的规范作用。

三、理想性与现实性相统一

我们之所以讨论研究生专业情感认同的培养问题，目的是为了促进研究生学术自觉性的更好建设，宗旨是使研究生这样一个知识分子群体能够更理想地进行知识创造和精神生产，为人类文明做出贡献的同时，促进自我实现。马斯洛曾说，自我实现"是一种人的自我发挥和自我完善的欲望，也就是一种使自己的潜力得以实现的倾向。"①研究生学术自觉性的培养就是力图能够使他们能够在自我专业学习，以及今后的专业化实践中更好地发挥专业优势，发展自我。由于社会的发展变化是飞速的，更是主体难以控制的，因此，研究生的培养必须着眼未来理想，立足现实，在理想的社会追求与复杂多变的现实中，在社会生活实践的多样性与自我的个性化、独特性的辩证统一中，进行培养，使他们在具备基本专业理论、方法的前提下，能够掌握继续社会化学习的能力，在未来，可以根据不同的社会情境，动态化地进行知识整合与运用，进而在创造性解决问题的过程中，不断享受自我发展的幸福。

我们这里的理想性既包括社会发展的理想形态，又包括研究生个人的人生理想，也就是说，既包括作为具有类意义的群体理想，又包括作为个体的个人的生命期待，事实上，合理健康的个人理想与社会理想往往应该是统一的、一致的，它是实现研究生专业情感认同的价值目标引领。研究生的理想建构必须基于世界观、人生观与价值观的统一，在世界观一定的基础上，引导其科学的专业认识和世界认识，因此，它需要在其学术实践和专业的日常活动中，科学引导其形成对未来社会和自我的希望，并通过日积月累的专业锻炼与解释性改造世界的过程中，改造、建构自我，在对

---

① [美]爱德华·霍夫曼：《马斯洛传——人的权利的沉思》，许金声译，华夏出版社，2003年，第137页。

未来目标的不断接近的持续激励下实现自我超越的追求。

基于上述分析，我们说的研究生的理想性培育是奠基于他们真实具体的专业研读和学术活动现实中产生、巩固的理想，是其现实专业活动土壤中生长出的未来大树，是未来可能实现的现实，它集中展现了某一学科或专业的研究生个体或群体特有的一种精神状态和精神品质，表达并体现了他们对于人生与专业的未来期盼，具有历史性生命状态的精神激励。

现实性是实现研究生专业情感认同的前提与基础。一般而言，现实通常被理解为客观存在的、不以人的主观意志为转移的特定的现象、条件、环境等非主体可控的外部因素。研究生专业情感认同的建设，首先必须面对每一个研究生的特殊性。每一个研究生都不是一块白板，都有自我特定的生命、生活经历、过往的学习习惯、已有的思维习惯、文化倾向、不同的知识结构等，它们构成了研究生个体化的独有的结构图式。这些不同的结构图式都是一种连续书写着的时空生命，它以价值认知、意识形态理念、道德规范、审美志趣等，标识着个体的差异性。其次必须面对的现实是社会生活的变化性和复杂性及其彼此的纠缠构成的具体环境，又成为每一个研究生对自我生命价值、社会理想等的社会性判断标准，并且它们以日常生活的浸染方式成为研究生共有的理想，在面对每一次具体行动时，两个层面的理想会有斗争，成为主导性的理想维度构成了其学术活动现实的行为指引。理想与现实、当下与未来、个体与社会等的关系确定是研究生学术展开的出场条件，也是其专业志向与专业使命确立与否的现实情境。

情感需要与情感升华是专业认同的重点。情感因素作为影响学习结果的重要因素，在研究生理性认知的建构、情感意识产生和行为态度的培养等方面起着重要作用。研究生学术自觉性普遍偏弱的原因，除了社会、外部环境等客观原因外，研究生自身的主观性因素的消极影响，在我们看来也很重大，因为它制约着研究生对于专业的情感体认、动机生成和态度取向等。因此，我们说专业情感的培育、认同是巩固其智性认同的着力点之一，实现研究生学术情感认同要将专业情感作为自我专业化发展需要而进行思考，要着力避免把研究生的专业化教育，看作或实际演化为"与目标合理性相伴随的技术主义，在技术的飞速变化和体系化、社会化运作下，把生产过程中的人——集生产、思考、创造和批评的美丽世界变成了一张张工艺流程图，理性这个曾经具有的诸如克制、正义等优秀品质的属人概念，演化为了有效实现目标的特定手段"①，使研究生能够发展出"摆脱眼前经验的能力，一种走出当前实际事物的欲望，一种献身于超越专业或本职工作的整个价值的精神。"②

我们的实证研究表明，在开展研究生专业创造、知识生产的学术研究的自觉性培养中，既要激发、激活、唤醒研究生可能获得的高层次需要，如高峰体验等渐进性刺激性引导，把研究生思想活动和行为活动的内在机制作为其身份自觉和文化自觉的动力源泉，更为重要的是要通过课堂主渠道，拓宽对专业知识的科学理解，转变教学方式，创新教学内容，通过教学环节对社会生活中的重要事件以及热点事件的进行专业化阐述，在理论与实践结合，现实与理想相关照的综合考量中培养其专业情感，生发其专业自觉。

马克思说，在其现实性上，人是一切社会关系的总和。③我们对研究生专业情感认同的建设，需要我们正视情感认同自生性的特点，按照专业教育目的有步骤、有计划地进行，在过程与目标相结合中得以系统化实现。这里，我们如果借用马斯洛使用过的阿德勒的社会感情概念的话，那么我们要教育研究生在理想与现实的统一中，做一个努力自我实现的人，至少是追求自我实现的人，而一个追求自我实现的人，依据人本心理学家马斯洛的观点，他们应该是普遍地"对人类怀有一种很深的认同、同情和爱的感情。正因为如此，他们具有帮助人类的真诚愿望，就好像他们都是一个大家庭的成员"④，是愿意为了共同体及其共同体中的其他人而献身的人，一句话，是在社会关系的总和中不断进行自我超越的幸福之人。

---

① ［英］佛雷德·英格利斯：《文化》，韩启群等译，南京大学出版社，2008年，第51页。
② ［美］刘易斯·科塞：《理念人——一项社会学的考察》，郭方等译，中央编译出版社，2004年，前言第2页。
③ 《马克思恩格斯选集》第1卷，人民出版社，1995年，第60页。
④ ［美］马斯洛：《自我实现的人》，许金声等译，生活·读书·新知三联书店，1987年，第29页。

第二节 研究生学术自觉性培育的实践路径

专业情感认同,是研究生在满足其作为专业化知识学习者、实践者需求的基础上,形成积极肯定的专业情感体验,并在追求这种体验的过程中,将其不断内化为自身的价值信念和精神追求的具体行动。研究生专业情感认同,表现为研究生对自我学术意识、学术价值的态度强化和生命同一性实践。在研究生教学实践中,要增强研究生对所学习专业的认知认同,促进研究生对学术情感价值的行为认同[①]的目标,具体可以从如下两个主要方面着力,即专业情感认同的内生机制和外部形式进行整合分析,以理性认知为切入点,以社会实践锻炼为关键点,以志愿体验为辅助点等多元手段,合力促进研究生专业情感认同的实现。

一、专业情感认同的内生机制

"理智是心灵的批判性、创造性和沉思性的一面。智力寻求掌握、运用、排序和调整;理智则从事检验、思考、怀疑、理论化、批判和想象。"[②]从马克思主义哲学认识论的基本观点来看,一方面人的认识是实践的,人的认识活动与真理性认识的获得能力,随着实践的发展而不断深化;另一方面,人类的认识成果、各种人类智慧的形态,如知识、信念等又会反作用于人的实践行为,使人的实践更具合理性和科学性,目的实现的有效性也因此更有保障。

由于人类的习得性能力和人类文明成果的文化传承,使得任何一种知

[①] 蓝波涛等:《社会主义核心价值观情感认同的实现路径》,《教学与研究》2018 年 5 月。

[②] [美]刘易斯·科塞:《理念人——一项社会学的考察》,郭方等译,中央编译出版社,2004 年前言,第 2 页。

识，都可以通过教与学，逐渐转化为社会个体的内在体验、价值判断等，社会各级各类的教育机构及其普遍的社会生活，都扮演了知识或经验的传播者、教育者的角色。教育通过感情、意志、行为等复杂且可不断重复的环节，将专业教育想要达到的育人目标融入研究生的理念体系中，进一步内化为自觉的生活实践的理念，如此一来，这一理念即具备了外化为现实的行为的可能，从而为实现研究生的学术自觉做好了智性准备，构成了理性主体进行现实行动的先导和组成部分。

理性认知是认同的起点。认知是获得对事物是什么的认识，在此基础上产生理性认识。对于研究生学术认识来说，理性认识帮助他们获得对专业知识在价值层面上的认识，形成特定的价值认同。而不管是理性认知还是价值认同，并不会自然自动地进入研究生的认知视野和认同范畴，需要首先以对专业、专业未来与使命及其与自我的关系的理性认知作为起点，经由研究生研读生活的价值注意①而逐渐生长起稳定的专业道德情感。

"理念远远不是只有单纯的工具价值，它们具有终极价值"②。研究生学术自觉性的建立，首先需要从它们的学科发展的系统抓起抓好，对其所学专业的知识传授进行入心入脑的沟通性教育，使起从知道到理解，再到内化性认同，把专业知识延伸为研究生日常生活中习惯化的理解外部世界和自我的特有模式，即演化为他们生命世界的一部分。为此就需要从研究生教育教学的主要环节和基础环节做起，创设纯洁自由的文化环境，从而能够让做研究的学生感受到科学研究的精神愉悦，在教学形式、专业内容、组织手段、管理措施等有形秩序中，在教师尽职、尽心、真心、真情传递知识的过程中，在学术讨论开放自由、求知求真的真理追求中，在尚善崇美、关怀社会的意义书写中，在专业知识的深耕细作与学科交叉的氛围中，让每一个生活于其中的人都有切身直接的来自知识就是力量的经验感受，让专业的热爱与专业使命的担当逐渐成为一种生命化的道德情感，理念的

---

① 胡宇南：《大学生社会主义核心价值认同研究》，电子科技大学博士论文，2017年5月。
② [美]刘易斯·科塞：《理念人——一项社会学的考察》，郭方等译，中央编译出版社，2004年前言第4页。

知识不仅成为理性工具，更为重要的是其背后的隐形价值成为影响研究生专业情感的意义。

自此，我们就更好理解在教育场域中常说的校风、师风、学风建设的重要性和必要性。校风是无处不在的文化时空；师风是行胜于言（所传授知识）的隐性知识，是更具真实感的实践知识，也更利于各种教学教育实践中受教育者的现实模仿；学风则是学生间彼此暗示性的相互影响，作为社会性存在的学生，尤其是同一班级、同一宿舍的同学，个体极易被群体压力所折服，学风健康与否通常就会表现为具有班级、专业或宿舍等群体性的特征。所以，三风建设必须作为研究生学术自觉性建设的基础，系统而整体地做好做实，使其成为培养研究生专业化学科情感认同的有力土壤。

在校风、师风和学风建设好的同时，要全方位、全过程地促进全体教育工作者投入到研究生专业情感认同的育人实践中。如在研究生进行专业选择之前，通过提前介入，尽可能地让研究生对即将进入的研究生阶段的学习有较为详细的认知，包括专业学习内容、未来方向、专业建设历史、管理制度、激励措施等，引导研究生在已有相关专业知识与能力和兴趣的条件下与学校、学科、专业的自主契合，因人因时的切入指导，导师与班级辅导教师相互协同、合力从知识建构、心理健康、思想动态、精神关怀等方面关心研究生的全面健康基础上的全面成长，增强研究生对其专业的情感认同程度。

具体而言，促进研究生学术自觉性培养的专业情感认同生成，需要众多的机制综合发挥作用，其中，专业知识教育是形成研究生专业情感认同最基础的、内在的、先在性机制，所以，我们创新教育方式，改变教学方法及其知识传递中的表达等，都是促成研究生充分接受专业知识的理论、方法，形成与之适合的专业思维和能力，体验知识之于生命意义体验快乐和力量，进而喜欢、热爱专业，并逐渐充分认同专业，形成专业情感的内在机制。

在研究生专业教育中，充分利用新时代技术发展提供的各种新手段、新媒介以及被其他高等院校或学科教学实践证明行之有效的新方法，发挥集成优势，积极探寻、总结激发研究生自主学习的潜在性优势，在丰富以教学为主导的学习模式的同时，尽量满足研究生个性化学习的需求，在以课堂为主要场域的师生交互式创造中，利用好微信、腾讯会议、专业公众号、哔哩哔哩等各种学习型互联网渠道，缩短师生之间、生生之间交流沟通的时间成本和空间成本，[1]提高知识传承的质量，打好研究生知识再生产的基础。

在进行教育手段创新推进的同时，利用好各种线上专业教育平台，既可以强化专业知识，又可以补充完善未充分理解的知识；既可以扩大专业化学术交流的视野，甚至国际视野，又可以进行跨空间的学科交叉和文化交流，在对问题的多元思维、多理论透视、多途径观照的专业学习中，感受、体认专业的力量与道德情感的美好，从而使专业理论的范畴进入其思想形成与表达的话语体系，研究生专业话语体系的形成也就意味着其生活实践的专业特征具有了标识性。文化哲学家卡西尔在其名著《人论》中说，"人的突出特征，人与众不同的标志，既不是他的形而上学本性，也不是他的物理本性，而是人的劳作。正是这种劳作，正是这种人类活动的体系，规定和划定了人性的圆周。语言、深化、宗教、艺术、科学、历史，都是这个圆的组成部分。因此，一种'人的哲学'一定是这样一种哲学：它能使我们洞见这些人类活动各自的基本结构，同时又能使我们把这些活动理解为一个有机整体。"[2]研究生在专业化学习研究中形成的独特性专业标识，成为研究生进行专业实践的社会符号意义的手段，也成为其他人认识、理解其社会身份的重要社会文化载体。

在研究生专业情感的培养中，如果能够有效地使其所学专业范畴与其自身的思想表达相契合，对于他们提高对专业理论的接受度和认同度是非常有利的。具体的措施很多，但结合社会热点和研究生们关注的学术前沿问题，展开及时的学术讨论，以研讨问题的专业对话，可以形成师生间的

---

[1] 王建波：《网络教育环境下学习者的情感培养研究》，华中师范大学硕士论文，2009年5月。

[2] [德]恩斯特·卡西尔：《人论》，甘阳译，上海译文出版社，2004年，第95—96页。

彼此信任的理想关系，而师生心理距离的贴近，是使专业入脑入心的情感保障。知识传递、社会热点、研究生的关切等，在学术研讨的维度中互相贯通，既可以展示专业的解释力，又可以回答研究生的关切，这样一来，非常有利于促进研究生对于专业的情感认同，从而为其自觉学术的可持续做好精神力量的积蓄。

强化完善研究生学术规范教育，着力发展理论联系实际的养成教育，可以充分发挥研究生作为学术力量的主体性。养成教育理念注重将自我教育理念深入到学生日常学习生活实践之中，从而能够培养学生的个性，在社会实践体验中，形成认知和情感的均衡发展，使研究生基于知识的获得形成经验意义上的自我成就感、个性发挥基础之上的个体尊严感，不断提升研究生理想人格的建构能力，进而拓展研究生自我自主教育的社会空间。

研究生学术规范能力的获得质量，反映着专业创造基本素质的教育教学环境和学科环境的质量。良好的学术规范和良好的学术风气是人文社会科学研究健康文明发展的标志，也是人文社会科学研究繁荣发展的基础和前提。[①] 研究生主体的学术自觉性一方面需要内心强大的内在力量的引导，同时也离不开学术规范的保驾护航。它需要通过观念的理性引导与观念的技术性物化手段制度来规范社会实践活动。这样观念才得以很好地引领行动，学术的自觉性才能够更加充分地发挥出来。具体来说，学校应该建立良性的学术评价制度，创造一个更加民主的奖励机制，从而弱化功利心理和行为，增强研究生获得知识的成就感，激发其学术研究的主动性、自觉性及参与的广泛性和频度。学校、学科等研究生教育相关机构或组织，可以利用学术化的情境设置、音乐鉴赏、诗画分享等极具感性形式的手段，刺激其情感共鸣、丰富其想象力，培育其专业创造的情绪体验文化。[②]

例如，可以将学校图书馆建设成最让学生置身其中的知识获得处和精神愉悦地，让图书馆这一特定高等院校的空间，成为研究生了解、钻研专业、学术体验最浓厚的场所。对专业了解越彻底、越全面，也就越

---

① 纪宝成：《加强学术学风建设 繁荣人文社会科学》，《社会科学论坛》2005年1月。
② 张玲：《大学生社会实践活动中道德情感的培养》，河北师范大学硕士论文，2002年5月。

能增加研究生情感体验的接受性,使其转化为一种日常耳濡目染的行动之一。一句话,尽量地使图书馆成为理想的环境折射场所,而"从某种意义上来说,社会环境本身就是一种价值环境。经济、政治、文化要素构成的环境表明了社会环境所拥护的价值体系和共同的价值观"①。在校园公共文化环境中,无处不在的学术追求以一种特定性质的场域,作用于研究生感知系统,持续地促使其进行专业学习能力、专业水平与自我成长、社会发展的关系反思,在社会性的归因与认同状况的觉醒中,发展自我的专业研读与专业化学术规范素养,研究生专业理性的强化是其专业情感认同生长最扎实的基础。

研究生克服专业研读中的困难,尤其是追逐前沿问题研究的意志等情商管理能力,是促使其自我发展性教育的非专业知识的关键,它关涉到研究生能否在专业化学术研究中,敢于挑战专业难题、承担学术研究重大任务,继而可以享受到自我超越的幸福感和荣耀感的精神成长问题,是其专业情感认同体认的精神财富。所以,笔者认为,在研究生的专业教育中,要有意识、有目的指向地帮助其建设能够助力自我发展的情商。自我的发展性教育需要在日常生活的学习实践中,注重其自我同一性的建构,自我同一性的建立与连续,由于可以使研究生具有稳定的人格特质和相对一致的生活态度,所以,当研究生在学习实践活动过程之中,面对专业学习的困惑、专业的前景、人生目标与现实生活的矛盾、人际交往等社会关系的复杂困境时,都能够以自我及专业知识为力量原点,积极寻找解决问题的途径和方法,而不是抱怨、指责等消极的情绪发泄。这样,随着问题的解决,由于其对拥有专业而获得解决问题的力量的直接经验,其对专业认同的程度,在理性与情感两个大的维度都有强化,在这个过程中,其面对问题时的沉着、勇气、心理调节、知识整合、与人合作等,都是其完成的最好的自我发展的教育。

这里,我们需要特别说明的是,我们主张的加强研究生自我发展的教

---

① 李林琪:《思想政治教育视域下的情感认同问题研究》,中国青年政治学院硕士论文,2019年6月。

育,并不是指不需要引导的完全个性化的随意发展,而是指通过专业化教育的有力引导,研究生的主体性被充分调动起来、充分释放出来。这样一来不仅可以助力其研究生阶段的学术责任完成,而且有益于其自我终生教育的发展。来强化理性认知,通过认知培养学术情感。研究生基于专业知识的身份信任,是其以自我意识为前提的责任感和义务感的心理完成,专业知识的精深与研究生专业身份的认同,具有一种开放性的社会合成属性。专业知识越精深,其专业实践越容易获得社会承认,研究生就越会在此中享受到社会关系中的高峰体验,如专业力量感、自我荣耀感,因而也就越容易对专业产生具有道德价值、甚至审美价值的情感。故此,研究生专业情感认同促发的学术自觉,是一个逐步的、循序渐进的、多元力量、多因素共同促成的发展过程,从理性认知的获得到情感的认同再到学术创新的自我实现,既需要理性认知的奠基,也需要激发心理的动因;既需要专业职责的践行,更需要道德理想、审美感受的价值驱动,可以说,自我的发展性教育蕴含了德行成长的一种文化旨归。知识即美德,要告诉我们的或许就是,离开了对知识、自我的真知,人不仅难以认识自己,而且难以把握世界及其自我与世界的关系,因而也就难以使此种关系走向人所希望的美好,人的美德既失去了建构的前提,又失去了呈现的时空。专业学习与专业学术活动在客观上,就是研究生自我发展的阶段性场域,只有在这个属于其特定的阶段性身份场域中,研究生才能链接起宏观社会和微观自我,学会处理不同的社会关系,发现自我的不足,体验专业知识与方法的力量、价值指向,进而提升自我的情感认同与价值认同,把专业的信念、价值尺度、方法论原则和标准内化于心、外化于行,将自觉的学术创造作为自我的对象化呈现与实现。

总之,研究生专业情感认同的内生机制,首发于专业知识的理性认同,成长于学校公共文化环境的日常浸染,强化于自我的发展性教育成就,贯穿于研究生教育教学内容、方式等的改革全过程中,形成于师生的全力参与和双向创造的自我革命中。它是一项循序渐进、直达研究生精神世界的长期细致的教育工程,是研究生学术自觉性培育的精神再生产,有着文化软实力的功能属性,所以,研究生的专业情感认同应成为高等院校推进、培育研究生自觉进行学术创造、培养优秀人才的核心着力点之一。

二、专业情感认同的外在形式

在马克思看来,"人的思维是否具有客观真理性,这并不是一个理论的问题,而是一个实践的问题。人应该在实践中证明自己思维的真理性,即自己思维的现实性和力量,亦即自己思维的此岸性。"①确实,人的全部社会生活在本质上是实践的。实践不仅是马克思主义哲学重要的精神特质,而且也是马克思主义通向人的自我解放和自我实现的基本手段。人只有在实践中才能够实现自我与外部、现在与未来的连结,因而,人只有在现实的实践中,通过从理论中获得的智性力量,变未来为可实现的现实,到达自身的彼岸。

社会实践对专业知识的需要和研究生使用、发展知识的愿望是一对矛盾,二者统一于研究生自主自觉的专业实践活动中。拥有专业知识与理论的研究生,只有不断地开展形式多样的实践活动,锻炼自己使用知识的能力,检验知识的掌握程度,才能进一步地发现自我专业知识掌握的不足,激励其掌握更多的专业理论与方法技能,逐渐培养起来的专业自觉又会进一步推动其专业知识的创造性运用。从人的知、情、意、信、行等认知实践体系来看,研究生在实践中建构起来的专业道德情感,会以生命经验的愉快美好、带给其自我身份实现的满足感,进一步激发他们对更高的专业价值和自我价值实现的期待,使研究生的价值需求和动机跃上新的发展性梯级。知识与实践不断地循环往复,进一步巩固并提升了研究生的专业情感认同。

社会实践是研究生专业情感外化的基本面。情感反映了研究生作为主体对客观事物做出判断的一定的倾向性,并对实践活动起到促进或阻碍的无形影响。情感是在改造世界的实践中产生、获得,研究生因专业情感的

---

① 《马克思恩格斯文集》第 1 卷,人民出版社,2009 年,第 500 页。

共享，既加深了对专业的认同激励，又加强了他们同学彼此间情感的认同。社会实践帮助研究生运用专业知识了解社会、理解世界、感知生活、确证自我，使其在自我与社会现实的真实互动中，更好地理解专业及其专业价值的使命，提高其专业情感的认同度，以更加自觉的专业投入和热情、健康、充实的精神状态，使自己和外部世界相联系，在改造世界的实践中与时俱进地发展自我。

劳动是身体的自我与意识的自我的同一活动，是知情意的完整展示。因此，任何以人的身体的自然力为媒介的劳动，首先会表现出由于意识自我的差异的选择差异，即便是劳动对象、工具等实施劳动的要素全部相同，也会有主观意志上的差异，哪怕只是微弱的差异，都会影响身体的自我在具体劳动中的样态和执行的程度，所以，以身体为载体的劳动实践是情感认同最全面也是最直接的书写图景，也是对情感认同最具影响力的直接形式。在"劳"的意义上，德智体美实现了聚集体现，没有德智体美为前提，劳动很难表现出为了人、属于人的实践价值。所以，我们必须坚决改变一段时间里，在四堵墙内培养书本型研究生的现状，尤其是对学术型研究生的培养方式，让研究生在劳动中检验、发展自己，培养发现社会实践问题的能力，建立起面对困难时的吃苦耐劳精神、咬定青山不放松的执着品质和善于协同解决问题的专业创新素养，使马克思主义哲学"劳动创造价值"的理念真正地植入其生命，形成劳动使生命丰富、创造使自我成长的情感认同。

除了专业性劳动实践之外，社会实践的形式还有很多。比如一般意义的社会调查和专业性的领域调查等社会调查实践。在校期间，专业学习之余的勤工助学助管、研究生支教等社会实践方式，都可以帮助研究生增进社会阅历，积累社会经验，锻炼表达能力、与人交流沟通的能力，对专业知识的运用把握程度等的同时，提高自己专业能力和业务素养等综合素质，在关怀社会的情怀中更好地、更深入地理解专业使命的社会价值，促进身份自觉。此外，各种形式的社会实践，还可以使研究生成为教化启迪民智的媒介，使高等教育"国民智性生活的中心，一个我们的文化萌发出新的幼芽的地方"①的功能得到外延性扩展。

专业活动是研究生情感认同生成的重点场域。在研究生培养中，要适时适度地增加其专业实践的比例及成绩权重。通过有目的的、目标指向明确的专业实践，可以有效地提升研究生对专业知识的理解性掌握，实践中的问题导向，可以有效地引导研究生突破理论视域的纯粹环境，进入复杂动态的实践领域，在针对性的专业知识与技能运用中促进其自我教育的实现本领。与此同时，专业实践能够进一步加深研究生对其他社会成员、对人与自然关系的再认识，培养他们职业道德与职业精神的尊严感，从而助益于研究生对专业情感价值认同的实现和更加积极的专业研究。

人的知识来源于实践，也服务于改变世界，使世界向着人的更美好生活发展的实践，这是马克思主义哲学革命性的本质，也是人类孜孜以求真理性认识的自然初衷。研究生情感认同具有的实践倾向，代表其情感共享和心灵同意的自觉实践行为，表征着对专业的认知认同和情感认同。因此，研究生在学习实践活动之中能够自觉将个人价值观念、情感意识外化为对象化的客观行为，升华其专业的情感认同，便是更加坚定了自我的专业兴趣和身份职责。生发、形成于研究生专业实践活动之中的专业情感，经由其日积月累的学习研究、实践孕育，使得专业知识与学术实践经验双向作用，并内化于身，指挥调节管理着他们的专业学习行为。可以这样说，"人类的创造性的实践活动是人们价值观念形成的客观基础，是一切价值的源泉。正是人类实践的价值特性，决定了人的活动不仅要对事物的合乎规定性的认识为前提，而且要最终实现和满足人的自为性和目的性需要。"②研究生参与其中的一切实践活动，都客观地蕴含着丰富而充沛的思想教育内容和意义，内涵着特定的价值诉求，承载着内在的特定价值取向，内化于心、外化于行之时，就是研究生专业情感认同形成之时。

在众多的社会实践形式中，随着社会文明程度的提高，各种志愿活动成为各级各类人才服务他人、服务社会的普遍而常见的社会实践类型。以

---

① ［美］唐纳德·肯尼迪：《学术责任》，阎凤桥等译，新华出版社，2002年第2版，第6页。
② 郭凤志：《价值观教育应把握好的三个问题》，《思想理论教育导刊》2004年第2期。

志愿者的身份参与社会志愿活动，需要参与者对自我社会性实现的自觉为首要前提，志愿者身份可以帮助研究生实现多情境的社会生活体验，感知生命的意义，而情感体验是情感认同的催化剂。

体验与情感息息相关，"体验的起点是情感，主体总是从自己的命运和经历中，从所有内心情感和先存的情感的积累中去体验和揭示生命的意义；而最终体验点也是情感，体验的结果往往是更深刻地把握生活活动的新情感的产生。"① 人不仅有丰富的情感表现，而且有强烈的情感需求，比如爱与被爱。因此，在激发研究生的学术情感认同时，不应满足于理论说教，仅仅停留在基础知识的记忆水平，而是要关注并激发他们的情感需求，促进其深层次的情感体验与满足。苏霍姆林斯基曾经说过，情感是道德信仰、原则和精神力量的核心和肉体。没有情感，道德就会变成无聊空洞的话语，只能培养伪君子。②

"传道者自己首先要明道、信道。"③ 在研究生教育中，我们可以通过研究生之间的志愿互助的学习共同体、学术研究共同体等志愿型实践，创造他们基于专业学习的共情经验，以自觉性高、情感认同度强的同学的榜样暗示，经验分享等引导学术自觉性偏差、认同度偏弱的同学，用真懂真信的真切情感，感染、感化、感动其对专业的专注，获得对专业知识真正的自我理解，在志愿学习与研究的共同体的专业情感共鸣中，夯实同学之间、同学与老师之间对专业研究、学术创造的情感认同。

上面，我们分析了劳动、专业实践和志愿服务型实践之于研究生专业情感认同形成的外在影响力，说明研究生的专业情感认同之于其身份职责实现的重要性和必要性。事实上，还有一种外部形式对研究生的专业情感认同的影响更大也更具有基础性，那就是研究生所在的家庭或家族、朋辈群体的影响。

---

① 蓝波涛等：《社会主义核心价值观情感认同的实现路径》，《教学与研究》2018 年 5 月。
② 同①。
③ 习近平：《把思想政治教育工作贯穿教育教学全过程》，新华网，http://www.xinhuanet.com/politics/2016-12/08/c_1120082577.htm?agt=5，2016 年 12 月 8 日。

家庭是社会的细胞，社会的基本要素、关系等在家庭中都有投射，对于独立生活有较长依赖期的个体而言，不仅在自我生命的早期，被家庭打上了初始的文化印记，而且这些逐渐固化的文化印记，在其日后的成人时期也会或轻或重、时隐时现地对人产生不自觉的影响，个体或许还不自知。所以，人的教育中越来越重视生命早期的家庭教育质量，其中，价值取向、态度表达、关系处理、情感培育、情绪管理、意志品质等非物质性的元素，对个体的影响更为持久也更为重要。所以恩格斯说，"忽视一切家庭义务，特别是忽视对孩子的义务……像野草一样成长起来的孩子，还希望他们日后成为道德高尚的人！"①我们理解，恩格斯说这话的意思是，家庭的文化教育对于奠定个体美德的基础性和优先性。

其实，家庭对个体的影响，并不仅仅限于生命早期，也并不仅仅是生命早期家庭文化印记的隐性干扰，即便是个体接受系统的高等教育、独立成家立业，家庭成员间的关系融洽度、情感氛围、彼此间的精神互助等，仍然影响着家庭成员间彼此的信任度和对于血缘关系归属的安全感。事实上，我们从生活常识出发，经常会发现，那些来自和谐、和睦、相互尊重家庭的个体，更能够遵从自我的内在需要，也更容易对从事的事情产生积极情绪体验，寻找出在当前状况下，最有效的行为方案。

家庭成员间的情感认同质量越高，越容易在彼此间进行平等沟通，在差异中、分歧中坚持选择。在此过程中，个体不仅获得了支持，而且习得了情感认同的素养，所以，当我们进行研究生专业情感认同培育时，也要考虑到不同学生的生命历程及其家庭影响。

我们在实证研究的访谈中，除了家庭之外，研究生朋辈群体对其专业情感认同的影响也极其显著。研究生朋辈群体，我们特指的是研究生所处的同一身份群体之上，研究生自主建立的朋友群体。在一般意义的理解中，朋辈群体由于在年龄、价值取向、行为方式、思维方式等方面有极大的相似性，甚至趋同性，彼此之间的交往又建立在自觉自愿的基础上，因此，彼此间更容易相互认同、彼此接受，朋辈群体间的凝聚更多地依赖于共识

---

① 《马克思恩格斯全集》第2卷，人民出版社，1995年，第416页。

域的重叠，而非强制性的行为规则和态度倾向，所以，群体成员间的精神、情感极易相互感染，形成一种特定的价值蕴含的微观现实情境，此种特定情境的社会关系状态，以看似自觉的群体压力，彼此通过行为一致获得群体安全，甚至情感慰藉，因此研究生朋辈群体对其所选专业的态度，在一定程度上较之于家庭影响更大，更有日常生活的无处不在性，因此帮助研究生建立健康上进、乐于过有意义生活的朋辈群体非常有利于其专业态度的积极培养。

　　总之，在进行研究生专业情感认同培养中，尤其是发现一些有创造性潜质、创新思维的开放性、战略性思考力的学生时，更要有针对性地开展专业认同与专业情感认同的精心培育。一方面为学科发展、专业发展储备人才，另一方面促进学生找到具有自我发展特色的路径，尽量避免我们实证研究中出现的家长替代孩子选择专业或听从同学、朋友选择专业等现象，把研究生培育成不仅是法律意义上的责任主体，而且是行为能力意义上的责任主体，当自我意愿与自我行为能够被尊重时，专业情感认同也就易于建立起来了，专业化的学术研究也就会更加自主自觉，因为它是自我自由意志的对象化实现，自由的生命状态是我们追求的理想状态。反之，如果没有自由意志的积极参与，做事就会和尚撞钟、麻木、躺平、摆烂，一句话，"如果没有趣味，就只能使生机盎然的精神面貌变成一种规定的表情！"①

　　这一点，我们研究中的一个现象就是很好的证明。在我们进行的研究生学术自觉性提高之情感认同途径的研究中，我们通过研究生组成的志愿读书会，经过一段时间后，研究生的学术忠诚度明显向好，专业学习时间投入得到增加，学术研究和学术创造的热情成为志愿读书会共有的文化氛围，读书会同学共同定义、专属于他们的专业情感符号，使他们成为区别于同专业的其他同学的一个重要的鲜明的标识。文化哲学家卡西尔说，把人定义为符号的动物，"我们才能指明人的独特之处，也才能理解对人开

---

① 张文喜：《对学术志业的哲学反思》，《浙江工商大学学报》，2023年第3期。

放的新路——通向文化之路。"①

在研究生学术自觉性建构的各种途径中，我们主张的专业情感认同建设仅仅是基于文化认同是人的社会存在的生命实践的理念的展开，所以，我们对于其手段、途径的分析，也主要是从内因、外因两个大的维度加以探讨的。即便如此，我们也发现，如卡西尔所说，"人类文化并不是从它构成的质料中，而是从它的形式、它的建筑结构中获得它的特有品性及其理智和道德价值的。"②研究生专业情感认同的获得，正是在其专业教育等内在要素合力作用机制和社会实践等外部形式协同发挥作用的条件下，共同生成的基于专业内涵的精神特质。

小　结

"今天的高等教育正面临着完成新的和令人难以置信的重任的挑战。以往，人们一直期望高等教育能够赋予年轻人更多的技能、更多的教养和更多的思想，而现在它还被看作是地区经济改善、甚至是国际竞争的推动力。人们期望它能够研究从更好的健康保健到军事备战等所有基本的问题。而且，如果它没有提供给我们文化的启迪，即使是周末的娱乐运动，我们也会感到失望。简而言之，高等教育已经融入我们的生活。我们在所有事情上离不开它，也相信它的价值。"③大学的职能、作用以及社会大众对大学的关注、评价，越来越随着大学与社会生活实践的深度融合而对个人、乃至社会运行的机制发挥着越来越全面的细微影响，国家、社会大众对于大学也给予了很高的期望，对大学的评价已经更加聚焦所培养人才的社会创造力和思想创新力，所以如何加强并实际促进各级各类人才，尤其

---

① ［德］恩斯特·卡西尔：《人论》，甘阳译，上海译文出版社，2004年，第37页。
② 同①，第49页。
③ ［美］唐纳德·肯尼迪：《学术责任》，阎凤桥等译，新华出版社，2002年，第5—6页。

是硕士研究生以上专业人才的思想创新和社会创造能力，就成为我们研究生教学实践中不断探索的教学主题。

研究生的思想创新和社会创造力，需要以研究生高度的学术自觉性为前提，慢慢培养孕育，而其学术自觉性的培养又依赖于他们对于所学专业的情感认同程度。所以，我们基于马克思主义文化认同理论，结合研究生教学实践，以微观实证的研究方式，开展了一项对研究生专业情感认同状况与形成路径的跨学科研究。通过研究使我们看到，情感是理性与感性高度统一的外显形式，是文化认同基础上的理性本能，是影响研究生的学术行为选择与学术行为稳定性的要素。

情感认同是价值所涉的，它体现着作为认同主体的研究生的自识、自觉的价值立场、价值态度和价值选择，因此，情感认同在一定程度上也是一种价值认同，是文化认同在研究生学习、生活中的自觉表达。情感规则蕴含着一种内在的限定，当情感超越本能成为一种美德，便足以成为研究生学术生活的道德性自得情感，而当基于专业的道德情感进一步规则化时，则会渐渐成为研究生日常学术的自觉规范。①

研究生的学术自觉状况，包含并反映其对于所学专业的信任感、身份的责任感与专业实践的崇高感的感情状况。因此，我们遵循了马克思主义的基本立场、方法、价值追求，分析了研究生专业学术的现状，并力求在分析的基础上，给出提高研究生专业情感认同度的实践方案，以供批判性参考。

研究生专业情感认同是学术自觉的培养活动中很重要的精神力量。它受到许多因素的影响，如生命历程因素，社会实践、价值倾向、家庭、朋辈群体、学校公共文化空间等，也受到来自个体的情感感受能力的影响，如身体感受、道德感受和审美感受等。这些因素我们从内外因两个维度进行了对研究生专业情感认同的影响分析，即专业情感认同的内生机制和外部形式，指导并贯穿于始终的理念，应该是情感与美德、情感与规则、理想性与现实性的统一原则。如此培养建构起来的专业情感认

---

① 王承盛：《卢梭"道德政治"的人类学辩护》，黑龙江大学硕士论文，2018年3月。

同，不仅能促使研究生的学术自觉，而且能够使其成为内心丰富、热爱世界、追求生命意义的个性化的主体，而不仅仅是一个"专业匠人"或单向度的工具理性人。

爱因斯坦曾经说，我想反对这样一种观念，即学校应该教那些在今后生活中能直接用到的特定知识和技能。生活中的需求太多样化了，在学校里进行这种专门训练毫无可能。除此之外，我认为更应该反对把个人像无生命的工具一样对待。学校应该永远以此为目标：学生离开学校时是一个有和谐个性的人，而不是一个专家。我认为在某种意义上，这对于那些培养将来从事较为确定职业的技术学校也适用：被放在首要位置的永远应该是独立思考和判断的总体能力的培养，而不是获取特定的知识。如果一个人掌握了他的学科的基本原理，并学会了如何独立地思考和工作，他肯定会找到属于他的道路。除此之外，与那些接受的训练主要只包括获取详细知识的人相比，他更加能够使自己适应进步和变化。就是说，研究生更应该是具有独立意识和自由创造能力的人，是一个在实践中，提出问题并有能力解决问题的人，也就是一个不断地依据社会实践的发展变化而进行创新发展、自我革命的人。

研究生的学术自觉对于研究生的学习研究质量有着至关重要的意义。培养研究生学术自觉需要强化研究生对其所学专业和所学知识的信任感，强化研究生对学术行为的责任感，从而养成高度的学术自觉和学术自信。[①]这一过程是研究生自我身份感逐渐获得并自我认同的过程，专业情感认同作为研究生对于专业的理性认同的文化延展与升华，不仅具有价值基础性，而且有着实践上的可操作性，在实践中可以通过影响研究生的行为选择，逐渐蓄养专业投入行为的持续性和稳定性等方式，促进研究生在专业实践中，体验实现目标带来的情感与心灵的快乐，知识获得的成就感与个性化学术理想表达实践的尊严感，只有在主体自由自觉的社会实践中才能真实感受、切身体验。

---

① 刘朝武：《思想政治教育研究者的学术自觉与学术自信——评〈思想政治教育学前沿研究〉》，《学校党建与思想教育》2013 年 7 月。

恩格斯说："人是唯一能够挣脱纯粹动物状态的动物——他的正常状态是一种同他的意识相适应的状态，是需要它自己来创造的状态"。① 如果说，研究生的专业情感认同是其做好学术创新、创新生命状态的主体性意识要件，那么，开放性心态则是其持续保持与外部世界交流合作、获得有效学术前沿信息、更新自身能力等具有战略性文化的建构要件，二者在研究生的优秀成长中互促共生，缺乏其中任何一个，都难以在高等教育越来越普及、社会对高质量人才需求期待越来越高的时代，让自身能够在研究生群体中，不仅优秀，而且努力走向卓越。

---

① 《马克思恩格斯文集》第9卷，人民出版社，2009年，第408页。

下篇　关照世界与创造卓越

问题决定了答案的框架，改变问题就能改变答案产出的范围。人类社会的进步和发展是由一个又一个具有催化作用的问题驱动的。①

——葛瑞格森:《问题即答案》

真正有智慧的生命不在于获得沉思的乐趣，而在于根据我们已知的最好的、根据爱的最高指引来安排外部世界的活动。②

——约阿施等:《欧洲的文化价值》

---

① ［美］赫尔·葛瑞格森:《问题即答案》，魏平译，中信出版社，2022 年。
② ［德］汉斯·约阿施等:《欧洲的文化价值》，陈洪捷译，社会科学文献出版社，2018 年，第 232 页。需要加以说明的是，这里的爱，尽管弗拉施是在宗教意义上讲的，但却包含了对某种被主体肯定了的价值意旨。我们在这里特质一种被主体充分认同了的价值。

我们经由教学实践，总结出了创新人才培养的"知识、实践、创新和审美的四元结构"模式，意在使大学生和研究生的培育能够遵循教育的规律，培育出国家和社会需要的杰出人才。我们的实验和研究表明，大学生和研究生对所学专业的情感认同是促进其学术自觉和自我发展能力的重要文化力量，主张知识的实践应用是学生成人成才教育的重要内容和重要手段。在这一研究的基础上，我们将进一步深入讨论高层次人才如何关照世界与创造卓越的问题，这是我们目前正在进行的一项教育教学实践的主题研究，是前面两篇内容的进一步升华。

我们知道，从知识到实践智慧的转化能力，是知识社会高层次人才应该具备的基本素养；专业技能经由经验和智慧的结合，转化为具有高效能处理问题的实践意识，应该是快速发展的现代性社会高层次人才的必备能力和品格。在不确定的变局中，能够站在战略的高度看清未来，引领一个领域、甚至创新一个领域，不断提出新问题的能力和生命理想的关怀行动力，是具有马克思主义文化品质和人类美好生活领导型建设能力的卓越人才的根本特征，我们归纳为卓越人才的"双核三力"，其要旨在于培养具有全球视野、致力于推动人类文明进步的未来领导者，也就是创造卓越。

英国文化唯物主义者伊格尔顿认为，文化的理念"包含着基本的价值、卓越的真理、权威的传统、仪式的实践、诉诸感觉的象征主义、精神上的内在性、道德上的成长、组织认同以及社会使命"。① 新时代中国特色社会主义的高等教育，培养的卓越人才，首先就是必须具备马克思主义理论实践化、生命化的能力，也就是说，马克思主义是其生活方式的内在构成和精神内核。所以，在广度、速度、深度都以几乎超出人们想象的方式，进入智能时代、智能世界的全球化时代的卓越人才，应该是具有领导力的人才，而"领导力不是一系列天生的特质，而是持续一生的自我探索的结果。这个自我探索的过程让人们成为完整、更为圆满的人，成为对自我有清晰觉察，并能激发他人最佳潜能的人，"② 具有自我发展、自我创造、不断自

---

① ［英］伊格尔顿《文化与上帝之死》，宋政超译，河南大学出版社，2016年，第135页。
② ［美］沃伦·本尼斯：《成为领导者》，徐中等译，浙江人民出版社，2022年，推荐序V。

我超越的卓越人才应该是保有领导力的人才。

卓越人才是具有确定的世界观的智者，能够在自我与世界的关系中，通过不断的实践性自我革命的自觉建构，让自己具有明晰的理想、优良的自我品格和实现理想的行动力。他们不仅能使自己在自我品格与愿景的路线图中前行，而且能为团队指引方向、协调组织运行、激励实践，也能为达到理想目标不断地提出新问题，以此带领团队在专业化的领域，不断共享超越的高峰体验。因为，"只有新问题有一种奇异的力量，可以帮助我们解锁生活方方面面的新洞见和积极的行为变化。无论大家遇到什么难题，它们都可以指出新的发展方向，使人们走出困境。无论在何种环境中，被重塑的问题，都会呈现出一些基本属性。首先是矛盾性，其次是开拓性，问题为人们的最佳思维活动开拓了新空间。"① 在达到目标的过程中，不断提出新问题是无限接近目标，并最终实现目标的智慧方法，是卓越人才最内在的品质。

---

① ［美］赫尔·葛瑞格森：《问题即答案》，魏平译，中信出版社，2022年，前言 XIV 页。

第一章　关照世界是生命卓越的热土

在社会大众的日常话语里，在那些没有真正走进哲学、感悟哲学之于自己的丰益的人那里，哲学由于其概念、范畴体系的普遍抽象，往往被想当然地冠以抽象之学或无用之学。但一旦在生活或实践中，感悟并体认到哲学之于生命的价值时，其对哲学的态度就会发生颠覆性的变化，开始重视其哲学训练与养成。从人类历史的发展史来看，历史上，各领域那些杰出人物无一不是有着自我的哲学信念的人。所以，当我们思考高学历专业人才的卓越化成长时，会特别强调哲学素养的重要性，尤其是马克思主义哲学理论素养的重要性。

首先，哲学帮助我们如何理解我们身处其中的世界，为我们提供宏观、整体的大视域，从本体论的维度审视我们自身的存在的结构性关系，为我们的行为选择奠定自然属性的事实价值。

其次，哲学帮助我们运用已有的知识、经验，凭借理性的能力、逻辑的力量，围绕什么是对的、什么是善的、什么是好的的价值追求，赋予行为以生命的意义而展开具体的实践活动。所罗门说"我们的心灵需要思想，就像身体需要食物一样。"①

再次，哲学帮助我们在自我与世界、自我与自然、历史与现实的关系系统中，思考自我生命的存在、发展、价值，因而，是一种自然辩证法和

---

① ［美］罗伯特·所罗门：《大问题》，张卜天译，广西师范大学出版社，2014年，第3页。

社会历史辩证法的生活展开智慧，是从历史与未来的链接中、从人与自然的统一中思考、认识自我，因而，可以把自我的客观性和主体性有机统一，进而建构起具有未来属性和客观规律性的自我认识系统，从精神心理层面完成超越现实功利与自我的局限，实现"对完全陷于生活琐事而仅仅随波逐流的拒斥"，[①]"哲学是由我们的见解，即我们关于自身和世界的信念及态度所组成的。"[②]

第一节　理想生命是实践着的自我革命

马克思认为，人是一个特殊的个体，同样，他也是一个总体，观念的总体，被思考和被感知的社会的自为的主体存在，正如他在现实中既作为对社会存在的直观和现实享受而存在，又作为人的生命表现的总体而存在一样。也就是说，人是个性化与社会性的辩证存在的统一体。虽然个体具有与他人显在的个性特征，但个性是基于人的自然属性，在特定社会环境和生活机遇中，不断地经过生命实践的自我反思和社会教化的相互作用，共同形成的极具主体特征的性格、气质、价值取向和态度倾向意义的行为方式和思维方式、表达方式、话语特征等。不同的时代，个体的个性化共有特征也不同，个体的个性化总是体现着时代特征，社会的时代性也总会通过个体的个性化得以具在而被理解、识别。离开了个性的普遍性无所谓个性，离开了个性也就没有了时代共有的存在的载体。人的社会实践就是形成塑造人的个性化与时代普遍性特征的共有土壤，所以，可以这样讲，关照世界与自我的生命形塑的合流，对人的改造、教育要比课堂育人更直接更全面，也更深刻，因而也就更重要。

---

① ［美］罗伯特·所罗门：《大问题》，张卜天译，广西师范大学出版社，2014年，第3—4页。
② 同①，第11页。

一、人是社会性的实践个体

随着人类文明的发展,"生命的美好"越来越成为社会实践追求的核心目标,作为时代精神精华的马克思主义哲学也更加关注这个问题。可以说,美好生活或生命的美好,是每一个作为人的生命个体以及我们人类共同关注的一个主题。从古到今、从西方到东方,无论是从理论形态还是实践形态,我们每一个个体都在关注生命的长度问题,想通过生命的长度来获得个体生命的永生。历史证明,只有超越了纯粹个体化的生命形式,将自我融入社会、写进历史的人才能获得一种永生意义上的生命价值。那么,我们就要问哪一种永生的生命现象及本质,才是我们可获得的永生的生命?这个永生生命的本质是怎么样的?这种可获得的生命本质和生命现象又是如何获得的呢?这是哲学史上的亘古问题,也是我们生命世界中时时刻刻常问常新的问题。

当然,在这个问题上,很多人很多时候都会有疑惑。不仅如此,这样一个面对我们生命本质的问题,是哲学史及各种人类文化形态中,希望通过各种人类智慧的努力能够得到理想回答的主题。作为把人从抽象的存在、纯粹自然的物质性存在、形而上学的理念王国中解放出来的马克思主义哲学,更加关注这一主题,并成为马克思主义哲学进行资本主义政治经济学批判、社会批判的目标诉求。"立足现实的人、探求人的生命理想形态",是马克思主义哲学从产生到21世纪的今天的一个理论与实践主题。

人的生命的理想状态是马克思主义哲学理论贯穿始终的价值追求和实践运动。马克思主义哲学主张从现实的人出发,扬弃资本主义对人的异化,走向一种自由人联合体的理想的生命存在与发展形态。哲学家冯友兰在《哲学在中国文化中的地位》一文中,也用更直接的语言表达了类似的观点,他说,我说的哲学就是对人生有系统反思的思想。在冯友兰的话语中,哲学就是要对我们不断地呈现的生命历程进行系统的连续反思,哲学就是在这个系统的反思中形成的思想体系和观念体系。所以,掌握哲学,尤其是马克思主义哲学，不仅是我们所处的宏大而巨变的时代要求，也是我们每一个个体如何发展自我生命、实现美好存在的自我追求。

马克思主义哲学告诉我们，仅仅停留在解释、认识世界和自我的层面是不够的，必须要在合理、科学解释的基础之上进行有效的改造世界的实践，就是说，实现美好的生命状态，必须建筑于作为主体的人类实践。人类实践是走向理想生命的一个最基本的形式。对于接受高等教育的人而言，基于专业知识的有效实践，既是我们理解、解释外部世界的认识活动，更是我们将自我的理性、精神品质、价值判断甚至道德情感，呈现出来的一种对世界的改造。换句话说，看是一个具体的特定的实践活动，是由开放性的复杂要素组成的整体性活动，既包括了主体运用专业的知识进行理解和解释外部世界的行为，也包括了我们如何作为一个整体的特殊存在以及把这种整体性呈现出来的一种对自己的改造活动。

改造世界与改造自我的整体活动，包含着主体精神品质、价值判断、甚至道德情感等文化要素。因此，这个改造世界的活动，必然会呈现出一种我们希望的外部世界是怎样的一种存在，而这种改造的希望性存在，笔者认为是更有利于人类的生命理想的存在，至少它被人们认为，是有利于行动者个人的生命理想的一种关系处理的行为。因此，当我们去思考人的生命的时候，因为热爱我们的生命，所以才会去思考生命状况和存在形式。但是我们热爱生命、思考生命，离开一定的前提又是不可能的。这个前提就是以实践为介入手段的对世界的关照。

实践是链接自我与世界、实现自我的核心的社会性媒介。这是因为，实践通过主客体的统一而实现统一，呈现人对自身生命的价值影响。实践是主体见之于客体的一种对象化活动，它包含主体的认识活动和行为活动，呈现为主体的整体性生命形式。换句话说，在主体的实践活动中，我们能够感知到主体对对象的认识，以及主体把对对象的这种认识转化为有效的和对象发生关系的能力或技术手段。主体和对象的关系处理，建立在对对象的认识基础上，并把这种认识转化为一种可见的具体的主体行为，或者说主体行动的时候，包含了主体的极具个性化的文化属性，如主体的文化价值、审美品位、判断力。特定个体的判断力就是他认知的准确性以及准确性程度。换句话说，掌握对对象的真理性认识的那个程度、对这个对象本身的认同度，或者说情感、价值判断的倾向性。比方说我认为这个对象它之于我或者之于人类的意义、价值大小、美与丑等。具体说到近年来，被教育部门及各高等院校越来越重视的，面向大学生、研究生等开展的"大创""大挑"这些项目，同是大学教育工作者的教师，不仅在理解上有差异，而且相较于专业化学科性的科学研究或教学来讲，其参与的普遍性程度并不是很高，也就是说，在培养学生的手段与途径的理解、执行上都有大的差别。

在高等教育的高学历教育中，尤其是研究型大学的教育教学实践中，由于教师更多地注重自我的独立的科学研究，有的能把自我的最新研究，带进对学生培养的过程或者说课堂中，但由于许多教师的课题研究，本身就是基于学科史或概念史的学理性研究，形而上学的味道浓厚，对社会现实重大主题的回应力较弱，因而，引导学生在基础理论研究的基础上关切实践重大主题，使学生可以培养起在开放复杂的现实中，运用理论解决问题，进而改造世界的能力，亦即培养学生把理论转化为一种可见的、面向现实的实践行动力。究其原因，除了高等院校的一些管理因素外，笔者认为和每一位教师对培养学生成为什么样的人才的认知、价值判断密切关联，从总体上蕴含着教师对专业的学习、理论的掌握以及学生如何成人成才的路径意义理解。

具体的科学实践是价值选择和可能性判断的结果。如果一个具体的途径，被认为意义大，那么人可能会尽力地去努力；如果认为有意义，但是之于具体的主体而言，认为操作与实现的可能性比较小、比较弱，那么即便被认识到了其意义，但在主体意志品质、勇气、敢于创新等精神和心理因素一定的前提下，认为去展开具体的实践活动的时候，可能在理论的转化能力、现实复杂性的可控性，或者说实际的行为的生成，离实践结果的理想性都难以把握，也许会放弃等。所以说，任何一个具体的实践活动，本身都承载了作为主体的人的太多因素的影响，因此，我们才说，实践是人的整体性生命形式，一种具体可见的形式。所以，当我们开始认识外部对象的时候，换句话说，当我们开始关注我们所在的那个外部环境的时候，实际上就是我们的生命性实践开始的时候。也就是说，人的认识发生的时候就是我们人的实践开始的时候，只不过那个认识阶段的实践，只是我们理念或者说思想形态的一种准备、一个前提、一个前期的环节。认识活动是实践的必要的组成环节、必要的构成部分，离开了认识，实践是没办法进行的，至少是盲目的、无目的指向的。因为人的实践活动不是盲目的，而是有目的性、有价值指向性的。

作为行为的实践，是人的认识与意识活动的外显方式，它只不过是把我们对外部世界与我们自身关系的判断，以及这样一种判断的现实可能性转化为具体的某种可见行为的一个过程。所以，实践呈现给我们的就是各种具体有形的行为——做，科学研究、实际劳作等。但是，我们说，认识是前提，实践是我们人的认识和人的行动的同一个环节或者说同一个过程，而不是仅仅统一在实践中。这就是说，实践是我们作为社会人的整个的生命存在的构成，如果从理论和行为，或者认识和行为两个层面来讲的话，实践构成了我们人的整个生命形态、价值情感等。所以，实践是人的社会性与个性化最理想的结合处，也是培养卓越人才应该着力进行的可行场域。

二、关照世界是创生自我的前提

关照世界，首先需要的是合理认识世界。合理认识世界，既包含科学把握社会发展的规律、趋势，也包含具体地了解、理解、掌握自我生存的客观环境条件与特殊的情景结构。当前，高等院校各学科、各专业正处在教育提质，新文科、新工科等创新人才、卓越人才全力培养的人才强国建设的时代。人才强国战略的实施，并不仅仅是大学科培养、跨学科培养等主张下的教育方式、教学内容的变革，究其实质来讲，它蕴含了我们所处的特定时代、社会历史条件需要的人才的特质。只有清楚了这一本质，我们才能更好地去规划教育内容和教学方式等。

我们所处的时代是一个百年未有之大变局的时代，世界的各种不确定性因素都在急速增加，而且呈现出不确定性的叠加；我们所处的时代，是中国式现代化作为人类文明的新形态进入新阶段，中华民族正在快速走向现代化强国的时代。这样的时代特征，内在地要求社会发展的主体力量，首先必须是具有现代化素养的人，其次，也是最重要的对人的要求就是人的知识为核心的科学技术的创新能力和以知识为基础的创造性社会转化能力。这样的人才要素，才能成为我们掌握不确定的外部环境、承担起中华民族走向现代化强国的历史使命的。

我们的时代使命，需要我们既有非常宽广的学术视野、理论功底，又要有在读书的基础上，通过关照我们所处的外部世界、生活世界，不断地去积累大的战略视野，真正地能做到胸有丘壑、腹有乾坤、行有雷霆。否则的话，只会看到局部，成为井底之蛙，看不到任何真正的问题。所以说，首先要合理的地认识世界，认识世界是掌控生命所生存的外部环境的条件；其次是尽可能尊重客观、适应发展，这一点对于我们需要什么样的知识、能力建构、我们应该成为怎样的新时代的人才来讲，是必须要有最基本的认识的。

知识是认识世界的最基本的条件。认识世界的知识既包括作为文化的理念系统，即以学科化、专业化等间接经验抽象化形态的理论知识，又包括以传统、习俗等社会记忆和个人直接经验呈现的知识等。所有知识都为人们提供了了解自我及其外部世界的模式、逻辑、行动的理由及其方式，即知识就是可能的实践方法和可依赖的具有建构意义的实践能力。我们这里强调的知识，是一种经由自我意识解构后又重新建构的知识，具有很强的自我生命的独特性，因而是一种超越了任何僵硬化、机械化概念与学派的真知，而不仅仅是停留在知晓层面的他人知识。所以，真知是和生命一体化的智慧形态，它能够动态地、有机地、面向问题而解决问题。当然，解决问题包括解决心灵的问题、精神的困惑的问题，而不仅仅是解决物质世界的需要的问题。

关照世界需要处理好人与外部世界关系的各种知识，使关系成为自我存在发展的条件而不是消极的约束。人类社会是一个自然的、有组织的有机体，它和外部世界处于一个有机的系统整体，外部世界的变化发展会影响到人类的存在——存在的空间、存在的条件以及可能发展的方式、方向。因此，当我们处理我们和外部世界的关系时，就是我们运用那些已经被我们掌握的知识的时候。我们掌握了的知识，尽管经常以抽象的知识形态存在于我们的知识库中，但它是已经转化为以知识和生命经验为基础的实践意识，换句话说，它是一种个体化了的生命实践的智慧。

生命实践智慧是以知识运用为基础的处理关系的有效经验的积累或技巧性或记忆性的技巧，它是我们处理问题时的无意识依据、可信任的方法，即面对这类问题，如此行动不仅具有合理性，而且具有道德的尚善，也就是说，具有实践意识意义的知识，在个体生命那里是一种包含有充分的实践真理性价值的知识。例如，研究生的科研训练，学生自己阅读过大量的科学研究文献，老师们也通过各种途径、运用各种机会、方法给学生们讲过无数次科研论文的写作，包括毕业论文的写作，但是为什么，一讲你都知道，甚至不讲你也知道，因为你看过好多学术论文，可为什么亲自动手写的时候，经常都会出现各种问题，甚至不知道如何确定主题、如何安排文章结构等，即便是学术论文的一些刚性的形式规范，如引文注释等这些最基本的格式规范都做不好。所以，我们说，知道不知道是一个层面的事，理解不理解是又一个层面的事，而掌握没掌握则是另外一个更高的进阶层面的事情。故此，我们特别强调，对于知识，不能是"know"，也不能是"knowledge"，而应该是"get"（或got）。对于知识，我们不能仅仅是表浅地知晓它，而且还要真正地明白它，最终掌握性地运用它，他人或人类蕴含在知识中的智慧，才能变成我们自己的才能，或者说生命存在的内在组成部分。

对于高等院校高学历人才的培养而言，科学研究的论文，尽管因学科或专业的差异，论文的写作规范会有一些差异。但写作论文的格式性规范首先应该成为最基本也最不应该发生错误的学科素养。另外，更为重要的是，论文写作中，如何通过规范的范畴、概念及其结构化逻辑化的语言承载想要表达的思想，这就需要不断地进行科学研究论文的反复锻炼，通过勤于动手的实践才能培养起研究技能或者说研究素养，所以我们通过学生的论文，老师们或者说读者，就可以知晓其科研的基本素养怎么样，其中，专业概念应用的准确性、思想表达、话语呈现的逻辑性等，一目了然地呈现出准备作为科学研究者的整体状况，尤其是学生专业知识、专业理论与方法的基础和运用能力尽显无疑。

一篇研究论文，反映了学生运用知识、理解问题、处理问题的概貌。它是学生对于研究对象的合理化、创新性理解，以及和对象之间的关系的理解、表达等，都是需要在不断的实践经验的基础上生成的，"遇到这样的一个问题我要怎样表达"的一个累积或者经验性实践智慧的技巧。处理问题的实践智慧型知识，很多的时候它处在一种沉默状态，是无意识的或隐性的一种状态。只有当问题出现，或者说需要处理这类问题、关系的时候，它才会不自觉的出场，从而使那个独特的主体，本能地用一种他特有的、习惯性的方法，呈现出来，所以，社会生活实践中的我们，在处理问题的时候，就是我们作为主体呈现自我的时候，处理实践问题就是自我表达存在的一种形式。

在社会生活中，我们经常可以看到，有的人，当遇到困难的时候，他会选择保持一种相对的沉默状态，因为他要思考如何行动；另外一些人，在遇到困难的时候、尤其是遇到冲突的时候，他会声嘶力竭、他会高声讲话，事后，过了那个情境的时候、你再问他们的时候，他们在一个理性的状态下去思考他当时的那个情境反应的时候，他可能又会有一种不一样的呈现，认为当时的那种处理问题的方式，不是他看来的合理的或者有效的方式，就是说他自己也是不认同的。那么，当面对曾经的那个特定情境时，他为什么会那样呢？因为他过往的那个经验的积累，已经形成了那样一种处理此类关系的一种习惯、方法，或者说一种思维方式而又没有得到必要的纠正和发展的毁灭。所以我们说当他慢慢地意识到并且加以纠正的时候，那样的一种反应的模式、处理问题的经验，就会跃上一个在他看来不一样的一个层面，就会生成一种新的智慧形式，就是自我的实践生成性和反思超越性的统一。

我们说关照世界就是在处理我们人和外部世界的关系，进一步地说，关照世界就是在关照自我，我们之所以要去处理和外部世界的关系，其目的就是为了自我更好地生存和发展。换句话说，关照世界是我们热爱自我生命的一个必然的行为取向，是我们生存发展所必须要处理的内容。进一步地讲，关照世界并不是简单的抽象地去解释世界。相反，我们与我们关照的那个外部世界及其那个具体对象密切关联，那个具体对象和外部世界的整体关系以及与我们自身的关系也密切相关，因此我们说，关照世界就是关照与我们每一个人的生命存在的境遇、面对的紧密相关的问题。例如，大学高学历创新人才培养中的第二课堂问题，如我们前面提到的"大挑""大创"等教育实践来说，为什么有的老师参与度高，有的老师参与度弱，同样的，有的学生积极性高，有的学生毫无兴趣，原因是什么呢？究其原因而言，笔者认为，和作为教师的我们如何理解自我的职业生命、如何履职使命、对人才成长的有效途径等的理解，有深度关联；对于学生而言，同样有一个，自我期待自己成为怎样的人才，怎么样成为自我希望的人才基础上的对这类教育实践的价值判断等深度关联。就这类问题，如果我们都较好地掌握了马克思主义认识论的精髓，深知实践是最好的老师，实践是最好的自我检验和经验抽象形成新知识的途径，深知实践是师生最好的教学相长、师生双向创造的有意义生命活动的话，就会对此类教育实践类项目投入，并从中深切地感知教与学是师生的生命的相互创造过程。实践就是这样一个创造过程，它能够把老师和学生学习的整体性——知识、情感、能力以及他们之间的相互结合形式等，呈现出来的一个最好的锻炼的场域。

总之，关照世界，就是关照我们和外部世界的境遇，是需要我们必须面对的问题，它以我们要解决的生命存在和发展中面临的迫切问题为中心旨向。对于今天的大学而言，就是要充分认识大学及其各学科与时代赋予我们的使命要求、提供的办学条件、人才培养的目标等，通过每一个学科专业化有质量的教学环节，把成人成才这一中心性主题解决好，把具有国际竞争性优势的卓越人才培养好，使他们在核心素养和核心能力的获得性养成上得到塑造与提升。毫无疑问的是，高学历卓越人才，首先必须具备发现问题、提出问题的能力，用有前瞻性、战略性的创新问题引导科学研究的能力是关键。当然，学术研究中的问题，并不完全等同于生活事件中的问题或难题，也就是说，它不是仅仅依靠直觉或感性判断就能想当然地获得的，它需要在具有社会、时代、甚至人类等普遍性事实的基础上的理论抽象。因此，关照世界就是解决问题、处理关系难题的实践过程，而不是一个纯形而上学意义上的问题。要做到这一点，我们的教育就需要充分激活每一个教育活动的相关者，因为关照世界需要一种生命的自觉、能力的储备和知识的发挥。

第二节 卓越是自我的不断超越

教育实践是师生自我创造的生命活动，所以，实践教学就是学科专业化理论教学的一个必然的延展活动或过程。教育教学实践是师生对待他们社会身份、角色活动、职责履新等的情感、德行等精神世界的一个延续性体验与感知。尤其对于育人担负着教导性使命的教师来讲，他职责的完成，不能仅仅局限于课堂的教学活动，还应该体现在课堂之外的学生实践活动和生活世界中，因为生活教育之于人的影响更直接、可感性更强、更容易被接受认同，也更容易检验出理论知识本身在解决我们外部世界——就是关照世界中的不足，从而我们能够推进在运用理论中对理论的检验，能够促使我们在这个理论的基础上往前走，促使学生在实践经验的基础上，尝试推动理论的发展，哪怕只是一点点的前移，既培养了知识的生成经验，又获得了超越原有知识、创新思想的自信，还有利于给更好的实践创造新的认识前提。

一、生命实现的基本形式

任何理论的发展都离不开实践的土壤，任何生命的实现也都离不开实践活动提供的获得性存在资源，所以英国唯物主义文化学者威廉斯说，"文化是一种整体的生活方式。"对于威廉斯关于文化的这种界定，我们如果结合马克思主义哲学的实践品质和精神特质进行仔细分析，就会发现，与威廉斯更多的基于经验主义的物质性的文化界定不同。任何文化，如果离开了主体人的生活感悟与精神活动，既不可能形成抽象的理念系统，也不可能成为社会大众的共识性的行为规范，所以，文化是人类的一种生命实践和生命体验的整体呈现。如果我们不能把自我生命投入与所学知识的深度交流中，就不可能生成对知识的发展性理解，就只能把所接触的知识、方法作为他者，以记忆的形式存在于每一个生命中，或某一群体的共同体生命中。这样，人类知识的创造就会停止，也就意味着人类思维活动死亡了。虽然我们不同意"我思故我在"这样绝对唯心的断语，但人的意识等精神活动是人之为人的一个显在标识，也因为此，包含有人的需求等意识的劳动才成为人与动物的根本性区别，劳动实践是人的社会性生命的彰显，也是人的生命实现的基本手段与途径。

生活实践是理论知识的源泉，理论知识是生活实践的合理指导。我们只有不断地在用理论知识去关照外部世界和我们的生命际遇的过程中，才能促进理论与实践的辩证统一的发展。因为知识所揭示的关于外部世界、自我的理解、认识，只有在实践中才能够逐渐形成，对他们的本质、规律、机制等形成真的认识。对于人文社会科学的高学历人才而言，科学研究的能力、素养、潜质激活等也是如此，只有通过不断的科学研究训练才能发挥出应有的效能。否则，所学的那么多课程、知道的那么多理论，如果仅仅知道了这些理论，而没有主动地用来关照自我及人类共同体的存在和生命的质量（既包括微观的个体生命，也包括宏观的人类生命），即不去运用知识的时候，那么，对于建设生命、实现生命的理想状态而言，这些知识都处于沉睡的状态,是一种"沉默资本"。我们只所以这样说,只是想强调知识如果只有量的积累,而没有实践的运用就不可能有对知识的发展有质的突破。所以,我们主张,高学历人才,尤其是人文学科的学生,一定要加强科学研究的日常训练,把知识生产和精神生产当成自我的生命使命去践行,事实上,思想的高度和知识生产的能力已经成为个体和民族竞争的核心焦点。然而,在社会生活的现实中,不论哪一个群体,包括高学历的研究生群体,都存在着不太好的生命现象,如各类"躺平""摆烂""佛系"等。这样一种生命的呈现形式,不是真正意义上的作为社会人的生命实现的方式,而是一种放弃生命实现的堕落。

我们都知道,人的生命至少有两种属性:一种属性是作为肉体的,我们的自然生命,另一种属性是作为社会性存在的社会生命或文化生命或精神生命。从古到今,无论是东方还是西方,我们都能在其各自的文化中,找到对生命长度的追求,如《西游记》里妖怪要吃唐僧肉的目的就是希望自己可以长生不老,还有一些皇帝为了长生不断地找人炼丹,但是,事实是,任何肉体的生命都是一个有限的存在,不仅在时间上,即便在空间上也是如此。生物性的物质存在,终有一定时空节点的解体的时候,通俗地讲,它一定有消亡或死亡的时候。但是,人的精神性生命、人的社会生命、人的文化生命却是可以永恒,这也是为什么好多人想把自己写进群体记忆、被历代传颂、写进各民族甚至世界历史等。

生命实现在实践中开始,在实践中完成。无论是个体生命还是共同体生命,其打开与完成都需要时间和空间的合作,与其时间和空间共同构成特定的社会历史情境及条件。因此,充分认识这一社会历史条件的本质、规律及趋势,就是作为社会结构中的我们,做出选择与行动的必要前提。它不能靠想当然,也不能靠纯粹的抽象知识,它依靠的是一种生命化、历史化了的知识,而生命化、历史化了的知识就具有实践智慧,只有真正的实践智慧,才能够帮助我们科学分析社会历史条件的复杂因素,将抽象理论和我们自身的生命经验,不断动态化结合以后生成个体化智慧,才能给我们生命赋能。也就是说,在生命化、历史化基础上的个体知识,要尽可能地避免实践中的"纸上谈兵"现象。我们都知道,历史上赵括"纸上谈兵"的故事,为什么他在理论上知道了,但是在具体的战争实践中,却失败得一塌糊涂,原因就在于,赵括没有真正地把握了兵书上所讲的理论,不懂得理论如何和特定的外部环境相结合。因此,他在需要转化性地实践兵书理论时,不能生成一种有效的实践形式,导致战争失败。所以,知识的智慧化、历史化是生命不断地自我创造的形式,也是其不断进行自我创造的条件。

我们经常说,有知识不等于有智慧,就好像我们说有文化不一定等于有教养一样,它们中间都有一个很重要的媒介,那就是和作为个体的人的生命的融合。离开了与生命的融合,文化不可能转化为教养,或者说德行,知识也不可能转化为智慧。所以历史化是生命不断地生成的条件,智慧化是知识的普遍性与个体生命经历、生命经验特殊性的理性自觉,它体现为对问题的准确把握和有效解决。

我们知道任何知识都是具有普遍性的,这种普遍性的知识,只有和个体生命的历程,也就说他的生命过程中所经历的事件,以及在所经历的这些事件基础上,经由自我反思所形成的特殊的生命经验相结合,才能形成一种理性自觉,才能转换为对问题的准确把握和问题解决的有效科学的智慧。所以,智慧化知识,往往是以一种看不见的方式存在于个体的生命世界中,它也常常表现为一种本能化行为。故此,智慧,或者说智慧化行为,如果我们用一句简单的话说,它就是知识的个体化、私有化的转化形态,只不过,这种转化形态是一种实践形态。

众所周知,历史不仅是人类的活动史,而且是人类理解的书写史。历史是根据时间序列中的存在及其变化而书写,但是在时间序列中的存在物,它并不都具有主体性。对于那些不具有主体性的存在物,时间只是一种外部的作用。而对于作为主体的人及人类而言,其本质属性,并不是简单地由外部的力量塑造或者建构,而是经由人的实践自己塑造自己、自己创造自己、自己成就自己,或者说自己实现自己。作为具有自我创造能力的人及人类,是在一定的时间和空间中完成的,因此,时间的历史就是人类自我创造与发展、实现自我的历史,时间的长度与人类实践的丰富性等密切关联。在时空的通道中,人历史化地通过主体性的活动,自主地塑造并成就了自我。当然,外部的因素会影响他,比如影响他的选择的可能性、选择可能的实现程度等。所以,我们说,时间是人的一种存在的基本形式,而且,时间之于人的存在还具有一种标识性,或者说是一种本质现实。也正因为这样,人及人类的幸福需要终身的实践,亦即长时间的实践才可能实现。所以我们说,时间是塑造人自身命运的熔炉或土壤,离开了时间也就离开了使人成为那个人的规定性及其可能的过程。理想的生命形态是蕴含在不断的实践过程中的,需要我们终身的实践来实现。

马克思说,历史只是追求着自己目的的人的活动。马克思和恩格斯在《德意志意识形态》中讲,我们只知道一门唯一的科学即历史科学,他们反复地强调实践和认识的历史属性,而这个历史性是我们人不断地去超越自身的实践和自身认识的关键性要素,离开了历史性就很难有实践智慧,离开了实践智慧,也很难获得一种理想的历史性的生命实现。

创新实践是创新认识的行动或者说体现,是一种具体呈现的历史性的实践智慧,是不同生命个体实现自我的独特的最佳方式。马克思在《1844年经济学哲学手稿》中说,工业是自然界同人之间,也是自然科学同人之间的现实的历史关系。因此如果把工业看成人的能力的公开的展示,那么自然界的人的本质或者人的自然的本质也就可以理解。这也就是说,自然科学的基础与人的生活的基础是一致的,这种一致性体现在对自然界的科学的真理性认知,离开了对自然界的科学的真理性认知,自然科学就不能称其为科学。人的生活也就会因此失去了展开的可靠基础。而人的生活是人的生命的展开,那么这就意味着人的生命也将失去了基础。

创新实践是以突破人的自我认知为前提的人的活动。换句话说,创新实践以突破人已有的自我认知为前提。它首先表现为一种对外部世界及其关系的新的不同的解释,或者说新的知识的生产,只有这样一种给予新的知识的生成,才有可能有一种新的实践开始。而我们每一个人、每一个时代的人、同一时代的不同的主体，对于外部世界的解释是有差异的。因为他用来解释外部世界的知识不同、价值倾向不同、道德情感的强度程度等都有差异，因此，这就决定了即便是同一时代的人，在处理自我与外部世界关系的时候、在基本共识的基础上也有重大的行为差异，或者说实践方式的差异。所以，创新实践的差异，既是个体已有知识的差异，也是个体文化价值的差异，更是个体历史性展开知识运用的实践智慧的差异，这些差异不仅表现了个体自我存在的状态，而且表现了个体实现自我能力的差异。创新实践的能力与自我生命实现在一定的意义上，呈现为极强的正相关关系。

二、创新实践的能力要素

上文我们从学理层面上，分析了高学历人才为什么需要在关照世界中发展自我、为什么创新实践是其生命实现的基本形式，接下来我们将深入讨论高学历人才如何凝练自我的创新实践和提高创新实践的能力，以使自我的生命意义和生命价值得以卓越彰显的问题。在我们看来，训练和培养创新实践能力，是保障和促进生命卓越的必要途径。

作为人文社会科学的高学历学生来讲，关照现实、获得关于研究对象的基本材料是创造卓越的最基础的条件，也是最基本的能力。即便是最常规的文献资料检索，也需要具备关于一定主题的相关资料的量的积累、收集和在此基础上的分析研判。如果从社会科学与社会政策制定、实施、监督等角度来看，两种最基本的分析方法：定量分析、质性分析就是必须要掌握的方法或能力，关于这一点，随着社会管理越来越精准化、越来越数字化，在社会管理与运行的各个层面都尽显其是。所以一般性的社会研究的具体方法，如抽样调查、访谈法、观察法、个案分析、回归分析等都不仅应该是知道的问题，而且应该是非常娴熟地能够应用的方法，否则，我们可能不仅写不出真实反映社会的报告或研究论文，甚至因为看不懂方法，进而难以理解、明白结论的合理性依据是什么。

如果说量化分析更多地用在社会科学的话，那么对于人文社会科学而言，质性研究则更加重要。现代技术的发展，青年学生凭借互联网等各种平台，获取一定的相关数据等，似乎问题不是很大，但是，如何对数据的真实性进行检验，如何在数据可信的前提下，合理合逻辑地导出结论，既需要一定的理论科学假设基础之上对数据的分析论证能力，又需要语言精准、概念或范畴运用正确以及逻辑结构的合理保障，否则，思想就会跑偏，数据就会失去应有的真实意义。所以，在我们看来，新时代的人文社会科学的高学历人才，尤其是优秀的高学历人才，一定是在自己的主专业领域之外，还具备基本的社会研究能力，这是大融合的时代背景下，新文科建设必须要实现的跨学科、复合型人才培养的目标所在。

对事实材料的分析、判断能力是展开具体实践的前提和达到实践目的的保障。优秀人才应该是复合型人才，它应该具备通过材料分析研判得出合理结论的能力，明晰结论是否合理可行，实践中应该坚持的原则是什么、方向通向那里等。也就是说，优秀的复合型人才应该具备通过与研究对象的互动从而对研究对象的行为和意义做出建构，获得一种自我的合理性解释的能力。这就是说，对对象的行为和意义首先要有合理的诠释，这样才能真实地再现研究对象的行为世界及其自身的意义赋予，这一点特别重要，否则，就会各唱各的调，各吹各的号，牛头不对马嘴，事与愿违。

科学的社会研究，要求研究者在研究过程中，能真实地再现研究对象的行为事件。知晓对象是怎么做的以及他这么做的意义是什么。意义是对象客观地呈现出来的意义以及那个对象自身所属的建构意义，而不能是研究者主观地赋予对象以意义。研究者在这个基础上，进行推理，然后得出结论。我们可以看到，社会科学的对象化实证性研究，需要借用哲学、人类学、民族学、历史学等的好多理论、方法等，如符号互动、民族学、诠释学等。当然，研究者是通过与对象的互动，并能够在过程中把握研究对象的行为，以及行为世界呈现出他所在的客观环境的本质或属性。一般来说，研究者凭借观察记录、倾听等手段，尽量在自然主义的意义上分析对象，也就是说，在一个客观真实的、整体的对对象的描述的基础之上，价值中立地呈现对象全貌，其中，重点把握对象的行为过程、在思考问题的基础上，做出有意义的界定。只有在这些条件具备的情况下，蕴含在这些事实材料背后的东西才可能真实地呈现出来，进而找到对策——怎么样来做、怎么样来化解的路径。这个实践技术或者说实践方法，只有不断地进行相关的科研训练，才能真正掌握、运用好具体的问卷调查、访谈技巧、权重分析等操作方法。

如果说实证研究的技能是优秀的高学历人才必备的素养，那么，对自我生命的热爱与追求，即丰富自我生命、追求生命理想的精神，则是促使其不断走向优秀的自我革命的源泉。简单地讲，超越自我、超越当下的精神气质是自我不断地勇于向内革命的文化动力。而这种精神气质就是不断地推动自我认识外部世界和改造外部世界，或者说和外部世界发生实践性关系的能力的不断推进。通过这种推进，我们获得自由、获得在必然性中的自由、获得我们所希望的一种全面的、自由的存在形式。有了这种精神气质，才能不断地推动我们运用人类智慧的抽象物——知识，不断地对外部世界进行关系性的实践探索，使对自我生命的热爱与追求的精神气质转化为一种对外部世界改造的现实需要。

从人类文明史的发展来看，如果我们停止了对外部世界的探究，其实也就停止了对知识的运用和新知识的生产。新知识生产对于无论是个体还是人类，都是新领域、新技术、新工具、新理念、新世界的表征。所以新知识的产生，也就意味着过往我们习以为常的、可见形态的、相对固化的实践手段的变革，可能是技术及其机器体系的突破性、飞跃性的发展。这里要严格区分科学、技术与机器，技术是科学知识的物化，技术是物化了的理念，机器则是进一步的技术物化系统。例如，网上有一则90年代温州飞机事故的报道，因为使用了一个不是原厂的螺丝配件，导致飞机操纵杆控制功能失效而致使飞机失事。这个事件说明，同样技术的设备，并不一定能够组建成良好的机器系统。那如果我们假设，这个被替代的螺丝，用同样制造技术生产出来的产品具有与原厂一样的质量保障，那么那场灾难是否就可以避免了呢？所以，优秀是每一个环节、每一个过程的精益求精锻造的结果，而只有自我希望不断地超越自我、大写自我的人，才能在积极的生命追求中成就卓越。

我们说，热爱生命的实践成就卓越，但这个生命，不仅指称的是个体的生命，而且，更为重要的是作为人类个体的生命，或者，可以直接表达为是对人类、人类的生命的热爱和对自己生命的热爱合流，才能够真正去激发探索外部世界、获得新知识，并且推动这种以新知识的生产而延展出的新实践的展开。就此而言，这就是人文社会科学高学历人才，尤其是优秀人才为什么要认真做好科学研究、创新性的进行科学研究的原因所在。只有通过科学研究，我们才能发现新问题、收获新理念，进而成为不断地了解外部世界、解释外部世界的力量，并且通过这些新发现、新知识的解释，更好地也是更进一步地引领外部世界朝着人类自我向往的理想发展。

追求生命的自我超越是实践创新的动因，而能够支撑其不断探求新知识的能力，除了以上所讨论的对对象世界的基本描述与分析能力外，还有两点是更为重要的，那就是好奇心和想象力。

想象力是满足对未知领域问题好奇心的心灵羽翼。中国科学院院士、曾任清华大学的副校长的薛其坤教授，在世界上率先在实验中发现了量子反常霍尔效应，获得了2018年的国家自然科学奖一等奖，并且于2020年成为首位获得菲列兹·伦敦奖。他说，"好奇心而非功利心往往更能指引优秀科学家实现从0到1的突破。"好奇心是人类共有的生命本能，它使人类对外界可感知的对象，产生一种接近、了解的心灵驱动，而不是可见的、可量化的有限的利益，来自好奇心的力量是无限大的、更持久的认知欲望。所以薛其坤院士说，大学要引导学生不断发展，熟练掌握科研工具，更好使他们研究的鼻子更灵敏、耳朵更灵聪、眼睛更闪亮。他通常要求其指导的学生，在两三年内要熟练掌握、应用一两种理论研究或实验技术工具。如果没有专业知识和技术来支撑专业研究，鼻子、耳朵、眼睛都既不会灵敏、不会灵光。可见，专业能力和好奇心是科学研究创新力的两个支点，而给我一个支点，我就能撬动地球。笔者认为，为优秀人才的创新提供基点的是其学术想象力。

想象力是支撑好奇心的翅膀。著名社会学家米尔斯在《社会学的想象力》一书中，对想象力给出了他的解释。米尔斯话语中的想象力，不是我们日常说的奇思妙想，他更多地指的是一种心智品质。此种心智品质特指的是在一种个体与社会的交织互动的过程中，个体可以把握到的时代主题和公共议题的一种能力。所以，表征着个体心智品质的想象力，和我们在前文中分析卓越人才自我创造的土壤时，指出的关照世界的能力极为相近，它帮助主体获得人、社会、历史及其相互关系的意义的新思考。换一句话说，心智品质是主体在与时空的历史交汇、构建而成的一种结构性关系，在相融合中具有的一种把握主题性关键问题的能力。这种融合能力是身处数字化、智能化技术时代的我们急需建构的能力，融合创新不仅成为时代的特征，而且成为我们创新实践的必备素养，为此，人才培育必须要有基于专业知识的心智品质建设，以此才能在把握时代的前提下，运用好专业知识，培养出常新的不断地具有自我革命能力的卓越人才。

优秀的高学历人才，不仅要对自己的专业领域的未知世界保有浓厚的好奇心，对科学研究充满学术想象力，不断挑战人类有限的知识、无限地接近未知，而且还必须要有持之以恒、甘于寂寞、不怕吃苦的意志品质。马克思在《资本论》的法文版序中说，"在科学上没有平坦的大道，只有不畏劳苦沿着陡峭山路攀登的人，才有希望达到光辉的顶点。"尽管这句话是我们耳熟能详的，但在学习研究中，将其真正落在行动中的却并不多。作为知识生产的重要成员的高学历人才，只有坚持日复一日的科学研究的训练，才能培养起超越自我的专业能力和精神品质，保护好专业好奇心，建设好学术想象力，使自我对生命的热爱，通过身份使命的承担而转化为促进人类发展的智慧贡献。

科学研究是知识创造的过程与方式，是新思想的母体与诞生地，它建基于自我的创新性实践活动，始于我们对生命的热爱以及生命实现的渴望,成就于融合创新的时代。恩格斯在《自然辩证法》里说,"这是一个需要巨人并且产生了巨人的时代,那是一些在思维能力激情和性格方面在多才多艺和学识渊博方面的巨人。"① 如果我们沿用这一表述的逻辑,我们可以说,走向时代巨人的路,在自我的脚下,而创新实践就是生命卓越的华章演绎。

---

① 《马克思恩格斯文集》第 9 卷,人民出版社,2009 年,第 409 页。

第二章　卓越人才的发展性建设

随着科学技术对国家竞争力、社会发展质量及人民美好生活获得感等的深度影响与延展性干预，高端领军型人才的价值更加凸显。因此，结合世界发展趋势、立足新时代中国式现代化建设的需求和人民日益增长的对美好生活的实现愿望，培养创新型人才的重要性和培养方略，既是国家层面战略性、发展性要求，也是各高等院校积极探索高层次卓越人才成长路径、良好的培养环境和科学培养模式的迫切性教育实践追求。近几年来，随着思政进课堂、进教材的实施，马克思主义世界观、人生观、价值观的教育在高校人才培养中取得了显著的成效，有力地促进了人才专业化成长的精神力量的生成，专业知识、专业技能与学生理想信念的建设性培育相融合，有力地促进了学生成长的知识与理想——两个基本向度意义上的合力发展。但在实践中，也还存在着一些问题，如二者的结合性教育形式过于生硬等问题，专业教育也未能充分体现学生知识的自主获得性教育与成才的关系处理等，这些是高学历卓越人才的成长性培养迫切需要解决的问题。

对于硕士以上高学历卓越人才的培养，我们主张应该放在未来时空的坐标中、放在当代科学技术革命带来的最具前沿性的思维方式变革的高度、放在全球人才竞争的视野中，结合全球素养、人类命运共同体等历史与现实、民族与世界的交汇视角，培养具有面向未来的创新意识和能力的卓越人才。使卓越人才能够在智能化、数字化等发展中，兼顾历史、社会、文化及其国际关系的动态化情境，使其专业学习提升到对社会需要、世界框架之下，看到专业与外部世界的关系本质、清楚专业的现实与未来可能间的关系，让他们能在宏大的社会历史中，扎根现实、看到趋势、预见未来，战略性地发展自我，通过创造性的知识生产，紧跟专业领域前沿、发现甚至引领专业方向，为社会发展持续地提供物质生产和精神生产的贡献，为国家创造持久的竞争力根基和世界影响力的文化软实力。

第一节　持续增长知识的能力

"知识是人对自身及主客观世界认识结果的总和；知识体系是指基于一定的逻辑基础、在特定的文化生态中形成、具有民族性或地域性的知识总和，并按照一定的标准进行分类后得到的知识系列。知识体系是人类文化得以传承、创新和发展的重要基础与直接载体，也是一种文化的核心价值观念体系得以养成和延续的载体。对一种知识体系的学习，实际上就是对这个知识体系所承载的文化传统及其蕴含的价值观念的认识和理解过程。"[①] 而且"知识体系是学科体系、学术体系、话语体系的基础"[②]，知识体系既是社会变迁、文化发展的内在要求，又是社会变迁、文化发展的形态呈现。因此，掌握知识就是在树立一种认同了的文化价值，而这种文化是对社会发展及其发展机制的合理性、必要性把握的解释基础和解决问题的时代性思维方式。思维方式意味着理解问题的角度、解决问题的方法、甚至对待问题的态度等，所以，知识是我们获得文化性生命的社会历史基础，在人类文明的体系中，体现为文化生命体生成

---

① 翟锦程：《中国当代知识体系建构的基础与途径》，《中国社会科学》2022年第11期。
② 同①。

的主要的和系统的途径。

一、专业知识是与时代融合的基础

中国特色社会主义进入新时代以来，同过去的人才培养模式相比较，当下的教育必须在继承优良传统的基础上，更加与时俱进地开拓创新，紧扣中国式现代化高质量建设的人才需求和每一个人自由而全面发展目标，从教育教学实践的自我变革做起，努力为此目标的实现提供人才成长的系统性保障和支持。新时代教育模式的变革，首先必须以培养目标的明晰为基础，在明确新时代人才应该具备什么样的素质的前提下，有根据地推进对基础教育、高等教育以及继续教育的改革。其中，高等教育中高学历卓越人才的培养，关涉知识创新能力、思想前瞻性和问题提出的战略性，是一个国家硬实力与文化软实力的象征和策源地，因而具有极其重大的世界历史价值。

新时代人才必须具备专业知识与技能自我更新和获得性提升的能力，尤其是要同时代科技进步的发展密切关联，把最新科技成果融入自己的专业知识发展之中。《情感经济》的作者罗兰·T·拉斯特和黄明慧，在该书第一章的引言中，概略性地介绍了当代科技发展最前沿的状况，尤其是人工智能的现代发展的深远影响以及应用于经济学研究的知识创新的方式。他们认为人工智能的智能化发展，首先是以机械化、标准化的机械性、重复性工作为标志的机械人工智能阶段，它解放了人类的体力劳动；其次是思维人工智能阶段，这类智能机器，以有效地替代人类的深度思考力工作为标志，一些思考型的劳动者会因此而被取代，这是人工智能进一步发展的第二个阶段；人工智能的第三个阶段，也就是正在发展中的情感型人工智能，尽管这个阶段他们认为还需要几十年的时间，但第二阶段的会思考的人工智能，由于其正在取代人类的一些工作，甚至是许多工作，因此，已经迫使人类更多地关注人的情感、心理和人际关系等，人类的经济正由思维经济走向情感经济。①

事实上，人工智能的发展及其在各个行业的大规模应用，越来越多的工作岗位已经被人工智能机器所填充。从工作岗位所需要的技能水平来看，人工智能越来越占据了中间等级的岗位，中间工作人员往往被挤压到了之前要求较低等级技术水平的岗位。"根据研究，人工智能对中间技能人员的替代最为严重，出现就业极化。即最不容易被人工智能所代替的一类工作是高技能行业，承担抽象任务，通常为专业技术或者管理职位；另一类是低技能服务业，承担手工任务，通常为服务和劳工性工作。"② 可以推测，相对于属人的高智能水平而言，人工智能的应用更倾向于向低技能水平行业扩张，从而在中低水平职业领域占据更广泛的位置，替代更多现实的人的工作，增加失业率上升的风险。但是，"面对风险我们既无从逃离，也不能逃离，化解风险的武器只能是以各种思想汇集而成的知识为核心的人类智慧。"③ 在人工智能广泛应用的时代背景下，培养具备高水平专业知识及技能的人才，通过创造性知识生产的能力化解现代风险，应该成为社会培养人才的重要目标。

形成具有哲学意义的世界认识助力专业知识的学习与创新。哈佛大学哲学教授罗伯特·诺齐克曾说，哲学是思想被思想所充满、所改变的生活方式。在越来越复杂的国际环境和不确定的世界发展态势中，以智性化认知和结构关系建构见长的哲学，是我们得以在世界整体中理解事物、把握环境，以提升自我专业知识水平，适应新时代科学技术驱动变化的应有知识，它有利于促进个人特定世界观形成与调整，建立起科学的世界观。从大学教育的实际看，受基础教育、家庭等环境的影响、教育阶段的条件性制约，个人在进入大学学习专业知识之前，很难有基于专业知识的、关于

---

① [美]罗兰·T·拉斯特等：《情感经济》，彭相真译，中译出版社，2022年，第5页。
② 石连海等：《适应与跨越：人工智能冲击下的教育现代化》，《中国教育学刊》2022年第3期。
③ 邢媛：《生命实现的三重形式：知识、文化与修为的唯物史观解读》，《马克思主义哲学论丛》2022年第4辑。

世界是什么、自我与世界的关系如何、世界的发展规律等世界观的生成性科学培养。尽管，在接受高等教育之前，前期教育的各个阶段，对新生社会成员的世界观、人生观等均有不同程度的引导性教育，但由于人的生命成长的自然规律性，其世界观、人生观、价值观的形成，往往是那些零散的、偶然的事件或环境等与其自身直接关联的因素，影响他们对于世界的基本认识。

进入大学阶段的学习后，尤其是经过以自主学习为主的高学历专业化教育阶段，系统的、特定的专业知识教化，使其具备了某一特定领域的专业知识，这些专业知识，不仅是他们阅读外部世界、解释自我与世界关系的基本前置视野，同时，促使他们在自己专业领域的独特视角下，形成自身对于外部世界的独特认识和特殊性的专业化实践行动。该种世界观建立在系统、坚实的专业知识的理性认知基础上，因此它具有相对固定的特征，人们也就能够在面对外界纷繁复杂的现象时凭此获得自身所需要的、对外部世界的确定性解释，这样，既可以坚守自身立场和观点，不人云亦云，又可以根据自身持有的观点应对不同的现象，以相对稳定的规则行事。可以看到，专业知识的教育不仅在理论层面扩展、促进人们的成长，而且更有可能促使人们形成广义上的立足社会、与社会融合发展的基本能力。

然而，专业知识教育只能够在"可能性"的意义上促进学生世界观的调整、形成，促进以世界观为基础的核心素养的时代性特质。但是，核心素养的培养，既不是开始于高等教育阶段，也不可能被局限在高等教育阶段。所以，我们需要明确区分"理性知识的累积"与"核心素养的形成"的差异性关联，这样，我们才能明白专业知识的系统性、精深化教育之于核心素养培育的意义和作用。也就是说，在新时代背景下，大学培养的卓越人才，不应该仅仅是满腹经纶的专业化理性知识的记忆型人才，而应该是具备面向现实、面向世界、面向未来，拥有不断创新性解决问题、引领发展的核心素养的领导型人才。

二、面向未来的"根"与"基"

之所以说高学历卓越人才的基础素养蕴含在专业知识的学习中，但又相对于专业知识更加根本，是因为当下社会的科学技术知识发展更新迅速，任何一门具体学科都在高速发展，新兴的专业知识不断涌现。面对专业知识的更新以及新出现的亟须解决的实践问题，相对固定的知识储备无法适应新时代国家和社会对人才的需求，因此，蕴含在专业知识背后的能够进一步促进专业知识水平提升的基础素养就显得尤为重要。就个人而言，基础素养的培养更加有利于他们适应未来的学习和工作，虽然个人专业知识水平的提升，可能并不会表现为当下的直接满足国家和社会对于人才的需要，但就自身而言，具备基础素养是有效提升自身水平的必要前提，也是适应日新月异的社会环境的必要基础。为了适应社会变化而不断积累专业知识，这是非常重要的，也是卓越人才的标识，但专业知识学习的目的不能是单纯功利性的，外在的目标往往不能调动起个人对知识的关切。以知识自身作为专业知识学习的目的，这一状态本身可以作为基础素养的一个环节，有力推动专业知识的学习与教授。

如上分析表明，系统的专业知识是一种文明或文化传承意义上的对外部环境的知识积累，而基础素养则主要突出卓越人才面向未来的不确定环境，是实现个人生命价值的必备品质。当然，同样需要注意的是，基础素养的培养与专业知识的学习，并不是分开的两种教育过程，而是统一在专业知识的系统化学习过程中的两个彼此联系的关切点。

具体来看，蕴含在专业知识学习过程中的基础素养主要包含：人文底蕴、科学精神和学会学习的自主成长。人文底蕴内指"学生在学习、理解、运用人文领域知识和技能等方面所形成的基本能力、情感态度和价值取向"[1]；科学精神则主要意旨的是"学生在学习、理解、运用科学知识和技能等方面所形成的价值标准、思维方式和行为表现"[2]；学会学习的自主成

---

① 左璜等：《核心素养：为未来培养高智能优质人才》，《高等职业教育探索》2017 年第 3 期。
② 同①。

长强调的是"学生在学习意识形成、学习方式方法选择、学习进程评估调控等方面的综合表现"①能力与自我发展的可能性结果。

当然，人文底蕴、科学精神和学会学习的自主成长，共同构成新时代卓越人才的核心素养整体，彼此关联、互为影响、共同作用。因此，我们不能将其拆分，使它们成为相互独立的因子，这样，既不符合基于知识整体性的核心素养，也不符合任何专业知识都具有的真善美意义和对人类生命的关怀。不同的专业知识彰显、提供的是人类关怀自我的不同的视角、不同的方法等的智慧结晶。如，在人文领域，文史哲知识的学习过程中，思想家们在表达其思想过程中表现出来的严密的逻辑、谨慎的推理和精准的概念内涵，即使他们的思想过程与理论体系，无法做到像数学公式那样的符号精确，也难以做到像化学、物理实验等那样，可以在多次重复实验中得到相同的实证性结论，但是这些逻辑和论证仍然体现了他们审慎的求真至善的思想耕耘和严谨的一丝不苟的学术态度，人文关怀与科学求真互为表里、有机统一。因此，在学习人文知识的过程中，仅单纯地强调对理论结果的必然性是不完整的。同理，我们在学习科学知识和技能的过程中，当然也不能仅仅关注该种知识包含的运算式、公式化、标准化等思维方式和解决特定问题的技术手段，应该明确的是，在看似纯理性的公式、手段背后往往蕴含着丰富的人类情感和价值诉求。任何一种人类智慧的知识，都包含了人类文明所积蓄下来的思想和情感，教育或者学习不能顾此失彼，都应完整地加以掌握、深刻地进行体悟，这样各种专业知识的学习研究，就是更具主体性的高学历人才基础素养形成、提升的方式与过程。

学习知识的自主成长能力，同样奠基于专业学习的过程中与教学的各环节。我们所处的时代，不仅知识内容更新迅速，而且以知识为原点的技术创新与应用速度，更是超出了我们以往的历史化经验。因此，学习能力的强弱，既直接影响到了个人能否快速有效地适应变化着的环境，而且影响着变化中自我的发展性存在。相比较于灌输式的教育模式，学习能力更

---

① 左璜等：《核心素养：为未来培养高智能优质人才》，《高等职业教育探索》2017年第3期。

多地体现在个人主动学习的过程中，因为灌输式的培养模式只是将特定的知识外在地"摆放"在个人面前，学生只需要按照特定的程序按部就班地跟随教学进度，在这种过程中个人的主体性是很难展现出来的，当然也就很难培养学生自主学习的能力。

自主学习能力与个人基于未知世界的好奇心的主动探索兴趣直接相关。笔者认为，应该将个人自主探索的兴趣包含在学习能力中，把学术探索新知识的兴趣浓郁程度作为衡量学习能力的标准之一。"自主探索的兴趣"不仅在个人学生阶段能够起到自觉、自律等重要作用，而且学生毕业之后，步入社会，开始以独立主体身份参与到社会实践时，自主探索的学习能力能够促进个人快速融入工作和社会环境，使他们更有效跟进社会的发展变化，在社会发展规律、时代前行的趋势中，通过积极获取新知识、储备新技能、做出大贡献。

在学生阶段，如果一味地跟在教师后面，被动、消极地接受知识，那么学生对知识的自我性获得可能会比较低。而当学生在学习过程中，遇到了想解决的困难性问题，为解决问题的目标所吸引，开始主动寻找解决问题的方法时，通过主动解决学习中的困难问题，对知识的接受程度不仅会提高，而且相对而言会是较为全面和扎实的。即使学生没有达到教师提供的标准化、目标性答案，但学生探索性学习的整个过程，各种解决问题的方法差异等，也将会在学生的生命记忆中留下深刻的自我上进的激励印象，从而收获到比掌握某一具体知识更重要的学习兴趣的成长。

"学生努力学习是为知识本身所吸引，知识对学生来说是宝贵的礼物，学习对学生来说是一件充满智慧挑战而又自然快乐的事情。学生在接受教育的过程中为人类智力伟大的创造所激励、为学科之美所吸引，并与知识之间建立了内在的精神联系。他发自内心地热爱学习、积极主动地进行创造和探索，这样的学生会把学习延续为一种终身的习惯……"[①] 在个人走出校园，融入社会后的生命实践中，"自主探索的兴趣"的重要性，

---

① 岳欣云等：《素养本位的教育：为何及何为》，《教育研究》2022 年第 3 期。

就更加凸显。在学校至少会有教师提供学习内容、帮助制定基本的学习规划、引导掌握学习的方法。但进入社会，随着身份的转换，来自外界的成长性、学习型指导，都不再成为自我适应身份要求的主导，而是主要凭借自己继续社会化的能力，通过进一步的学习获得与实践匹配的素养，进而达到或实现实践要求的目标。因此，依托"自主探索的兴趣"形成的探索性学习能力，成为作为社会实践活动的重要支撑，故此，自主探索的兴趣应该作为基础素养的组成部分，在学校被作为重要素养之一加以培养。

总的来说，新时代人才，尤其是高学历人才，围绕专业知识的提升与发展，还必须具备人文知识的底蕴、求实求真的科学精神、自主学习的自我发展能力。我们不能断然地说，这些素养或品质产生自哪一个具体的教育阶段、教学环节、教学内容。它们系统地贯穿于教育教学的全过程，尤其是大学教育的高学历教育阶段，因其受教育者更具主体性，因而在接受专业化知识的过程中，更容易被潜移默化地培养起来。当然，如果在其研读过程中单纯强调专业知识，而忽略或者忽视蕴含在知识中的整体精神或文化内涵与方法论预设，那么培养出或造就出，不仅适应而且能够引领时代发展方向的高素质战略性专业人才，将是极其困难的，因为那样的人才缺乏历史发展的维度，也缺乏世界整体性关联的复杂性思维，所以看不到对象的全貌，也把握不了对象的本质，从而也就难以真正地解决问题，推动实践发展。

三、知识增长能力的持续建设

任何时代人才的培养、成长都是一项关系到全社会的系统工程，新时代高学历卓越人才的培养更是如此，它是高等教育、国家以及整个社会需要合力发展推动的民族工程、强国工程。马克思主义哲学告诉我们，究其本质而言，人是社会关系的总和，"人以一种全面的方式，就是说，作为一个完整的人，占有自己的全面的本质"①的理想实现，与社会发展形态及其发展阶段密切相关。也就是说，社会各领域都应该承担这一理想的使命，社会中的每一个人也都应该承担起自己该有的社会职责，其中大学，尤其是大学高学历阶段的教育，是人才的系统化教育场所，因而更应该真正地承担起专业人才创造性培育和为推进理想社会形态——共产主义社会早日实现的建设卓越人才资源库的使命。

　　基础素养的培养与专业知识的学习，不是截然分开的两个教育过程。在专业知识教育的过程中，教师需要将培养基础素养的目标融入其中。关于这一问题，我国教育领域也曾做过各种不同的尝试，最近几年也有许多关于该问题的讨论。比如是否应该在各个科目课程之外，另外设置专门培养学生素养的课程；或者培养基础素养究竟需要在交叉学科中完成，还是能够直接在相对独立的专业学习中完成等。如果是前者，可能存在交叉教育之前，基础知识无法掌握的尴尬，致使交叉学科的学习流于形式。如果是后者，又会陷入无法真正澄清具体学科培养目标与学生基础素养的区别等实践性操作困境。

　　通过教育领域较长时间的讨论和实践，使我们越来越明白，具体教学内容的差异，不是影响学生基础素养形成的关键，并不存在所谓某些学科能够促进学生核心素养的形成，而另外一些学科的教学无法做到这样的任务的假象。人们也逐渐认识到，在现有的具体学科之外，另外设置针对学生素养的教学科目，只不过是画蛇添足，主要问题出在各个学科的教学过程中，是否能够将显在的专业知识背后的知识整体和方法论加以揭示。所以，通过具体教学过程的改革、完善，是可以实现卓越人才基础素养的培育的。

　　如果从卓越人才目标培养的更为基础的阶段来说，我国自 2001 年已经启动了新课程的改革，经过二十年的教育改革，已经取得了一定的成效，但总体来看，高学历人才基础素养的培养底蕴，仍然难以支撑专业优势的充分发挥，尽管学生们的文艺体美等方面的才能普遍增强，但就基础素质

---

① 《马克思恩格斯文集》第 1 卷，人民出版社，2009 年，第 189 页。

的实质内容而言仍然有所缺失。究其原因也许有很多，如教师教学任务繁重、升学压力大等，但一个更为根本的原因是，基础教育的阶段，教育被赋予了太多的当下性、功利性的目标。教师为了完成教学计划、提高升学率，学生们为了获得深造机会、争取更好的学习资源，导致基础素养的培育任务未能落到实处。换句话说，教师、学生以及学生家长，这些影响教育成效的关键性主体，往往将最后的学习成绩看作是基础教育阶段更需要重视的因素，为此，就一般现象来讲，基础教育阶段过多地成为"传授解题方法，记忆具体学科知识，提供花样繁多的应试技巧"的熔炉。因此，学生掌握到的知识，也就与其生命失去了内在的自我关照的自省，而仅仅成为获取高分、赢得深造机会的敲门砖。经过一代代人类实践经验，抽象而成的知识、智慧形态，本应包含着丰富鲜活的生命内容的文化精神，演化为了供学生记忆的各种死的"定理"和方法性技巧，基础素养的培育也就未能真正成为学生教育中的重要内容。

　　基础教育功利化倾向受到社会各界的批评。2022年1月10日，在教育部印发的《普通高中学校办学质量评价指南》中，要求克服"唯分数、唯升学"倾向，扭转不科学的教育评价导向。这样做显然是对的，是有利于卓越人才成长的基础保障的，因为只有将以知识为载体的育人作为教育的目的，才能在教学过程中，用心地通过内容的精心组织、设计，将不同知识的内涵与外延、过程与结论等，融入教学过程，让学生在学习、掌握知识过程中，学会像思想家们那样聚焦问题、思考问题，体验知识中先贤们的精巧构思、严谨逻辑，理解、掌握知识形成的来龙去脉呈现出来。只有这样，才能够起到思想的创造性教育的作用，才能够真正实现基础素养培育的连续性。

　　在高等教育阶段，就一般的授业形式而言，一方面，课堂的知识传授仍然是较为普遍的形式；另一方面，学生学习的主动参与性严重不足，对未知领域的探索兴趣淡薄。近几年来，国内许多大学逐渐开始大类招生，希望通过更完善的通识教育，培养学生的综合素养，使他们能够在更加多元、广泛的知识海洋中，发现、找到自己的真正兴趣，激活自我自主学习潜能，进而在尊重自主专业选择的基础上，更好地有充分的面向未来的专业自觉与专业情感认同，这是对高学历卓越人才的助力培养方式。

目前，高等教育正在大力推进的新文科、新工科、强基建设等教育的模式化改革，这既是高等教育的发展趋势，也是强化高学历卓越人才，确保他们能够具有在未来不确定性的新环境中保持高质量的创新能力的重要培养途径。然而，我们不仅要看到高等学校教育模式变革的重要性，更要看到蕴含其中的教育理念和卓越人才生成的基础素养的方法与目标、过程与内容是如何实现有机统一的。任何一种教育模式只有落到具体的学科内容的教学组织和方法运用等教学实践中，才能完成教育模式的目标追求，那些僵化的教学行为或教育模式，不仅不可能真正承担起培养人的使命，而且可能在实践中走向它的反面。对于高等教育奋力进取中的高学历卓越人才的培养而言，更是必须落在以专业教学为核心的每一个具体环节、组成育人系统性要素的每一因子的功能实现中，唯此，以专业知识为根、以基础素养为基的卓越人才培养目标才有可能在有形的教学实践中实现。

高学历人才的自主学习能力是其必备的基础素养之一，对于卓越人才而言更是必须。高学历阶段，学生的学习，以教师引导、学生的自主自觉学习研究为主要形式，在教与学的关系中，学生的主体性更加重要也更加充分必要。如果学生不能通过研究对象的思想，真正进入到思想家们的思想历程，了解他们分析问题、解决问题、提出理论的假设、方法、出发点、逻辑结构等，学生就很难与不同的思想家深度对话，也就很难体会到思考的乐趣和思想的美好。所以，学生需要学会与思想家、同伴分享知识，在探究思想生成的过程与解决人类认知局限、改变世界与自我等方面的过程中，感受知识独有的力量与魅力，从而引导学生主动地进一步探索知识，循序渐进地在学习的乐趣和能力的获得中增加学习的自觉性和主动性，提高获得学科前沿动态、追踪专业方向、最终可以发现专业新问题，并创造性解决的能力。

自主学习能力，从小一点说，是每一个个体终其一生，都应该必备的基本的生命能力；从大一点讲，它是每一个民族、每一个国家的合格公民，尤其是优秀成员都应该具备的与时俱进的核心能力，它对一个特定社会的生产力质量和社会创新发展产生潜在性影响。因此，自主学习能力应该是始于生命早期的一种必要教育内容和目标，大学本科阶段的教育则应该是自主学习能力的巩固、提升阶段，而硕士以上高学历阶段的教育，则应该是自主学习能力进一步提质并充分释放其能力的阶段，其标志就是他们科学研究的积极性和创新成果。离开学校步入社会后，自主学习能力是个体获得或者说拥有继续社会化能力的一部分，是保障终身学习质量的重要前提，尽管终身学习作为学习能力的一部分，需要一定的社会环境保证其实现。但无论如何终身学习能力是个人适应社会及不断变化的时代所必需的社会化行动能力。

提高自主学习能力是科学技术的迭代式快速发展引发推动的社会急剧变迁的客观要求，也是人才基于世界观之上的自我生命期待的主观需求。高学历人才不仅需要保有受教育阶段主动学习的热情和能力，而且需要在进入社会后，通过自我的继续教育，持续获得新知识、自觉运用新知识、新方法的创造性实践能力。这是社会对高学历人才寄予的期待，同样，它的实现离不开系统性的社会文化环境的支持。

从高等教育自身来讲，优化学生自主获得知识的平台性资源，使其基于知识的连续性自我超越的学习，既可能得以实践，又可以在具体的教育机制上得到肯定性认同。事实上，互联网上的各种开放型学习资源不少，个人很容易获得这些教学资源（疫情期间各高等院校的各种学术讲座，比较便捷，现在也有许多学习型、读书类平台等），但从目前的教学管理中，还难以反映学生通过这些校外平台获得知识的程度或所涉猎知识的广度。但毫无疑问的是，他们在客观上对学生的知识增长、延展有助益。当然，其消极影响也要看到，如有的学生过多地关注各类讲座，而没有时间真正地做基于知识的自我思考等问题。所以，如果可以把学生主动学习的经历及成果，通过制定相关的制度与在校教育相容，使其能够更有效地反哺、提升个人适应社会发展变化需求的主动性满足能力，将这种自主学习成效，在学生的综合测评体系中有所反映，也许是提高学生个性化的自主研究兴趣，增加其学术好奇心和想象力，为将来的创造力奠定基础的尝试性探索。

从社会发展的未来趋势来看，知识社会中，每一个个体，尤其是高学历专业化知识的个体，应该有自觉、理性地掌握新知识的渴望，而不仅仅是满足于接受学校系统化的专业教育。学校为受教育者提供的固定的学习框架以及学习内容，在一定的程度上，已经难以满足快速发展的世界对个人素养的要求，所以，高等教育需要提供更加开放的知识获得途径与环境，学生个人能将主动学习的愿望，转化为学习研究意义上现实行为。"学校教育阶段性的经验型和固化型的知识授受，很难完全满足时代变迁对于人们获取、吸收和交流知识的需求，人们需要通过获得本应享有的获取、吸收和交流知识的途径、机会和选择权，在一生中不断扩充和更新知识技能以适应社会发展变化"[①]。

从高学历人才教育的实践操作层面来看，提高他们实践教育环节成绩的权重，有助于进一步释放他们运用知识进行专业化实践的积极性和创造性。而这需要我们建立内容科学、全面的专业实践能力测评机制，尽量避免单一的学历层次、死的知识记忆等形式化、标签化、表浅化评定人才方法，使其在教育激励、社会激励、实践激励的社会性评价中，通过专业化的创造性实践呈现其卓越的人才品质和能力素养。

总之，知识有类的差异，也有结构、质量的差异，专业知识的具体内容影响着人们看世界的角度、对世界的具体理解。不同的专业知识以及以此为基础的综合知识，是人们解释世界的不同模式、工具，甚至是发生关系的实践模式，因此掌握的知识类型不同，知识掌握的程度不同，看待同一对象得出的结论往往也就不同。在新时代高学历人才应该具备的素养中，大力发展其"自主学习的自我成长能力"，是促使学生由知识拥有者向知识创造者、处理问题的智慧者转变的关键基础。今天"知识生产力将日益成为一个国家、一个产业、一家公司的竞争地位的决定性

---

① 陈恩伦：《从受教育权到学习权：终身学习社会的权力转型》，《国家教育行政学院学报》2022年第1期。

因素。就知识而言，没有一个国家、一个产业、一家公司有任何'天然'优势或劣势。它能拥有的唯一优势与它能从普遍适用知识中获取多少有关。"① 所以，就高学历人才的卓越性培养来讲，既要看到其社会性和整体性，也要看到专业知识与基础素养互构共促的过程统一性，在以高等教育为主体，以社会各个领域的共同推进的系统性工程中，不断探索、不断改进卓越人才的生成条件、机制，最终形成包含有领导力的卓越人才的创造性培养，让他们学习的系统化专业性知识真正成为建设美好生活的物质力量，化识为智、化理论为方法、化理论为德行，对知识的理解内在于他们的生命之中，成为一种生命的内有状态，人类改造世界的活动，也才会真正成为一种反身性的变革性实践，成为属于人类价值追求的历史性的创造实践。

第二节 生命意义的自我期待

知识是人类基于理性，在与外部世界不断互动的经验基础上的智慧形态。不论其形态如何，就其内容而言，都是人围绕自我生命的存续与发展的理性选择、规范原则、规则等。它是人在不同程度、不同维度关于人的生命存在如何更好、更有利于自己的集体记忆与希望寄托。因此，知识具有一种人类对自我生命探索的意义蕴含，也正因如此，在通常的话语中，有知识往往会与有理想等同使用，尽管二者无论从哪一个角度来讲，都不可能等同。理想是基于一种理性的关于未来生命状态与意义的信念，它具有自我意识的价值规范和方向引领性。所以它也就不同于空想。空想是人们头脑中不切实际的、非逻辑的乌托邦性质的妄想、幻想、思绪等。在《意识形态与乌托邦》一书中，卡尔·曼海姆说"当一种思想状态与与之所存

---

① [美]彼得·德鲁克：《后资本主义社会》，张星岩译，上海译文出版社，1998年，第193页。

在的现实状态不相协调时,那么它就是乌托邦。"①虽然,理想不能等同于乌托邦,但理想并非现实,但它绝不是妄想、空想和幻想。

理想是人类围绕生命意义进行理性分析、智性活动而形成的一种相对恒定的未来期待。在一般意义上则表现为建立在世界观、人生观之上,在历史与现实、现实与未来、规律与本质等关系结构中形成的对于未来生命状态及其价值的意义追求。因而,在现实中,它能在生命的未来态势的向度上,进行合理的价值选择、判断与预测,促进主体与社会现实的融合、适应,积极引导一种向上、向善的实践行动。这种具有未来导向的生命实践行动,由于极具理性的自我规范性特征,其行动也就更具有规划性和操作的践行性。

一、作为"人"的生命期待

使人成为人,成为不同于他人的独立的、具有特殊意义或价值蕴含的人,是人类所具有的普遍社会属性的重要特征。其中,人的理性及其活动赋予人类以极大的生成力量。"理性是凭借某种类型的自我意识,即意识到我们自己信念和行动的基础而拥有一种力量,这种形式的自我意识赋予我们一种其他动物所缺乏的能力来控制与指导我们的信念和行动,并使我们变得积极主动,而非其他动物那样。但它也给了我们一个其他动物不会面对的问题,即决定什么是信念或行动的理由。换句话说,这种形式的自我意识使我们有必要控制自己的信念和行动,但必须解决如何做到这一点:我们必须找到规范性原则、法则,来支配自己所信进而所为。因此,理性,人的这一显著特征,就是规范自治的能力。"②科斯嘉德的论述所强调的是,人的理性的行为,源自理性的自我意识,人的行动所表现出来的

---

① [德]卡尔·曼海姆:《意识形态与乌托邦》,姚仁权译,江西教育出版社,2014年,第151页。

② [美]克里斯蒂娜·M·科斯嘉德:《自我构成——行动性、同一性与完整性》,吴向东等译,中国人民大学出版社,2022年,前言第2页。

自我属性，是因为人在理想的意义上是一个完整的人，在自我的定义中，自我不仅具有同一性，而且具有完整性，所以，人的"行动归因于作为一个整体的、一个统一体的人，而不是归因于作用于她内部或者之上的某种力量"，①作为自我意识构成要素的各种理念、信念，尤其是其中的核心的、基础的原则，就成为人的行动的先导和组成部分，当然，在科斯嘉德的研究中，人的这一社会性或者说普遍性原则是道德原则。

科斯嘉德说的行动的构成原则，其最一般的形式就是道德原则，而她认为道德的原则对于行动的统一性来讲是必须的原则。这里的统一性，我们以为，科斯嘉德更多的是指个体行动的同一性原则，也是社会秩序化、生成社会合力的每一个社会人的共有原则，故此，她才讲，"自我构成的任务，简单来说就是过人的生活，让我们置于与自己的关系之中，这意味着我们与自己互动。我们为自己制定法则，而这些法则又决定了我们构成自己的好或坏。"②

科斯嘉德说的人能为自己制定法则，这是人能很好地构成自己的唯一方法，就是根据你愿意运用被每一个理性存在的人认同的普遍原则来支配你自己。"道德法则是理性人自我认同并将其自己作为人类一分子必须遵守的行动原则，所以，道德法则只是社会性自我构成的基本法则，是人的自我生命如何被建构起来、呈现为什么形态的构成性基本原则。"③在她的视域中，除了道德原则，人是无法保持作为一个拥有自己同一性的行动者所需要的完整性的，但是，如果我们把视域放大，站在人的发展性与人类历史的发展史来看，并非只有道德原则是使人保持同一性和完整性的普遍法则。

我们不完全赞同科斯嘉德的观点。因为在人的自我建构的同一性、完整性分析时，仅仅强调普遍的道德原则是不够的。一是因为尽管一个社会

---

① ［美］克里斯蒂娜·M·科斯嘉德：《自我构成——行动性、同一性与完整性》，吴向东等译，中国人民大学出版社，2022年，前言第3页。
② 同①。
③ 同①，前言第4页。

有其共有的主流道德原则,但是随着社会发展实践的变化,道德原则也会发生这样那样的变化,绝对的恒定的道德原则是不存在的,即便是对于个体,其道德性也会因其社会历史条件、具体情境的变化而不同;二是因为自我的建构,无论是个体的自我,还是群体的人类自我,还有一个很重要的规范性原则,那就是关于未来的理念预设。马克思在《路易波拿巴的雾月十八日》中曾说,"19 世纪的社会革命只能从未来而不是过去中创造自己的诗歌。"在人类更加文明的 21 世纪,以及理想的个体都需要基于从未来的理念中创造、建构。但是,有一点我们是同意科斯嘉德的观点的,就是她在论述自我的同一性、构成性、完整性的时候,把人自觉地乐于遵循理性的社会人都普遍遵循的道德原则,来支配或控制自己的行动的自我意识,看成是一种理性的自我意念,这就说明科斯嘉德是主张人之为人的显在特征是社会性。也就是我们这里所说的,卓越人才首先要使自己是具有充分社会性的生命,并能因此而自我认同和社会认同。

事实上,成为"人"也一直是中国社会思想文化与社会实践中,被一直关注的话题。比如,儒家思想的代表孔子深入地讨论了如何使人成为人的问题,把"成人"看作是通过努力走向或实现自己的理想。按照刘向的说法,孔子的成人之道是指"成人之行,达乎情性之理,通乎物类之变,知幽明之故,睹游气之源,若此而可谓成人。既知天道,行躬以仁义,饬身以礼乐。夫仁义礼乐,成人之行也,穷神出化,德之盛也。"[①] 体现了成人与仁义礼乐的联系,意指每个个人通过积极的努力地践行君子、圣人的原则,都有可能成为现实具体的君子或圣人。

人通过与社会现实融合中的思想预判和实践行动,在关于自我生命的理想,或未来期待的意义上,不断地完善自我,生成新的发展了的、超越了的理想的自我,这是人类自我发展的历史走向。只有完善的自我,才能在自我意识的同一性和完整性的意义上,规范好、建构好自我与外部世界的关系,即便在身处资本逻辑的世界和消费主义盛行的环境中,也能较好地克服以眼前利益为目标导向的物质主义追求,在未来理想的灯盏下,不

---

① [汉]刘向:《说苑校证》,向宗鲁校证,中华书局,1987 年,第 442 页。

被困于过度的紧张、焦虑、抑郁、压抑的心理状态,而是保有自我作为人的质的独特规定性,沿着自我的未来生命向度不断地、持续地努力行动,在本真的自我、社会的自我、未来的超我中保持协调统一,也就是将个人需求与集体需求融合、将个体理想与社会现实状况融合,实现以理想关照现实的预测与判断,在实践行动中实现自我。

自我生命价值的实现是人在实践中对社会做出贡献,他人与社会共同体对个体人的贡献给予的肯定与认同,这是作为人、保障人的尊严的社会性基础。马克思在中学毕业论文《青年在选择职业时的考虑》中就表达了伟大的志向,"如果我们选择了最能为人类而工作的职业,那么,重担就不能把我们压倒,因为这是为大家做出的牺牲;那时我们所享受的就不是可怜的、有限的、自私的乐趣,我们的幸福将属于千百万人,我们的事业将悄然无声地存在下去。但是它会永远发挥作用,而面对我们的骨灰,高尚的人们将洒下热泪。"① 生活于19世界的思想家马克思,在21世纪的今天,依然是照亮人类前行的伟大思想家。"不能没有马克思,没有马克思,没有对马克思的回忆,没有马克思的遗产,也就没有将来"。② 马克思的伟大,不仅在于他的理论具有的指向未来理想人类的理论力量带来的世界历史的巨变,更主要的是他的思想仍然是我们成就人类梦想和自我解放的实践指南。

二、创造卓越的信念自觉

人的理性具有的"规范自治的能力带来了另一类独特的人类属性,即规范性自我观念,也许比其他任何东西更能使人类成为一种冒险和诅咒。因为行动是一种可归因于作为其创作者的行动主体的活动,这意味着无论何时你选择了一个行动,无论何时你控制了自己的活动,你都在把自己构成为这个行动的创造者,所以你在决定要成为谁。因此,人类有一种独特

---

① 《马克思恩格斯全集》第1卷,人民出版社,1995年,第460页。
② [法]雅克·德里达:《马克思的幽灵》,何一译,中国人民大学出版社,1999年,第21页。

的同一性形式，一种受规范支配的或实践的同一性形式，我们自己需要为之负责。作为理性的幸存者，一个理性的行动者，你面临的任务就是让自己有所成就，只要你在这个任务中成功或失败，你就必须把自己视为成功者或失败者。"[1] 如果我们把科斯嘉德的话简单一点说，就是行动是人的创造性活动，而人的这一创造性活动是由规范性的自我观念引领、规约的。如果人的规范性自我观念是好的，或者说是引领人走向更美好存在或生命形态，那它就是好的；如果是将人引向恶的存在状态，显然这样的观念就是坏的，但无论怎样，观念是具有强烈的主体性特征，与自我的选择、认同有着不可分割的关系，因此，每一个人都要对创造性的自我行动负责，这是自我生命状态展开的基本的原则性依据。

我们知道，每一个人的信念，尤其是关于生命状态的理解、期待、管理等，都具有社会历史性，而且随着生命的成长和存在环境的变化，其呈现的形式、实现的手段，以及对生命意义的理解都会不同。也就是说，每一个时代的人有每一个时代人对生命期待的理解，每一个人在不同的生命阶段也会有基于对生命整体的期待意义的界定，而有阶段性的目标分解，或具体化的生命目标期待。因此，在教育及生活实践中，我们都践行一种目标激励的方法，使受教育者能够将自我关于生命的总的意义与价值追求，化解为不同的阶段性任务目标和行动，在一般和部分、抽象和具体的现实统一中，无限地接近目标。然而，无论是自我意识的规范性观念的形成、培育，还是不同生命阶段的理念承接与联系，并不是与生俱来的，也不是天然地可以自发形成的，它需要社会实践的土壤，也需要社会教育的系统性作用的引导性培养。

"人们的观念、观点和概念，一句话，人们的意识，随着人们的生活条件、人们的社会关系、人们的社会存在的改变而改变。"[2] "每一历史时代主要的经济生产方式和交换方式以及必然由此产生的社会结构，是该

---

[1] [美]克里斯蒂娜·M·科斯嘉德：《自我构成——行动性、同一性与完整性》，吴向东等译，中国人民大学出版社，2022年，前言第2页。

[2] 《马克思恩格斯文集》第2卷，人民出版社，2009年，第50页。

时代政治的和精神的历史所赖以确立的基础,并且只有从这一基础出发,这一历史才能得到说明。"①这是众所周知的历史唯物主义基本思想——社会存在决定社会意识,而社会意识只有在与其匹配适应的社会存在中才能得以被准确地理解。这也就是说,人类自我关于生命期待的意义,无论是作为未来理想的观念形态,还是作为走向未来理想的实现之路的实践化观念,它以一种精神力量,通过其蕴含的价值原则、道德准则,甚至审美原则,在其预设的理想未来向度上做出对于行动的判断、预测,在促使自我和社会积极融合的基础上,创新实践,自觉地趋近自我信念的目标预设。所以,通过对硕士以上研究生的生命意义培养,促进他们自觉地进行自我生命的卓越创造,就是高等教育必须在教育实践中加强的首要环节。

高学历卓越人才的教育,虽然具有特殊性,但是它也同样具有一般性、普遍性教育的性质。他们关于生命意义、理想信念的培育既是系统性教育环节的连续,又极具高学历人才培养的特征,即硕士以上研究生,在整个高等教育的教学中,其对教育的参与性更具主体性、更显个性化,而且他们的生命意义的期待与其未来职业角色更加密切相关。所以,基于高学历研究生已经在过往本科阶段的专业学习中形成了相对固定的知识体系和认知模式,因此,如何因材施教、因人施教,促进其卓越化成长的教育,更多地需要进一步提质、扩展其自我自主发展的意义信念,就成为关键。

高学历研究生群体关于生命理想的理解和建设,从微观角度看,是其个人的自我完善与自我价值的实现;从宏观角度看,则是其助力国家建设,如何发挥好理论与实践相结合的先行先试者、创新发展的骨干力量。从教学实践的事实上看,尽管其具体理想有差别,但是,究其理性的自我规约性来讲,研究生群体的主动选择性、主观能动性和主体自觉性,在整个教育中,发挥着全方位、全过程的参与性建设,是将自我意识的精神力量转化为生命创造的自觉行动的更大自律群体。就硕士以上高学历研究生群体

---

① 《马克思恩格斯文集》第2卷,人民出版社,2009年,第14页。

的特征和质的规定性而言,其生命意义与价值的进一步培养,需要在教育过程中做好如下几点：

第一,重视并尊重人才个性,创造培育更好地理解、筑牢生命意义与价值的教育情境。由于高学历人才从生命阶段来讲,基本都是具备法律意义上的具有明确的行为意识和承担行为责任能力的独立个体,加之过往接受到的较为系统、全面的学科教育,在精神心理层面,相较而言更具有独立思考和合理判断的能力,对生命的理解、思考也由于其学科专业的差异、思维方式的差异,以及他们渐已形成的看待自己和社会生活、客观世界发生关系时,对与之相关的信息的解释、选择和运用效力的社会认知差异,因此,对其的教育应该是结合专业化未来职业情境的建构引领,使其能够在历史、现实与未来的连接中,看到职业的荣光和自我创造力的关系,促进他们与社会联系得更加紧密的自我意识,在世界观的基础上、认识论的意义上,生成关于自我生命价值的信念自觉。

第二,在开放性的社会实践中磨炼和提升高学历群体关于自我的合理认识,筑牢他们以社会生活为场域,在自我是优秀的、道德的、有才能的等自尊取向的精神体验中,巩固其"我是谁"的同一性信念。实践不仅是认识的基础、出发点、来源、动力和目的,而且是检验认识是否具有真理性的唯一标准,只有在实践中得到真理性检验的由人的自我意识活动构成的对象性认识活动的合理性和科学性,才能使主观见之于客观的活动,真正处于自我对社会、自然、世界的知觉、理解和解释的规范性之中,使其能够在面对具体复杂的实践情境时,能够成为创造性使用专业知识及其相关信息的生产者。这就需要在人才培养中,进一步使高等院校学科培养和社会培养更加紧密的结合,并将研究生在实践中行动力和效果纳入其成绩考查范围,有针对性地结合学科特色,用社会实践中的急难愁盼问题,引导研究生的科学研究和思想创新,使他们在知识和具体实践问题的结合中,体验并感知解决问题带来的自我超越。这就需要扩大高学历人才尤其是对高学历卓越人才培育的社会教育体系的支持和保障,在全社会形成有利于人才走向卓越化的社会文化土壤和制度保障。

社会教育不论其形式如何，途径手段如何，究其特征而言，其"对个体完成社会化、社会发展和进步、人的全面发展有重要作用和价值……社会教育存在于生活、实践、环境等各个方面，具有直接性、实效性、快捷性、广泛性、灵活性等特征。"① 一般来讲，社会教育区别于家庭教育和学校教育的单一性和局限性。虽然，从很长一段人类教育实践史来看，就知识的系统性、专业性教育而言，各级各类的学校教育始终占据主流地位，家庭教育扮演者奠基性的基础作用。但是，一方面从社会性存在的环境而言，不论是自然环境，还是社会环境，都始终处于动态的变化发展中；另一方面从个体生命的历程来看，都可能在时间跨度和空间维度上，进行社会性流动，因此，成长了的生命个体和变化了的外部条件，都需要人的主体性参与下的自我更新、自我革命。

社会教育作为学校教育的有效补充与延展，不仅在实际生活中应用广泛，而且因其更能够体现受教育者的主体能动性和创造性，已经现实地成为"人类为了自身的生存与发展而进行的有意识的思想、知识、经验技能的传授活动，已经对人的能力、品德的培养训练"② 等产生了事实上的教化。在这个过程中主体的自我意识的引领性、自觉性更加具有个体性特征，因此，也会有力地促进在主客体辩证统一活动中的自我同一性建构。

第三，加强高学历人才进入社会后职业化行为的监测性反馈与未来卓越人才预测的结合，也是卓越人才培养的必要举措。在卓越人才的发展性品质视野下，动态性调整人才教育教法，避免人才培养，尤其是高学历人才培养中世界观、人生观、价值观的偏失，增强在社会发展规律本质与趋势中，把握未来人才的品质与人格建设，帮助他们形成"观察现实世界的关键问题的视野，建立探索解释现实世界的方法，形成解决现实世界问题

---

① 龚超：《马克思社会教育思想研究》，人民出版社，2013年，第1页。
② 同①，第7页。

的洞见"①，使其极具目标性的自我教育或者说继续社会化更能够在现实与未来、理论与实践的整体关联中，在职业活动的社会性场域中，无论在自我生命内涵的丰满性，还是呈现形式的多样性上，都能在科学的动态性检测与反馈的机制中被提前储备。当然，在客观上，无论学校的学科教育多么具有前瞻性、战略性、全面性，但职业的社会性使其对每一个个体而言，更具有生活教育的性质。

陶行知说："社会即学校，生活即教育。"这是非常重要的教育思想。社会生活和社会生活情境的复杂、鲜活及关联耦合的系统性，使研究生不仅能够在社会生活中学习到学校里没有的知识，而且使其能够在与社会情境的持续的变化性互动中，发现所学知识的不足，对已有知识提出质疑，进而在逐渐地将专业知识转化为自己生活实践的知识的同时，获得新认识、发现新知识，最终促进自我走向被期待的美好生命状态。因此，高等教育的学科化教育一定要避免教育的僵化，不仅要让研究生们获得在不同的社会条件和环境中，自主地不断发展和延伸自我生命成长的能力，而且能促使他们具有引领团队、职业领域共同成长的领导力。

三、走向卓越的自我建设

人类无数的集体记忆和智慧书写的历史证明，任何一个时代的卓越人才，首先是时代的产物，在社会历史条件一定的环境下，一个人之所以能够成为卓越人才，与他自身的自我规定性意愿密不可分。只有那些像马克思所说的，希望能够承担起他人和群体更好生活的人，才能不断地对自己提出严格的更高的目标期待，增长知识、增强才能、与各种环境积极互动，并在互动中，通过自己有效的行动促进所生存的环境向着更有利于人的存在发展的变化，哪怕只是前行一点点。显然，当他们如此行动的时候，也会用自己对未来美好的理想期待去动员、组织可以组织的人，用自己的行

---

① ［美］艾略特·阿伦森等：《社会心理学》（第10版），侯玉波等译，人民邮电出版社，2023年，推荐序2第3页。

动力量感召身边的人,所以我们说,卓越的人才是时代造就的,但更是自我建设的结果。

科斯嘉德在《自我构成——行动性、同一性与完整性》一书中说,"如果我们在行动时,努力把自己构成为自己活动的创作者,同时使自己成为我们所是的特定的人,那么就可以说行动的功能使自我构成。这种行动观念开启了这样一种可能性,即适用于人类行动的特定形式的好坏、对错,使其同类的好或坏,作为行动的好或坏。一个好的行动把它的行动者构成为她自己活动的自律而有效力的原因。自律和效力这些属性分别对应于康德关于实践理性的两种命令。遵从定言命令使我们自律,遵从假言命令使我们有效力。因此,这些命令是行动的构成原则,是我们在行动时必须遵循的原则。"[①] 笔者认为,从科斯嘉德对行动的自我创造性的分析看出,自我通过理性的自我意识规范的作用,成为自我行动的创造者,而且,自我通过自律与效力,不断地建构着自我生成的完整性,离开了自我行动,自我的同一性难以呈现,自我的完整性也不可能获得,行动构成了自我的基础。如果我们对于科斯嘉德如上的分析是合理的,那就是说,在一定的意义上,她认为作为主体的自我是通过具有行动意义的社会活动,在与客体的交互关系中,不断地认识自我、建构自我并发展自我的,离开了行动这样一座架构主体和客体发生关系的桥梁,自我就失去了把自我作为对象进行认识的前提,也就失去了实践效果这样一个关于自我控制与实现能力的参照体系。概而言之,完善的自我是不断地依据具有规范性的自我意识的信念,实践性地建设和培育起来的。

自我关于自我的信念,或者说我要成为什么样的人,是自我关于自身生命期待的价值蕴含与意义指引,它作为人现实存在的社会历史性理想助力其成长。所以,理想是人内心真实向往的表现,人们在追求理想的过程中总是力求达到使自己不仅超越自己,而且能够使自己在群体中获得高度的社会认同的尊严感,以及自己对基于自尊的自我愉悦的高峰体验,或者

---

① [美]克里斯蒂娜·M·科斯嘉德:《自我构成——行动性、同一性与完整性》,吴向东等译,中国人民大学出版社,2022年,前言第2—3页。

说，超越自我的幸福感受。但这仅仅是卓越人才生命期待理想中的一个自我的微观视角，既不能涵盖其全部内容，更不是主要内容或者说更具本质性规定的内容形式。

众所周知，人首先是自然生命体，有着生物学意义的自然规定的差异；但人更是社会的人，社会性才是人能够在人类共同体中得以存在发展的本质规定，人的许多自然属性，都在社会性的意义上被规训、赋予社会文化的含义，人类共同体也得以在不同的社会文化形态中秩序化发展。所以人从文明社会的诞生之时，社会性首先就是其存在的根基和方式。每一个个体在与社会的互动中，以合力的形式推动社会的变化，社会则以共同体的形式影响建构个体，个人与共同体紧密相连，所以，个体生命的自我期待信念也是社会的时代化的信念，是个体理想与共同体理想的辩证统一，个人理想和共同体理想都指向使人们对未来更美好生活的期盼和向往。如果每个人的个人理想都能够实现，那么最终将会汇聚成国家和社会的宏伟理想的实现，中华民族的伟大复兴中国梦的实现过程，也是个人实现美好生活，达到人格完善和自我价值升华的过程。可见，个人理想与共同体理想相互依存、相互促进，是生命卓越的行动，是个体理想的重要组成部分，生命理想促使人不仅成为人，而且成为卓越的社会人才。

个体生命价值及其意义实现，只有在其具体的实践活动中才能展现出来，其当下的实践效力，既是当下生命的价值呈现，也是未来生命价值期待的奠基性展现。离开了自我同一性的规范性意识的指引、控制，或者说离开了自我对生命理想的意义追求，那么，人也就失去了对生活实践中的行动进行具有方向性、目标性的自我属性的发展性预测和判断的可能。邹广文说，"人是一种目的性存在，这种目的性标示着人要创造文化、追寻意义。正是人的精神世界划定了人性的圆周。同样，人的精神纬度，标识着物质进步的方向。人类在社会实践中创造了物质文化世界和精神文化世界，物质世界满足了人的肉体生理的需求，精神世界满足了人的主体精神需求。而谋求物质世界和精神世界的平衡正是社会作为有机体的内在要求……具体的个人才是社会生活的最真实要素，只有个体的发展与完善才能为未来社会奠定坚实的现实基础。"①

在我们看来，关于生命期待的理想，尽管会以意识的、概念化的、抽象的、未来属性的方式先在于人的具体实践，但它并不是独立于生命实体的存在，而是根植于生命，与每一个个体不可分离的生命存在形式，因而，他才能以精神性的力量、方向性的目标，持续地协调、控制人的行动，激励自我、支持自我在社会、民族、国家等共同体建设中，以小我与大我相互促进有机统一的途径，最终在每一个个体充分发展的前提下成就自我的发展超越。

当前，中国特色社会主义现代化建设进入了新时代。党的十九大报告指出，"我国社会的主要矛盾已经转化为人民日益增长的美好生活需要和不平衡不充分的发展之间的矛盾。"人民对美好生活需要的平衡、充分需要是建设，意味着我们要解决的诸多矛盾将更加深层、更加复杂、更加具有主体性特征，当然也更加凸显我们共同富裕的社会主义的价值理想。它需要更加具有建设力的高精尖卓越人才，担当、践行这样的使命任务。虽然我们无论在理性认知上，还是社会实践经验上，都深知"美好"绝不能简单武断地理解为"完美"，美好生活意味着社会财富极大丰富、人人平等地享有社会发展的成果、每一个人都可以自由而全面地发展自己等社会文明状态的实现。

把人人充分享有美好生活的目标追求，放到辩证唯物主义和历史唯物主义等马克思主义哲学及其科学社会主义的理论视域中，我们可知，美好生活实现的时候，并不是矛盾彻底消除的时候。没有矛盾，既不符合事物的客观存在，也不符合事物发展运动的规律，马克思关于未来社会的有关论述也没有那样的论述。英国马克思主义学者伊格尔顿说，"在对于未来社会十分有限的描述中，马克思从来没说过我们会进入一种完

---

① 邹广文：《马克思总体性思想与当代中国问题》，《高校马克思主义理论研究》2015 年第 1 期。

美无缺的社会。"①

　　社会历史的辩证法告诉我们，共产主义社会是共产主义的价值理想与现实的共产主义运动的辩证统一的社会发展目标，同一个概念，如"美好生活"，随着社会历史的发展性变化，虽然其在根本的价值规定上保持着同一性，但其具体指向的内容也会有很大的差异。这一点恩格斯在《反杜林论》里已经讲得很清楚，他说"每一个时代的理论思维，包括我们这个时代的理论思维，都是一种历史的产物，它在不同的时代具有完全不同的形式，同时具有完全不同的内容"②。高等教育高学历卓越人才，首先必须具备的就是对人类宏大理想形态维度中的时代理想的精准把握，这样才能在社会进程中，做积极的方向促进者和建设者，"理想的社会主义需要掌握高技能、受过良好教育且具有优秀政治素质的民众。"③这是时代对卓越人才的呼唤，也是中国特色社会主义现代化高质量建设的内在要求。所以高学历卓越人才一定是时代催生下的自我创建者，而不仅仅是被被动培养起来的，因为，任何良好的外部条件，失去了主体的主动性内因，终将不会起到本质性的作用。

　　青年永远是人类未来的希望。具体到一个民族、国家而言，就是该民族、国家的希望与未来。"少年智则国智，少年富则国富；少年强则国强……"的论断，确实是至理名言。毛泽东在建国初期访苏期间，接见中国在苏留学生的讲话中，发出了对青年的无限希望与期待，"世界是你们的，也是我们的，但是归根结底是你们的。你们青年人……好像早晨八九点钟的太阳，希望寄托在你们身上。"确实，习近平总书记在庆祝中国共产主义青年团成立100周大会上的讲话时指出"志存高远方能登高望远，胸怀天下才可大展宏图。火热的青春，需要坚定的理想信念。"作为接受过系统化高学历教育的青年群体，更要积极主动地承担起民族、国家进步的使命，让自我对生命的意义期待，在社会实践的物质性事务中闪光。

---

① ［英］特里·伊格尔顿：《马克思为什么是对的》，李杨等译，重庆出版社，2017年，第6页。
② 《马克思恩格斯文集》第9卷，人民出版社，2009年，第436页。
③ 同①，第13页。

实践不只是一种物质性创造活动，它也是"一种有意义的、有价值的、有目标的、有意识的事务。"①只有实践，这一主客体统一的手段，才能在呈现主体对生命意义的期待的同时，实现主体的生命意义。

总之，高学历卓越人才的培养之于一个国家、民族，乃至整个人类未来来讲，都极其重要。高等教育在改进学科学历教育理念、内容组织及其教育教学方法的同时，必须激活高学历人才自我的自主发展愿望，提高其认识世界和改造世界的能力，其中，建立在世界观、方法论、价值观基础上的对生命意义的科学理解、未来期待的信念等自我意识的观念组合极具规范作用。这种规范体现为对未来生命形态的价值预设，以方向性的力量，帮助主体进行选择、判断，激励主体持续地行动，克服迷茫与无目的性的无效行为。这种规范体现为对行动的社会情境的关系行为方式的社会性认知力，具有在社会整体与系统复杂环境中行动的理性储备和自我意识的开放性建设效力。这种规范也体现为生命实践活动的持续监督、同一性维护和建设性创造，使自我能够在实践的意义上，与时俱进地自主自觉地通过生命建设，建构出既具有社会属性，又具有自我独特性的个体品质的生命状态，在小我与大我、自我与社会的辩证统一中，不断地将生命意义的期待演化为助力自我生命成长与社会发展的社会融合力、现实判断力和实践行动力，演化为对美好生活的向往与追求，使关于生命意义的期待或理想，通过自我意识和内存于生命的精神，能够架构起历史、现实与未来的桥梁，在连续的社会实践活动中，不仅创造自我的新生命形态，而且能团结、组织、引领团队、领域等创造新的生命形态，即使自己成为有领导力的战略性卓越人才。

---

① [英]特里·伊格尔顿：《马克思为什么是对的》，李杨等译，重庆出版社，2017年，第104页。

第三节　生命卓越的实践品质

人才的培养一直以来都是时代发展的重要课题。在智能化、数字化社会高速发展的新时代，社会对人才提出了更高的要求，不仅包括专业知识的储备、理想信念的坚定，还应该具有专业知识实践运用水平、社会支持获得能力、对未来整体发展的判断能力等自我发展能力，即不断学习和超越自己的能力。"在知识社会中，人们必须学会如何学习。实际上，在知识社会中，学科知识可能没有学生继续学习的能力和他们继续学习的动机来得那么重要。"① 对于卓越人才的培育，我们特别强调应该在具备扎实知识和自我对生命意义的科学理想的基础之上，自我具有的实践性发展能力。历史研究表明，只有在具体的社会实践的土壤中，在促进社会向好、向善的追求中，才能充分彰显和实现自我生命价值。所以，高学历卓越人才，在必须具备扎实全面的知识和生命理想的基础上，还应该具有实践性自我成长的能力。这种实践性自我成长与发展的能力主要包括三种最基本的能力，即社会融合力、方向判别力以及实践行动力。

一、社会融合力是获得社会支持的能力

社会融合力就是发现、培育、获得社会支持的能力。一个卓越的高学历人才，首先必须具备与各种各样的社会环境发生可能关系的意识，这是在行动上与社会协调相处的知识与心理储备，而"知识就是某种意义上的完美行动"。② 这里我们主张的社会融合力，并不是一种简单的、甚至消极的适应环境，而是一种自觉主动地、以能够被环境所接纳的方式进入环境

---

① ［美］彼得·德鲁克：《后资本主义社会》，张星岩译，上海译文出版社，1998 年，第 200 页。
② 唐热风：《知识行动论》，《哲学动态》2022 年第 7 期。

中,更好地了解环境、发现存在的实质性问题、培育可依赖的力量、找到行动的路径等,使环境向好向善改变、建设的能力。

社会融合力是个体生命积极向上的一种基本的行动,也是个体理性的社会化认知的行为体现。领导学研究者沃伦·本尼斯在《成为领导者》中,总结了"领导者的七个主要品质:专业能力、概念能力、业绩能力、人际能力、鉴赏力、决断力和品格。在未来的世界中,卓越领导者的核心软技能是:人际能力、鉴赏力、决断力和品格以及适应能力,适应能力让领导者能够迅速、聪明地应对持续不断的变化。"① 这里,本尼斯把适应能力看成了卓越领导者的核心软技能。虽然我们并不是就领导者的素质来讲的,但笔者认为卓越人才必须具备一定的领导力,这一点在前文也有所论述。卓越人才需要具备一定的领导力是由社会分工基础上的人与人的客观的社会性依赖造成的,也是由人的社会本质属性决定的。

马克思在《费尔巴哈的提纲中》中,明确指出人的本质即是"是一切社会关系的总和"。② 也就是说,只有在社会关系当中才能认清人及其人的行为,认同、承认和接受人的社会性是在社会中存在的前提和基础。因此,社会性的人首先要正确地认识个人与集体、自我与他人之间的关系。21世纪的今天,国际社会一方面彼此之间的影响更加双向,世界性问题与发展也越来越成为每一个个体的现实影响因子;另一方面随着中国在世界影响力的持续加大,更加开放与包容的发展态势正在不断推进着人类命运共同体的建设进程,个体与群体、个体与环境的交互影响更加凸显。社会目标的实现与个人自我生命意义期待的实现,越来越呈现出一体化的辩证统一,离开群体、社会、共同体的个体和离开个体的任何意义上的共同体,都是不能存在的。相容、合作成为彼此成就、满足需要的基础,所以"不断增进政治认同、思想认同、理论认同、情感认同"③,是个体充分履行社

---

① [美]沃伦·本尼斯:《成为领导者》,徐中等译,浙江人民出版社,2022年推荐序 VII。
② 《马克思恩格斯文集》第1卷,人民出版社,1995年,第56页。
③ 2021年5月25日中共中央《关于在全社会开展党史、新中国史、改革开放史、社会主义发展史宣传教育的通知》。

会义务、承担社会责任所必需的文化自觉。因此，新时代下硕士以上高学历卓越人才，不仅要拥有专业技能和理想信念，还必须正确把握个人与社会、自我与他人的关系，在与他人、环境的良性交往中，更大程度地发现、培育可以更好地解决社会问题的各种社会资源和力量，在推动社会进步中创新自我价值。

从马克思主义人的社会性与共同体理念出发，我们可以知晓，共同体是人作为价值体的存在样式和有机结合体，它的存续基础是其成员对于彼此利益及其生命相关性的共有意识。从其属性来看，一个特定的"命运共同体意识是自然情感、理智选择与行动意愿的有机融合"[①]。因此，只有从社会共同体的视域进行人才的成长性培养，坚持情感同构、交往扩展、整体理解、道义内化等命运共同体建设的基本原则，才能使有着个性化的理想与行动的个体，在自我关于生命期待的整体发展与社会发展趋势的统一中发展自我。

高等教育高学历教学中，为了更好地培养他们的"社会融合力"，充分激活自身潜能，首先要建构起使其能够充分认识自我存在、发展的社会性，形成一种人与人之间协调合作、相互促进的共同体意识。此种能力的实现路径，我们根据实践教学的经验，概略地总结为以下三个方面。

第一，从学生的观念系统建设入手，即意识形态方面抓起，紧密联系马克思主义学科理论，尤其是马克思主义哲学的相关理论，通过对政策和一些规范的学理性、学科化的解释理解、逻辑证明与社会事实证明的统一等方法，促进并增强研究生们基于其社会生活实践与专业知识的切身体验之上的政治认同。尽管研究生们来源于不同的社会群体，具体的生命期待也有差异，在教学中，尽量做到最大程度地尊重和保障每一位同学的研读与自我发展，增强每一位研究生在研究团队中的贡献，并通过每一项研究课题、教学内容价值合理与方向引领的研究实践，感知、体悟其自身所学、自我成长与国家支持、关怀的关系，使其强化对学科群体高度认同的同时，

---

① 侯选明：《命运共同体意识的内在结构及其生成》，《西北师范大学学报》（社会科学版）2023年第5期。

进一步增强自我作为有使命担当和意义追求的研究者的政治认同，进而为他们真正进入社会的职业活动，做好较为全面的精神给养的准备，为其将来的实践性社会融合提供积极的自我意识的先导。

第二，从研究生多样性活动的平等参与、成绩共享、机会平等方面入手，使研究生切身感受到自我努力发展与其所在学科的发展水平、国家建设与影响力等的关系，逐渐形成人与人之间良好的互动交往、信息资源共享的良好氛围，在个性化和差异化的研究团队中，建设好每一个具有充分主体意识的学生共有的精神家园，使不同思想观点的学生，在共同体意识的基础上，进一步相互融合、深入交流、情感互动、生活交往，形成有利于每一位同学健康发展的精神文化氛围，进而使"我为人人、人人为我"成为彼此共守共行的规范原则，每一位同学既能在这样的群体融合中，促进自我的成长，又能在这样的群体生活经验中建构起社会融合的能力素养。总之，具有共同体意识的群体文化认同实践模式是培育研究生社会融合力的文化土壤和精神基础。

第三，从促进研究生自我变革或自我革命能力的视角，狠抓教学中研究生根据研究主题的需要、社会实践变革的需要，获得新知识、寻找新方法、增长新技能的建设，使其自觉转变，从过往知识传授中的被动接受者转化为依据需要的主动需求者。这种学习研究态度与方法的根本转换，需要更加强化研究生在时代发展中，发现问题、甄别问题、研究解决问题的能力，因为"理论创新只能从问题开始。从某种意义上说，理论创新的过程就是发现问题、筛选问题、研究问题、解决问题的过程。"① 对于研究生的学习来讲，其参与解决社会问题的过程，实际上就是进行自我改革与自我革命的过程。而发现问题的方法、路径，最重要的一条就是在与社会的融合当中，将自身置于其结构化的整体中，才能以主动的客观性观察获得真问题。"一个时代所提出的问题，和任何在内容上是正当的，因而也是合理的问题，有着共同的命运。主要的困难不是答案，而是问题。"② 即任

---

① 《习近平在哲学社会科学工作座谈会上的讲话》，《人民日报》2016年5月19日。
② 《马克思恩格斯全集》第40卷，人民出版社，1982年，第289页。

何敢于直面问题，解决问题的人，都是找到了超越自我的途径的人。

在新时代的研究生群体，其自我革命的能力与自己能够成为什么样的人才极具相关性，而只有积极融入社会，才能在社会实践中找到自我革命的方向、存在的不足，锻炼解决问题、突破瓶颈可以使用的、自我之外的外部资源的能力，使自我在与一切有利于问题解决的要素、资源的有机结合中，智慧地和外部世界发生关系，在创新实践解决问题中实现自我成长。总的来说，随着全球化不断深入发展，社会融合力是新时代高学历卓越人才发现问题，获得社会支持解决问题的必备能力。这种能力建设的前提是研究生必须具备社会性的文化认同，是一种内涵着善于与他人、与外部环境交往与合作、善于开放性地接触外界事物、善于包容性地整合各种资源进行创新实践的能力，因而是能够现实地承担起共同体责任的一种意识与能力。

二、方向判别力是未来生命的向导

方向判别力又可以被称为是一种社会预测的能力。这里的方向，包含了两个层面的指向，一是指向宏观意义上社会发展的方向或者人类发展的规律性趋势；二是个体关于自我生命意义的价值期待，即自我生命的历史性延展的向度。这两层含义，均蕴含着一种整体性的质性认知与分析判断的准确性和科学合理性。首先，就第一层含义而言的方向判别力是对于社会历史、现状以及未来发展的一种整体判断力和历史性的辨别力，它既是通过回溯历史渊源，在历史中理解、把握现实，发现未来趋势的能力，又是能够在历史与现实的统一中，前瞻性地看到具有质的规定性的可能性的预测力，是历史逻辑和战略想象力的合力呈现，虽然"各个人过去和现在始终是从自己出发的，他们的关系是他们的现实生活过程的关系"，[①]但是，经过训练培养和实践锻炼的方向辨别力，能够突破当前社会发展的界限以及现实事物的客观范围，预测未来的发展趋势。

---

① 《马克思恩格斯文集》第 1 卷，人民出版社，2009 年，第 587 页。

高学历卓越人才的这种方向辨别力培养，需要由基于专业知识等许多要素的结构化支撑，其中，理性化的逻辑思辨能力和复杂性的战略思维能力是最重要的也是首要的关键要素，因而需要在教学实践中，加大基于经典文本、思想产生史等思想方法和知识整体性的研究性传授与分享，使研究生可以在知识的系统性、研究性学习中得到更好的思维方式的训练成长。对此，中国社会科学院哲学所的陈霞研究员把发展"审辩思维"，看成是提升民族创新能力的重要影响因子，是创新型人才的重要特征，主张要将思维能力的教育贯穿于学校教育的各层级、各阶段。她说审辩性思维不仅指能够进行区别、辨别是非等思维能力，更在于强调能够对所主张的观点进行合理、科学的逻辑论证的能力。"'审辩思维'是有目的的不断进行自我调整判断的能力。这种判断表现为解释、分析、评估、推论，以及做出判断所依据的证据、概念、方法、标准和其他必要背景条件的说明。审辩思维表现在认知和人格两个方面，突出特点是凭证据讲话、合乎逻辑地论证自己的观点、善于提出问题、对自身的反省、对不同见解的包容、对一个命题适用范围的认识、果断决策并承担责任。重视发展国民的审辩思维，对中国亿万人力资源的深度开发，可激发人力资源的潜力和中华文明积淀的潜能。曾经，'知识就是力量'，现在和未来，'思维也是力量'，并且是力量的源泉。"① 她通过提案的形式，建议将"审辩思维"的培养纳入国家教育规划，在大中小学都开设审辩思维课程，并在大中小学各学科的教学实践中，都开展全面的审辩思维训练，以此培养国民普遍的审辩性思维能力，为提高全民族的创新能力提供教育支持和创新型卓越人才的系统化建设。

　　事实上，历史唯物主义就是在揭露人类社会发展的客观规律的基础上，为无产阶级指明了自我解放的正确方向和可行道路。马克思主义关于社会历史发展规律和未来前景的理论判断，虽然产生于当时特定的历史环境中，但它又超越了当时历史条件的局限，前瞻性地预见了人类未来的

---

① 陈霞：《建议培养审辩思维能力：这是中国学生"短板"》，澎湃新闻网，https://m.thepaper.cn/newsDetail_forward_3100096?from=timeline&isappinstalled=0，2019年3月8日。

理想形态，从而成为广大人民大众现实地认识世界、改造世界的强大思想。对此，梅林曾经在他的书中这样评价马克思和恩格斯："他们在50年前已经能从比较微弱的迹象中认清了世界各国资产阶级科学至今还不能从无限之多的极其确凿的证据中捕捉住，而至多只能偶尔得到一些预感的东西"①，这一评价，无疑体现了马克思和恩格斯作为站在科学制高点上的理论家所具有的强大的方向判别力。他们通过对于资本主义社会的科学分析，找到了推动人类社会发展的历史性规律、动机机制和主体力量，体现了一种具有反思性和预测性的高超的方向判别能力。

对于高学历卓越人才方向判别力的提升，还必须提高他们的学术想象力与在此基础上解决问题的开放性、创新性思维的能力。学术想象力不仅是做好科学研究所必需的能力，而且是实践地解决问题的开放性创新思维的基础，因为它"是一种可以帮助人们增进理性，看清世界的心智品质。"②因此，我们在研究生教学中，要积极地鼓励他们大胆想象、勇于突破常规、敢于挑战，形成面向现实的胆识和实践意识，从而能够准确地找到自身与外部世界的关系中的事件真相，清楚地认识到自身在社会整体运行中所处的位置、担任的角色、承担的权利、利益获得的合法途径等。拥有了好的方向辨别力，意味着这样他们眼界更加辽阔，可以在宏观地掌握社会历史发展规律和社会发展趋势的基础上，帮助他们既立足当下，又能看清自己与未来向度的关系，把握好周边客观事物的发展规律，更好地安排、组织自我的实践活动。

研究生理想的方向辨别力建设，还应该做好引导研究生深入理解方向辨别力的内涵与价值，以此促使他们对方向辨别力的自觉的日常生活实践的自我积累性训练。一方面，在教学中，除了专业知识的研究性教化之外，还应该培育他们建立从历史的维度理解现在与未来的分析能力。人是历史的人，因此，要将自己放置于历史的时间和空间中，才能够真正地理解自己、把握自己。由人参与的事件也是历史的，而且是历史不可分割的部分，

---

① ［德］梅林,《保卫马克思主义》,吉洪译,人民出版社,1982年,第40页。
② ［美］赖特·米尔斯,《社会学的想象力》,陈强等译,生活·读书·新知三联书店,2005年。

历史与现实之间紧密联系，对于某个事件的研究和分析必须放置在特定的历史背景中去理解，才能够更加深入、更加贴切地理解事件的发展历程，更好地把握现实存在和社会历史之间的内在本质。另一方面，教学中在培育研究生历史地分析问题的能力的基础上，要根据实践需要，培养研究生进行思维延伸和思维转换的能力，使之在看似毫无关系的现象之间找到联系，找到真问题，拥有整体性思维能力，而不会局限于片面、狭隘的视野当中，在事件发生的特定社会环境和所处的复杂社会结构中、在个体和社会的关系中来解决问题。

总的来说，方向判别力是高学历卓越人才应该具有的重要实践品质要素。它可以避免零碎、片面的思维方式，在首抓主要矛盾的同时，不轻视、忽视相关次要矛盾，也就是在矛盾的辩证统一中解决问题。虽然就高等教育各学科培养的高学历人才而言，其专业知识、技能、专业志向会有领域、学科的差别，但是，面向实践、面向生命选择的时候，方向判别力的思维方式都将贯穿于每一方面。因此，方向判别力是每一个卓越人才都需要的实践技能，它的生成，究其知识构成而言，得益于多学科的交融交汇，它的建设需要教育教学实践中的跨学科、跨领域的多维浸润；究其实践应用性增长而言，它需要从社会历史、社会复杂性、未来的诸多可能性中，通过大胆预测、不断践行方能有所助益。

对于高等院校的硕士以上高学历阶段教育而言，应该力戒过分形式化、简单化的知识呈现或传授方式。教育教学要特别重视对研究生概念范畴的精准性、逻辑思维的严密性、语言表达的契合性等基础能力培养，以及在此基础上，增强对于与学科相关的社会现象的经验分析、问题把握之上的普遍抽象能力，进而发展出更加具有全局性、整体性的复杂性思维、战略性思维等思维能力，把方向辨别力转化为"发现问题、研究问题、解决问题的主动意识和自觉精神状态"[①] 的实践习惯，推动承载着新的时代性内容的新思想或新技术等的生成与普及推广。

---

① 尹世尤：《问题意识与问题导向——习近平新时代中国特色社会主义思想科学方法论的重要内涵》，《国家治理》2023 年 7 月下。

三、实践行动力是生命卓越的创造手段

高学历卓越人才的实践品质所包含的社会融合力和方向辨别力，是在问题辨识和解决中的融合能力和方向辨别能力。正是因为矛盾普遍存在于社会生活的各个领域、各个层面，贯穿于个体生命的全过程，而"问题是事物矛盾的表现形式"，因而强调增强问题意识、坚持问题导向，就是承认矛盾的普遍性、客观性，就是要善于把认识和化解矛盾作为打开工作局面的突破口。① 毫无疑问，实践就是解决矛盾的直接方式，但是，由于各种条件和因素的制约，尤其是解决矛盾的主体——人的能力的差异，在社会生活实践中，对问题的解决效果，往往呈现为极其不同的结果，所以，在高学历教育中，不仅需要培养学生的社会融合力和方向辨识力，还应该将实践行动力的提高，贯穿于研究生教育教学实践的始终，使他们形成能够融入社会、运用知识，在矛盾发展的趋势中，抓住事物的关键本质，高质量有效解决问题的实践意识和能力，即实践行动力。我国著名肝胆专家吴孟超院士在接受记者采访时，当被问到，为何年过九旬依旧能上手术台做手术，有何秘诀时，老人家郑重地说，"'手术的手感很重要，不外乎认真看，认真学，学完就实践。'"② 可见，实践行动力与态度、实践的频度等直接关联。在我们看来，卓越人才实践行动力的培养需要做好如下几个方面的工作：

第一，在教学活动中，要培养学生独立思考、独立判断、敢于决断、善于突破的创新尝试能力。也就是说，一个卓越的人才，积极与社会融合、审慎地辨别清楚了方向，抓住实践的关键问题，或者说影响事物发展的主要矛盾的主要方面，进行有效的目标行动并达至目标的能力，是需要在学习、研究的过程中，通过各种方式、各种环节的教学内容与手段支持，使其不断地在情境式、结构化等环境中，以身临其境的沉浸式体验，参与到

---

① 《习近平谈治国理政》，外文出版社，2014 年，第 22 页。
② 《广州日报》，2021 年 5 月 22 日。

问题的解决中，经历实践的百折不挠淬炼，反思再反思地总结出成功经验，乃至形成一种情境式思考、解决问题的行动理性，在人与对象的统一中，提升自我、超越自我。

吴孟超先生 70 多年的医疗临床所形成的高超医术，既来自他的知识的渊博，也源于他敢于吸收各领域技能技巧的方法启迪，勇于在肝胆治疗领域不断地进行创新实践的智慧与水平。在肝胆医学治疗中，研究肝脏先得从解剖学入手，为了更好地熟悉肝脏内部的解剖结构，吴孟超先生的团队，从制作肝脏管道铸型模型入手，从 1958 年起，虽然无数次实验都以失败告终，但他们并没有放弃。一次偶然，他们从容国团荣获世界乒乓球锦标赛冠军的喜讯中获得灵感，他们以塑料为原材料，制作成了一具精美的人的肝脏管道铸型标本。吴孟超以此为基础，通过对标本的观察研究及病人的临床实例，创造性地提出了人体肝脏"五叶四段"的解剖学理论，这一理论堪称我国肝脏手术成功的基石。吴孟超院士的创新事例，充分证明了我们这里所强调的以专业知识、宏大理想为核心基础下的社会融合力、方向辨别力和实践行动力，对于一个卓越人才的重要性。而这一点，在今天，这个信息更加多元、纷扰的影响下，在世界各民族国家的竞争越来越依赖于科学技术的创造力和思想生产力的时代背景下，尤为凸显其价值，清华大学学生全球胜任力发展指导中心的成立是很好的例证，其宗旨就是培养"全球胜任力"的卓越学生，即在国际与多元文化环境中具备有效学习、工作和与人相处的能力。

第二，在教学活动中，要通过相关知识的结构化组织设计，使其能以整体的形态运用到特定的社会生活场景，让学生深入其中，发现、解决问题，不断地生成一种通过持续的知识运用与转化的实践经验，积累起将知识运用的实践行动内化为自身习惯的能力，提升其面向现实与未来的实践行动力。对于这一问题，或许可以借用吉登斯的"实践意识"来加以阐述。吉登斯认为："所谓实践意识，指的是行动者在社会生活的具体情境中，无须明言就知道如何'进行'的那些意识。对于这些意识，行动者并不能给出直接的话语表达"①。"无须明言就能够进行的意识",笔者认为可以理解为一种后天社会化的行为习惯,这种行为习惯存在于社会主体在日常生活中,通过知识运用而积累得到的直接经验知识的动态化存储。这类存储的知识包含有丰富的实践智慧,行为主体虽然很难用明确的话语表达,但可以有效地取得实践效果。可见,实践行动力是基于系统化专业性知识运用后,逐渐形成的一种理性自觉意义上的无意识行为习惯。

亚里士多德曾经在《尼各马科伦理学》当中对实践行动进行了阐述。他认为人的德性是通过实践行动所形成的,人进行何种行动方式决定了人能够成为什么样的人。亚里士多德说,"行动的始点在人身上"②,实践行动是实践主体自主选择的结果,人在进行选择后才会产生行为。这种选择在大量的经验经历过后内化为实践主体自身的行为习惯。因此,实践行动力最终会演化为无数次自主选择后所形成的习惯。在亚里士多德的论述中,决定这种自主选择的因素是审思。这一因素充分体现着具有实践行动力的人,能够通过对自我实践行动的持续性反思而对自身完成基于行为的塑造。人的实践行动与人的理性反思相互作用,彼此影响。

在亚里士多德关于审思是主体实践的重要影响因素的理解视域下,他的立足点是人的行动的现实可及性;审思主要包括关于人的行动的三个主要方面,一是主体将那些自我能力范围内所能改造的事物当作审思的对象;二是主体会更多地专注于思考达到这种目的的手段和方法;三是主体实践是过程性行动,经由审思、选择等达到自己的目标。亚里士多德的审思,充分考虑了主体行动的现实可及性。人们通过反思去寻找达到自己目的的手段和方法,在多种手段和方法当中选择一种最合理、最可行的方法实现目的,这一过程也是我们称之为的实践行动力展开的过程,也是实践行动力构成的要素发挥作用的过程。

---

① [英]安东尼·吉登斯:《社会的构成》,李康等译,生活·读书·新知三联书店,1998年,第64页。

② [古希腊]亚里士多德:《尼格马可伦理学》,王旭凤等译,中国社会科学出版社,2007年,第26页。

基于上述分析，笔者认为，高等教育在重视对高学历人才培养实践行动力的方法、路径的同时，必须还要坚持我们不断强调的两个方面：一是保持思考与反思的能力。保持反思不仅是对自身未来实践行动的考虑和预测，同时也能够帮助我们对社会生活进行整体性把握。亚里士多德曾说："选择并不关注已经发生的事情，比如没有人会选择去劫掠特洛伊。因为没有人会审思在过去发生的事，而审思在将来可能发生的事"[①]，保持反思能够让我们对未来可能发生的事情做出提前地预判和思考，能够让人们明确自身的实践方向，并清楚地了解自身所拥有的实践条件和所处的环境，以此来做出最有利于自己的行为。二是要具有良好的德性。人在实践行动的过程当中，不仅仅要为自己的行为负责，还要为自己的德性所负责。想要具备良好的实践行动力，就要培养自身的德性，让自己能够在反思自我后，激活自我需求的合理欲望，与他人友好的合作，甚至能够以人格的力量感召他人，共同完成实践目标，是自我和他人共同成长。反之，不仅不利于自我实践目标的实现，而且可能会对他人或社会造成危害。所以，培养良好的品德是实践智慧的重要构成部分。包含有良好品德的实践智慧，是卓越人才整体生活方式的文化美德，在客观意义上本身就具有了一种使人向善的生活引领力。美德以一种软实力的方式助力实践技能效力的提高。

总的来说，实践行动力印证着"实践是检验真理的唯一标准"的科学性。只有拥有高效实践行动力的人才，才能够真正地将自己的专业素养与理想目标，规范地、合理地转化为社会实践的具体活动，现实地推动社会生产力的发展与进步，并在社会实践的过程中，不断地促进自我的进一步成长，实现自我对生命的意义期待，创造出卓越的生命形态。

习近平在《努力成为可堪大用能担重任的栋梁之才》一文中说，"担当作为就要真抓实干、埋头苦干，决不能坐而论道、光说不练。我多次讲过两晋学士虚谈废务的故事，王衍就是其中一个代表人物，可谓舌辩滔滔、

---

① ［古希腊］亚里士多德：《尼格马可伦理学》，王旭凤等译，中国社会科学出版社，2007年，第20页。

无人能及。西晋末年，羯族首领石勒起兵进犯洛阳，王衍作为太尉随军前去讨伐，结果兵败被俘。石勒问他西晋溃败的原因，他百般为自己开脱，说自己从年少时就不参与政事。石勒斥责他：你名盖四海，身居重任，少壮登朝，至于白首，怎么能说没参与朝廷政务，破坏天下，正是君罪。后来，王衍被石勒派人杀死，王衍临死前哀叹，如果自己平时不是追求虚浮、而是努力做事，也不至于到这个地步。"①

实践不仅出真知，而且实践长才干。真正的卓越人才是心怀理想，掌握高超专业技能，拥有很好的社会融合力、方向辨别力和实践行动力的知行合一者。唯其如此，才能使自己不断超越自我，成为推动社会进步和人类发展的卓越人才。

总之，知识是人类经由检验的生命智慧形态的概念化、系统化体系。拥有专业知识的高学历人才，意味着其拥有了理解世界并以此与世界发生关系的独特视角与可能方法，但只有具备知识的结构化能力时，才可能使知识转化为智慧，保持旺盛的生命力。理想是人类或个体关于未来生命的期待。高学历专业化卓越人才对于自我生命的意义期待，蕴含着特定的生命价值预设和价值规范的意愿，它源于其学习研究的生命过程，以及与社会生活不断的交往实践，因此，其关于未来生命的自我意识是在实践中通过行动不断建构起来的、具有整体性的自我特质，它是内在于生命本身的存在，具有生命实践与意义指向的统一性。实践行动力是在社会融合力和方向辨别力基础上的具体实践活动能力，它是卓越人才自我生命呈现的力度和广度的体现能力的总和。实践行动力首先表现为运用知识在现实中把握核心问题的能力；其次表现为发现实现生命意义的力量所在，即可以通达的路径、运用的手段和获得的社会支持；最后综合体现为解决问题的效度和生命意义的实现形态，是"在真正的共同体的条件下，各个人在自己的联合中并通过这种联合获得自己的自由。"②

---

① 《求是》2022 年第 3 期。
② 《马克思恩格斯文集》第 1 卷，人民出版社，2009 年，第 571 页。

小　结

　　2021年，被称为是"元宇宙"的元年。而"元宇宙"的本质被理解为是一个个的意识"信息块"，其主体是生物人、电子人、数字人、虚拟人、信息人，最终都演变为有机体和无机体，人工智能和生物基因技术的结合，形成"后人类"。后人类社会的形成过程是生命形态从"碳基生命"向"硅基生命"过渡的过程，期间，始终贯穿着两个维度的演化，一是生物学、信息论、技术的演化；一是伦理、文化和社会生活领域的演化。[1]无论哪一个维度的"元宇宙"时代的演化，都将随着生命形态的巨变，人类已有的文明都将可能遭遇颠覆性的巨变，如生命观、人的属性、时空观、能量观等，因此，我们必须为即将到来的未来巨变做好准备，尤其是认识论意义上的准备，包括调整的快速性和提升的高度等。故此，高等教育的教育责任更加凸显，尤其是研究型大学，硕士以上高学历人才培养，客观上已经越来越成为在校学生的大多数，他们的培养规模与质量，从小一点说，影响着大学在整个高等教育体系结构序列中的位置；从大一点说，他们是关乎国家竞争力的知识创造主体，其重要性不言而喻，甚至，在一个更为本体论的意义上讲，他们也关乎着人类自身生命形态究竟会以何种样态存在等问题。

　　如果我们把高质量硕士以上卓越人才的培养，从未来的人类形态的思考导入当下的世界，我们依然会发现其重要性和迫切性。当前，一个国家的发展，越来越具有世界历史意义。一方面各国间的发展相互依赖交叉，另一方面又竞争激烈，因此，对硕士以上高学历人才的教育培养，必须要有世界视野的专业化锻造，强化他们对于世界、全球、社会等宏大环境的分析和准确的研判能力，使人类命运共同体的价值追求和专业提升有机

---

[1] 赵国栋等：《元宇宙》，中译出版社，2021年，第9—10页。

统一为社会实践的行动,为此,在高学历人才的培养中,必须将专业知识和生命意义作为其社会性发展的双核,并在此基础上,培养他们的社会融合力、未来预测力和解决问题的实践行动力的结构化持续发展的能力,进而解决在现有的培养实践中存在的一些问题,如:专业志向不稳定、思维窄化、自主学习与发展能力不足等急切需要破解的成长瓶颈。

故此,我们紧密结合自己硕士、博士教学实践的独特体验与以往生成的经验性理念和方法,从辩证唯物主义和历史唯物主义的基本理论出发,以马克思主义中国化时代化的最新成果为价值统摄和科学引领,将其思想细化为新时代硕士以上高学历人才培养的教育实践模式,从其知识与生命意义关怀的文化情感契合切入,聚焦于他们专业知识的运用与创新目的的区域、全球议题,展开跨文化、跨学科、跨领域分析,考查其专业知识创造与宏观环境研判、未来可能趋势的知识与能力间的相关性,寻找尊重、理解、欣赏他人的美美与共的合作能力和获得广泛社会支持能力的教育通道,着力解决好高学历人才专与全、理论与实践等的关系,促进他们更好地保有知识创造的未来属性,运用专业解决现实复杂问题的能力,使之获得自我超越性发展的素养。

总之,我们对卓越人才培养的思考,以马克思主义哲学理论为研究出发点,以提升硕士以上高学历人才对生命意义的追求为内驱力的自主学习、发展能力为核心,使其专业研读在社会需要、自我与世界、现实与未来的诸多关系中,形成自我与外部世界的积极融合、对复杂环境信息的高处理质量并做出合理、准确的预测,感受、体验、实现专业学习的使命和专业之于自我的生命意义。我们相信,只有这时,他们的生命才会是社会性的,因而也才会是具有历史意义的生命,因为"仅当事物本身作为命运生成之过程时,他的时间性才是历史性。"[①] 而具有社会历史性的生命,只有在创造性的实践中才能呈现并得以不断地实现。人们的社会历史始终只是他们的个体发展的历史,而不管他们是否意识到这一点。他们的物质关系形成他们的一切关系的基础。这种物质关系不过是他们的物质的和个体

---

① 王德峰:《哲学导论》,复旦大学出版社,2021年,第173页。

的活动借以实现的必然形式。对于卓越的高学历人才而言，其生命意义不仅仅在于通过有意义的实践获得自我生命的完善，更为重要的是，要能够引领一个群体、一个领域、一个行业的时代性、甚至是国际性的发展性实践。卓越人才是人类美好生活实现的领导型的创造者和推动者。这是我们研究的目标，也是我们希望在实践中实现的目标。

参考文献

中文著作

[1] 马克思恩格斯文集：第 1 卷 [M]．北京：人民出版社，2009．

[2] 马克思恩格斯文集：第 2 卷 [M]．北京：人民出版社，2009．

[3] 克思恩格斯文集：第 9 卷 [M]．北京：人民出版社，2009．

[4] 马克思恩格斯全集：第 40 卷 [M]．北京：人民出版社，1982．

[5] 马克思恩格斯全集：第 42 卷 [M]．北京：人民出版社，1979．

[6] 马克思恩格斯全集：第 1 卷 [M]．北京：人民出版社，1995．

[7] 马克思恩格斯选集第：第 1 卷 [M]．北京：人民出版社，1995．

[8] 毛泽东选集：第一卷 [M]．北京：人民出版社，2009．

[9] 习近平谈治国理政 [M]．北京：外文出版社，2014．

[10] 习近平著作选读：第一卷 [M]．北京：人民出版社，2023．

[11] 习近平著作选读：第二卷 [M]．北京：人民出版社，2023．

[12] [美]唐纳德·肯尼迪．学术责任 [M]．阎凤桥，译．北京：新华出版社，2002．

[13] [英]阿尔弗雷德·诺思·怀特海．教育的本质 [M]．刘玥，译．北京：北京航空航天大学出版社，2021．

[14] 朱国华．权力的文化逻辑——布迪厄的社会学诗学 [M]．上海：上海人民出版社，2016．

[15] [美]彼得·德鲁克. 后资本主义社会[M]. 张星岩, 译. 上海: 上海译文出版社, 1998.

[16] [美]伯顿·R·克拉克. 高等教育系统——学术组织的跨国研究[M]. 王承绪, 译. 杭州: 杭州大学出版社, 1994.

[17] 全国十二所重点师范大学联合编写组. 教育学基础[M]. 北京: 教育科学出版社, 2002.

[18] [美]约瑟夫·熊彼特. 经济发展理论[M]. 贾拥民, 译. 北京: 中国人民大学出版社, 2019.

[19] [美]英格尔斯. 人的现代化[M]. 殷陆君, 编译. 成都: 四川人民出版社, 1985.

[20] [美]丹尼尔·贝尔. 后工业社会的来临——对社会预测的一项探索[M]. 高铦等, 译. 北京: 新华出版社, 1997.

[21] [英]安东尼·吉登斯. 社会学基本概念[M]. 王修晓, 译. 北京: 北京大学出版社, 2019.

[22] [美]詹姆斯·J·杜德斯达. 21世纪的大学[M]. 徐素娟, 译. 北京: 北京大学出版社, 2020.

[23] 李德顺. 马克思主义哲学范畴研究[M]. 北京: 中国社会科学出版社, 2010.

[24] [奥]弗雷德蒙德·马利克. 转变——应对复杂世界的思维方式[M]. 黄廷峰, 译. 北京: 机械工业出版社, 2017.

[25] [法]笛卡尔. 探求真理的指导原则[M]. 管震湖, 译. 北京: 商务印书馆, 2019.

[26] [英]佛雷德·英格利斯. 文化[M]. 韩启群等, 译. 南京: 南京大学出版社, 2008.

[27] [英]吉拉德·德朗蒂. 当代欧洲社会理论指南[M]. 李康, 译. 上海: 上海人民出版社, 2009.

[28] 叶奕乾. 普通心理学[M]. 上海: 华东师范大学出版社, 2004.

[29] 王德峰. 哲学导论[M]. 上海: 复旦大学出版社, 2021.

[30] 李淮春. 马克思主义哲学全书[M]. 北京：中国人民大学出版社, 1996.

[31] [美]乔恩·埃尔斯特. 心灵的炼金术：理性与情感[M]. 郭忠华, 译. 北京：中国人民大学出版社, 2009.

[32] [英]安东尼·吉登斯. 现代性的后果[M]. 田禾, 译. 南京：译林出版社, 2011.

[33] [英]安东尼·吉登斯. 社会的构成[M]. 李康等, 译. 北京：三联书店, 1998.

[34] 况志华. 责任心理学[M]. 上海：上海教育出版社, 2008.

[35] [法]皮埃尔·布迪厄. 实践与反思——反思社会导引[M]. 华康德, 译. 北京：中央编译出版社, 1998.

[36] [美]约瑟夫·奈. 软实力[M]. 马娟娟, 译. 北京：中信出版社, 2013.

[37] [英]彼得·华莱士·普雷斯顿. 发展理论导论[M]. 李晓云, 译. 北京：社会科学出版社, 2011.

[38] 黄宗智. 实践社会科学研究指南[M]. 桂林：广西师范大学出版社, 2022.

[39] [美]爱德华·霍夫曼. 马斯洛传——人的权利的沉思[M]. 许金声, 译. 北京：华夏出版社, 2003.

[40] [美]刘易斯·科塞. 理念人——一项社会学的考察[M]. 郭方, 译. 北京：中央编译出版社, 2004.

[41] [美]马斯洛. 自我实现的人[M]. 许金声, 译. 北京：生活. 读书. 新知三联书店出版社, 1987.

[42] [德]恩斯特·卡西尔. 人论[M]. 甘阳, 译. 上海：上海译文出版社, 2004.

[43] [美]阿尔伯特·爱因斯坦. 我的世界观[M]. 方在庆, 译. 北京：中信出版社, 2018.

[44] [美]赫尔·葛瑞格森. 问题即答案[M]. 魏平, 译. 北京：中信出版社, 2022.

[45] [英]特里·伊格尔顿. 文化与上帝之死[M]. 宋政超, 译. 郑州：河南

大学出版社，2016.

[46] [美]沃伦·本尼斯. 成为领导者[M]. 徐中，译. 杭州：浙江人民出版社，2022.

[47] [美]罗伯特·所罗门. 大问题[M]. 张卜天，译. 桂林：广西师范大学出版社，2014.

[48] [美]埃利希·弗洛姆. 爱的艺术[M]. 刘福堂，译. 上海：上海译文出版社，2018.

[49] [德]汉斯·约阿施. 欧洲的文化价值[M]. 陈洪捷，译. 北京：社会科学文献出版社，2018.

[50] [美]罗兰·T·拉斯特. 情感经济[M]. 彭相真，译. 北京：中译出版社，2022.

[51] [德]卡尔·曼海姆. 意识形态与乌托邦[M]. 姚仁权，译. 南昌：江西教育出版社，2014.

[52] [美]克里斯蒂娜·M·科斯嘉德自我构成——行动性、同一性与完整性[M]. 吴向东等，译. 北京：中国人民大学出版社，2022.

[53] 刘向. 说苑校证[M]. 向宗鲁，校证. 北京：中华书局，1987.

[54] 孟子[M]. 北京：中华书局，2015.

[55] [法]雅克·德里达. 马克思的幽灵[M]. 何一，译. 北京：中国人民大学出版社，1999.

[56] 龚超. 马克思社会教育思想研究[M]. 北京：人民出版社，2013.

[57] [美]艾略特·阿伦森. 社会心理学（第10版）[M]. 侯玉波，译. 北京：人民邮电出版社，2023.

[58] [英]特里·伊格尔顿. 马克思为什么是对的[M]. 李杨，译. 重庆：重庆出版社，2017.

[59] [德]梅林. 保卫马克思主义[M]. 吉洪，译. 北京：人民出版社，1982.

[60] [美]赖特·米尔斯. 社会学的想象力[M]. 陈强，译. 北京：生活·读书·新知三联书店，2005.

[61] [古希腊]亚里士多德. 尼格马可伦理学[M]. 王旭凤，译. 北京：中国

社会科学出版社，2007.

[62] 赵国栋．元宇宙［M］．北京：中译出版社，2021.

[63] 朱智贤主编．心理学大词典［M］．北京：北京师范大学出版社，1989.

[64] 林崇德．发展心理学［M］．杭州：浙江教育出版社，2002.

[65] ［英］休谟．人性论［M］．关文运，译．北京：商务印书馆，2016.

[66] ［美］肖恩·艾科尔．快乐竞争力［M］．郑晓明，译．北京：中国人民大学出版社，2012.

[67] 黄璇．情感与现代政治［M］．北京：商务印书馆，2016.

[68] 朱小蔓．情感教育论纲［M］．北京：人民出版社，2007.

[69] ［英］亚当·斯密．道德情操论［M］．蒋自强等，译．北京：商务印书馆，1997.

期刊论文

[1] 方红庆．知识、断定与价值——索萨的等价论证及其批判［J］．世界哲学，2015（5）.

[2] 谢延龙．论教师的说服素养——基于亚里士多德修辞学的思考［J］．现代教育论丛，2015（10）.

[3] 费多益．认知视野中的情感依赖与理性、推理［J］．中国社会科学，2012（8）.

[4] 费多益．情感增强的个人同一性［J］．世界哲学，2015（6）.

[5] 刘进田．价值与人及其自我完成［J］．哲学动态，2015（8）.

[6] 刘彦顺．第三种性格之中的时间性——论席勒美育思想中的时间性问题之一［J］．美育学刊，2015（5）.

[7] 景怀斌．德性认知的心理机制与启示［J］．中国社会科学，2015（9）.

[8] 冯巧玲．情感认同：道德践履之根本［J］．石家庄经济学院学报，2016（3）.

[9] 刘文．当代文化研究中的情感转向［J］．江西社会科学，2016（9）.

[10] 王伦信．创造教育理论研究回溯［J］．南京师大学报，2007（4）．

[11] 范守信．试析高校课程群建设［J］．扬州大学学报（高教研究版），2003（3）．

[12] 谭贞．我国高等教育培养目标的价值取向［J］．理论纵横，2008（6）．

[13] 满正行．建设课程群，促进系统能力培养——以西北民族大学计算机科学与技术专业为例［J］．科教文汇（上旬刊），2020（11）．

[14] 余文森．从"双基"到三维目标再到核心素养——改革开放40年我国课程教学改革的三个阶段［J］．课程·教材·教法，2019（9）．

[15] 余文森．课程教学改革目标方向40年的变迁［N］．中国教师报，2018-12-26（6）．

[16] 褚清源．从教书到育人的历史性突破［N］．中国教师报，2022-8-24（6）．

[17] 岳晓东．大学生创新能力培养之我见［J］．高等教育研究，2004（1）．

[18] 粟景妆．斯普朗格：德国现代教育体系的开创者［J］．教育与职业，2013（7）．

[19] 王文东．筑牢中国式现代化的美德基础［EB］．（2023-5-5）．https://www.cssn.cn/skgz/bwyc/202305/t20230504_5626127.shtml．

[20] 何萍．斯普朗格的生活形式的文化哲学［J］．社会科学家，2015（2）．

[21] 王伟廉．高等学校本科课程编制模式探讨［J］．高等教育研究，2003（2）．

[22] 郭凤志．价值观教育应把握好的三个问题［J］．思想理论教育导刊，2004（2）．

[23] 巩金龙．调整优化学科专业，造就拔尖创新人才［J］．瞭望，2023（21）．

[24] 谢延龙．论教师的说服素养——基于亚里士多德修辞学的思考［J］．现代教育论丛，2015（10）．

[25] 姚德薇．论社会认同研究的多学科流变及其启示［J］．学术界，2010（8）．

[26] 陈庆德．资源博弈过程中的民族性要素［J］．北方民族大学学报（哲学社会科学版），2010（1）．

[27] 杨素萍．广西汉、壮族大学生文化认同调查研究［J］．广西师范学院学报（哲学社会科学版），2011（7）．

[28] 左稀. 论亚里士多德情感观的认知性 [J]. 兰州学刊, 2013 (12).

[29] 徐瑞康. 斯宾诺莎情感学说研究——读《伦理学》[J]. 伦理学研究, 2009 (1).

[30] 岳雯. 人的状况、限度与可能——读邓一光的〈人, 或所有的士兵〉[N], 南方文坛, 2020-1.

[31] 强以华. 道德：理性与情感——兼论应用伦理学中理性与情感的地位 [J]. 哲学动态, 2010 (7).

[32] 周黄正蜜. 智性的情感——康德道德感问题辨析 [J]. 哲学研究, 2015 (6).

[33] 王建军. 康德对近代情感理论的变革 [J]. 哲学研究, 2010 (6).

[34] 聂文娟. 群体情感与集体身份认同的建构 [J]. 外交评论（外交学院学报）, 2011 (9).

[35] 叶宗波. 高校理论武装工作新向度：从认同到自觉 [J]. 广西社会科学, 2010 (1).

[36] 邓山. 新时代对高校思想政治工作者提出新要求 [J]. 继续教育研究, 2018 (7).

[37] 陈新汉. 认同、共识及其相互转化——关于社会价值观念与国民结合的哲学思考 [J]. 江西社会科学, 2014 (7).

[38] 李鹏. 试论马克思主义哲学的辩证本体论 [J]. 山西农业大学学报（社会科学版）, 2003 (1).

[39] 王前军. 社会发展评价对思想政治理论课认同的影响分析 [J]. 思想政治课研究, 2018 (6).

[40] 姜涛. 情感认同与社会主义法治文化培育 [J]. 理论探索, 2018 (1).

[41] 郭春镇. 从"神话"到"鸡汤"——论转型期中国法律信任的建构 [J]. 法律科学, 2014 (3).

[42] 薛婷. 社会认同对集体行动的作用：群体情绪与效能路径 [J]. 心理学报, 2013 (8).

[43] 陈炎. 六大情感范畴的历史发展与逻辑关系 [J]. 文艺理论研究, 2011

（9）．

[44] 任志芬．情感认同：思政课教学中不可忽视的因素 [J]．绍兴文理学院学报（教育教学研究版），2008（5）．

[45] 胡梅花．论政治情感的培育与马克思主义大众化的实现 [J]．思想理论教育，2010（8）．

[46] 温小郑．需要层次四维度的经济分析模型 [J]．经济管理，2005（6）．

[47] 杨发祥．乡村场域、惯习与农民消费结构的转型——以河北定州为例 [J]．甘肃社会科学，2007（5）．

[48] 马维娜．惯习：对教育行为的另一种解释路径 [J]．江苏教育学院学报（社会科学版），2003（10）．

[49] 张曙光．价值论研究：问题与出路 [J]．华中科技大学学报（人文社会科学版），2002（8）．

[50] 李少兵．从实证理性认识论到情感生存论——价值哲学研究范式之思考 [J]．学术研究，2011（5）．

[51] 金忠明．论德育、智育和美育的一体化 [J]．上海师范大学学报（哲学社会科学版），1980（12）．

[52] 景怀斌．德性认知的心理机制与启示 [J]．中国社会科学，2015（9）．

[53] 陈真．艾耶尔的情感主义与非认知主义 [J]．江苏社会科学，2009（11）．

[54] 王淑芹．诚信道德正当性的理论辩护——从德性论、义务论、功利论的诚信伦理思想谈起 [J]．哲学研究，2015（12）．

[55] 宋宁刚．美：作为实现至善的环节与作为知的形态——席勒与康德审美思想的差异 [J]．求索，2013（5）．

[56] 傅莉莉．情感德育理论视域中的高校贫困生教育 [J]．高教发展与评估，2007（5）．

[57] 渠淑坤．国外学校道德教育的模式与方法论述 [J]．首都师范大学学报（社会科学版），1994（6）．

[58] 姚孟春．社会实践对大学生思想政治教育的必要性 [J]．中山大学学报（哲学社会科学版），1990（4）．

[59] 蓝波涛. 社会主义核心价值观情感认同的实现路径 [J]. 教学与研究, 2018（5）.

[60] 胡宇南. 大学生社会主义核心价值认同研究 [J]. 电子科技大学, 2017（5）.

[61] 纪宝成. 加强学术学风建设 繁荣人文社会科学 [J]. 社会科学论坛, 2005（1）.

[62] 郭凤志. 价值观教育应把握好的三个问题 [J]. 思想理论教育导刊, 2004（2）.

[63] 张文喜. 对学术志业的哲学反思 [J]. 浙江工商大学学报, 2023（3）.

[64] 刘朝武. 思想政治教育研究者的学术自觉与学术自信——评《思想政治教育学前沿研究》[J]. 学校党建与思想教育, 2013（7）.

[65] 翟锦程. 中国当代知识体系建构的基础与途径 [J]. 中国社会科学, 2022（11）.

[66] 石连海. 适应与跨越：人工智能冲击下的教育现代化 [J]. 中国教育学刊, 2022（3）.

[67] 邢媛. 生命实现的三重形式：知识、文化与修为的唯物史观解读 [J]. 见马克思主义哲学论丛, 2022（4）.

[68] 左璜. 核心素养：为未来培养高智能优质人才 [J]. 高等职业教育探索, 2017（3）.

[69] 岳欣云. 素养本位的教育：为何及何为 [J]. 教育研究, 2022（3）.

[70] 陈恩伦. 从受教育权到学习权：终身学习社会的权力转型 [J]. 国家教育行政学院学报, 2022（1）.

[71] 邹广文. 马克思总体性思想与当代中国问题 [J]. 高校马克思主义理论研究, 2015（1）.

[72] 唐热风. 知识行动论 [J]. 哲学动态, 2022（7）.

[73] 候选明. 命运共同体意识的内在结构及其生成 [J]. 西北师范大学学报（社会科学版）, 2023（5）.

[74] 尹世尤. 问题意识与问题导向——习近平新时代中国特色社会主义思想

科学方法论的重要内涵[J]. 国家治理, 2023（7）.

学位论文

[1] 陈齐. 高校梅花拳社会动员研究[D]. 上海体育学院, 2020（5）.

[2] 周娜. 当代大学生中国共产党革命精神认同研究[D]. 河北师范大学, 2016（5）.

[3] 蒋睿夫. 大学生党员社会主义核心价值观培育研究[D]. 扬州大学, 2016（5）.

[4] 王斌. 新型城镇化进程中的空间改造与认同变迁[D]. 华中师范大学, 2016（6）.

[5] 赵捷. 意义构造与生活世界[D]. 西北师范大学硕士论文, 2011（5）.

[6] 吕振涛. 自由与受制[D]. 江西师范大学, 2009（5）.

[7] 关巍. 休谟的情感主义伦理学思想探析[D]. 吉林大学, 2010（6）.

[8] 丁雪枫. 道德正义论[D]. 东南大学, 2005（6）.

[9] 宫维明. 情感与法则——康德道德哲学研究[D]. 中共中央党校, 2010（4）.

[10] 齐丹. 教师角色认同的内隐加工机制研究[D]. 西南大学, 2011（4）.

[11] 周德刚. 经济交往中的文化认同[D]. 复旦大学, 2004（4）.

[12] 黄超. 论托马斯阿奎那理性化的激情思想[D]. 武汉大学, 2005（4）.

[13] 李振锋. 生命历程视角下的失能老人研究[D]. 中共北京市委党校, 2014（5）.

[14] 王文华. 我国DV现象研究及对高校DV创作倾向的探究[D]. 上海师范大学, 2005（5）.

[15] 赵娜. 马克思政治文化思想研究[D]. 山西大学, 2019（6）.

[16] 张玲. 大学生社会实践活动中道德情感的培养[D]. 河北师范大学, 2002（5）.

[17] 赵彦芳. 作为伦理学的美学：从康德到福柯[D]. 中国社会科学院研究

生院，2003（5）.

[18] 王承盛. 卢梭"道德政治"的人类学辩护［D］. 黑龙江大学，2018（3）.

[19] 俞晓歆. 暴力攻击型未成年犯高级情感培养的团体训练研究［D］. 华东师范大学，2005（5）.

[20] 王建波. 网络教育环境下学习者的情感培养研究［D］. 华中师范大学，2009（5）.

[21] 李林琪. 思想政治教育视域下的情感认同问题研究［D］. 中国青年政治学院，2019（6）.

后　记

　　人生匆匆，白驹过隙。眨眼之间，自己已与山西大学——这所越来越熠熠生辉的学校，息息与共、相融共生几十年了。

　　山西大学的发展与自己的自我成长是一条难以分割的历史合流，山西大学哲学学科的发展与自己而言更是血肉关联。教学与研究工作，以一种历史化的生命方式，践行并证明了多年教育实践的一种感悟：教育活动是师生相互创造的生命活动，教学实践是师生生命实现中识与行的辩证统一。本书虽然有基于微观教学的实证考量，但究其样本的代表性等来讲，在其实证研究的信度和效度两个基本维度上，我委实不敢说其价值的大小。但这些教学中的微观的、具有个体性的实证研究，却是我对于教育教学与人才创新能力培养的思考和感悟。就此拙著，严格意义上来讲，是由微观实践切入的关于高等教育教学与人才培养的理性分析，再具体一点，它是我与不同时期的学生们对于教与学、识与行的辩证关系的实践呈现。

　　全书基于由我主持完成的三项教学改革项目而成稿。这三项教学改革项目分别针对的高等教育中本、硕、博三个不同学历阶段的教育教学与人才培养。《上篇：知识智慧与审美实践》主要基于对本科创新人才培养的思考，团队成员包括山西大学政治与公共管理学院的贺振燕老师、黄孝东老师，分别提供了调查数据等支持，我的硕士生白志鹏参与了课题结项报告的撰写部分,已经毕业的宋启龙同学提供了数据的部分测量与量化工作。《中篇:情感认同与文化塑造》,我的硕士生赵娜参与完成了结项报告的部分撰写,学生左浩然参与了实证数据的收集整理等。《下篇:关照世界与创造卓越》,是我关于哲学教学与学生尤其是博士研究生卓越性成长的进一步思考。其中,第一章来自我的一次讲座,第二章是我正在做的一项研究的部分成果,研究团队成员李天、李婷、王筠博等,分别都参与了其中一些部分内容的初稿写作。应该说,下篇更多的是一种面向未来,我对高等教育如何才能培养出富有领导力的卓越人才的思考,书中提到的一些理念与方法,我还会在进一步的教学实践中不断地加以深化、完善。

拙著的完成是山西大学马克思主义哲学团队通力合作的结果,团队成员为它的形成贡献了他们的智慧,同时也得到哲学学科的大力支持。在此,对所有为本书付梓,付出辛苦劳动的同志,一并表示忠心的感谢!

最后,需要再一次说明的是,本书只是基于极其微观的教育实践的分析研究的思考性的经验分享。但是,微观研究的"价值不是一个排斥他者的自我系统,而是由人信奉、由人承载和由人传播的观念。……价值对于经验和意义的促进性特征,使得局部的历史经验有可能与价值的普适性结合起来。"[①] 即便是如同我们这里所做的微观分析,也会折射出其所处时空情境的整体。我们希望的是,每一位高等教育工作者,都能将自己关于我们需要怎样的人才、如何培养卓越人才的教育教学经验,以不同的方式呈现,形成多元共享平台,使我们能够找到人才培养的更加理想的价值共识和实践途径,进而真正把不同学历层次的学生,培养成拥有内心丰盈的文化品质、使命担当的理想情怀和创新实践的自我超越能力的卓越人才!

邢 媛
2023 年夏于山西大学知澜斋

---

① [德]汉斯约阿施等:《欧洲的文化价值》,陈洪捷译,社会科学文献出版社,2018 年,导言第 25 页。